U0544750

思想的・睿智的・獨見的

經典名著文庫

學術評議

丘為君　吳惠林　宋鎮照　林玉体　邱燮友
洪漢鼎　孫效智　秦夢群　高明士　高宣揚
張光宇　張炳陽　陳秀蓉　陳思賢　陳清秀
陳鼓應　曾永義　黃光國　黃光雄　黃昆輝
黃政傑　楊維哲　葉海煙　葉國良　廖達琪
劉滄龍　黎建球　盧美貴　薛化元　謝宗林
簡成熙　顏厥安　(以姓氏筆畫排序)

策劃　楊榮川

五南圖書出版公司 印行

經典名著文庫

學術評議者簡介 （依姓氏筆畫排序）

- 丘為君　美國俄亥俄州立大學歷史研究所博士
- 吳惠林　美國芝加哥大學經濟系訪問研究、臺灣大學經濟系博士
- 宋鎮照　美國佛羅里達大學社會學博士
- 林玉体　美國愛荷華大學哲學博士
- 邱燮友　國立臺灣師範大學國文研究所文學碩士
- 洪漢鼎　德國杜塞爾多夫大學榮譽博士
- 孫效智　德國慕尼黑哲學院哲學博士
- 秦夢群　美國麥迪遜威斯康辛大學博士
- 高明士　日本東京大學歷史學博士
- 高宣揚　巴黎第一大學哲學系博士
- 張光宇　美國加州大學柏克萊校區語言學博士
- 張炳陽　國立臺灣大學哲學研究所博士
- 陳秀蓉　國立臺灣大學理學院心理學研究所臨床心理學組博士
- 陳思賢　美國約翰霍普金斯大學政治學博士
- 陳清秀　美國喬治城大學訪問研究、臺灣大學法學博士
- 陳鼓應　國立臺灣大學哲學研究所
- 曾永義　國家文學博士、中央研究院院士
- 黃光國　美國夏威夷大學社會心理學博士
- 黃光雄　國家教育學博士
- 黃昆輝　美國北科羅拉多州立大學博士
- 黃政傑　美國麥迪遜威斯康辛大學博士
- 楊維哲　美國普林斯頓大學數學博士
- 葉海煙　私立輔仁大學哲學研究所博士
- 葉國良　國立臺灣大學中文所博士
- 廖達琪　美國密西根大學政治學博士
- 劉滄龍　德國柏林洪堡大學哲學博士
- 黎建球　私立輔仁大學哲學研究所博士
- 盧美貴　國立臺灣師範大學教育學博士
- 薛化元　國立臺灣大學歷史學系博士
- 謝宗林　美國聖路易華盛頓大學經濟研究所博士候選人
- 簡成熙　國立高雄師範大學教育研究所博士
- 顏厥安　德國慕尼黑大學法學博士

經典名著文庫 212

全部知識學的基礎
Grundlage der gesamten Wissenschaftslehre

約翰・戈特利布・費希特 著
Johann Gottlieb Fichte

王玖興 譯

經典永恆・名著常在
五十週年的獻禮・「經典名著文庫」出版緣起

總策劃 楊榮川

閱讀好書就像與過去幾世紀的諸多傑出人物交談一樣
——笛卡兒

五南,五十年了。半個世紀,人生旅程的一大半,我們走過來了。不敢說有多大成就,至少沒有凋零。

五南忝為學術出版的一員,在大專教材、學術專著、知識讀本出版已逾壹萬參仟種之後,面對著當今圖書界媚俗的追逐、淺碟化的內容以及碎片化的資訊圖景當中,我們思索著:邁向百年的未來歷程裡,我們能為知識界、文化學術界做些什麼?在速食文化的生態下,有什麼值得讓人雋永品味的?

歷代經典・當今名著,經過時間的洗禮,千錘百鍊,流傳至今,光芒耀人;不僅使我們能領悟前人的智慧,同時也增深加廣我們思考的深度與視野。十九世紀唯意志論開創者叔本華,在其〈論閱讀和書籍〉文中指出:「對任何時代所謂的暢銷書要持謹慎的態度。」他覺得讀書應該精挑細選,把時間用來閱讀那些「古今中外的偉大人物的著作」,

閱讀那些「站在人類之巔的著作及享受不朽聲譽的人們的作品」。閱讀就要「讀原著」,是他的體悟。他甚至認為,閱讀經典原著,勝過於親炙教誨。他說:

> 「一個人的著作是這個人的思想菁華。所以,儘管一個人具有偉大的思想能力,但閱讀這個人的著作總會比與這個人的交往獲得更多的內容。就最重要的方面而言,閱讀這些著作的確可以取代,甚至遠遠超過與這個人的近身交往。」

為什麼?原因正在於這些著作正是他思想的完整呈現,是他所有的思考、研究和學習的結果;而與這個人的交往卻是片斷的、支離的、隨機的。何況,想與之交談,如今時空,只能徒呼負負,空留神往而已。

三十歲就當芝加哥大學校長、四十六歲榮任名譽校長的赫欽斯(Robert M. Hutchins, 1899-1977),是力倡人文教育的大師。「教育要教真理」,是其名言,強調「經典就是人文教育最佳的方式」。他認為:

> 「西方學術思想傳遞下來的永恆學識,即那些不因時代變遷而有所減損其價值的古代經典及現代名著,乃是真正的文化菁華所在。」

這些經典在一定程度上代表西方文明發展的軌跡，故而他為大學擬訂了從柏拉圖的《理想國》，以至愛因斯坦的《相對論》，構成著名的「大學百本經典名著課程」。成為大學通識教育課程的典範。

　　歷代經典・當今名著，超越了時空，價值永恆。五南跟業界一樣，過去已偶有引進，但都未系統化的完整舖陳。我們決心投入巨資，有計劃的系統梳選，成立「經典名著文庫」，希望收入古今中外思想性的、充滿睿智與獨見的經典、名著，包括：

- 歷經千百年的時間洗禮，依然耀明的著作。遠溯二千三百年前，亞里斯多德的《尼各馬科倫理學》、柏拉圖的《理想國》，還有奧古斯丁的《懺悔錄》。
- 聲震寰宇、澤流遐裔的著作。西方哲學不用說，東方哲學中，我國的孔孟、老莊哲學，古印度毗耶娑（Vyāsa）的《薄伽梵歌》、日本鈴木大拙的《禪與心理分析》，都不缺漏。
- 成就一家之言，獨領風騷之名著。諸如伽森狄（Pierre Gassendi）與笛卡兒論戰的《對笛卡兒沉思錄的詰難》、達爾文（Darwin）的《物種起源》、米塞斯（Mises）的《人的行為》，以至當今印度獲得諾貝爾經濟學獎阿馬蒂亞・森（Amartya Sen）的《貧困與饑荒》，及法國當代的哲學家及漢學家朱利安（François Jullien）的《功效論》。

梳選的書目已超過七百種，初期計劃首為三百種。先從思想性的經典開始，漸次及於專業性的論著。「江山代有才人出，各領風騷數百年」，這是一項理想性的、永續性的巨大出版工程。不在意讀者的眾寡，只考慮它的學術價值，力求完整展現先哲思想的軌跡。雖然不符合商業經營模式的考量，但只要能為知識界開啟一片智慧之窗，營造一座百花綻放的世界文明公園，任君遨遊、取菁吸蜜、嘉惠學子，於願足矣！

　　最後，要感謝學界的支持與熱心參與。擔任「學術評議」的專家，義務的提供建言；各書「導讀」的撰寫者，不計代價地導引讀者進入堂奧；而著譯者日以繼夜，伏案疾書，更是辛苦，感謝你們。也期待熱心文化傳承的智者參與耕耘，共同經營這座「世界文明公園」。如能得到廣大讀者的共鳴與滋潤，那麼經典永恆，名著常在。就不是夢想了！

二〇一七年八月一日　於
五南圖書出版公司

目　錄

導讀　費希特《全部知識學的基礎》的起點／
　　國立政治大學教授　謝昭銳
譯者導言
前言

第一部分　全部知識學之諸公理　　1

§1. 第一條：絕對無條件的公理　　2

§2. 第二條：內容上有條件的公理　　15

§3. 第三條：形式上有條件的公理　　20

第二部分　理論知識學的基礎　　41

§4. 第一定理　　42

第三部分　實踐知識學的基礎　　183

§5. 第二定理　　184

§6. 第三定理　　233
　在自我的努力裡，同時就有非我的一個反努力被設定起來，以與自我的努力相平衡。

§7. 第四定理　　235
　自我的努力，非我的反努力，以及兩者的力量平衡，都必須被設定起來。

§8. 第五定理　　　239
　　感覺本身必須被設定和被規定起來。

§9. 第六定理　　　248
　　感覺必須進一步被規定和被限制。

§10. 第七定理　　　253
　　衝動本身必須被設定和被規定。

§11. 第八定理　　　278
　　諸感覺自身都必能對立起來。

術語對照　　　287
譯者後記　　　293
費希特年表　　　295

導讀　費希特《全部知識學的基礎》的起點

國立政治大學　謝昭銳

一、費希特與康德：繼承與轉化

　　提到費希特，對哲學史有認識的讀者往往聯想到知識學的名句：「我設立我自己。」這句話乍聽之下或許難以理解，但實際上，它反映出費希特思想的根本關懷——即如何在康德之後，重新建構哲學的第一原理。

　　費希特哲學的出發點是康德的批判哲學。他不僅自認為康德的忠實追隨者，更自覺是在完成康德未竟的工程。康德透過三大批判（純粹理性批判、實踐理性批判、判斷力批判）為哲學提供了一套嚴密的結構，但他並未從中抽出一個統一的、作為全部知識基礎的原則。費希特看出這一缺口，並提出：「我設立我自己」這一原初的行動，作為康德三大批判的終極根基。

　　康德認為，知識的可能性建基於某些「先驗條件」之上，例如：時間與空間為感性直觀的形式，範疇為知性對象的先驗概念，而超驗統覺（transcendental apperception）則是主體將這些元素統合為經驗的綜合活動。費希特在此基礎上更進一步。他認為，這些「先驗條件」本身仍是被設定出來的，是主體行動的產物，哲學還需要進一步說明這些條件是如何產生

出來。在費希特看來，哲學應從「設立自身的我」出發，也就是從一種純粹的自我活動開始。這個「自我」不是經驗中的個人，也不是心理學的主體，而是先於一切意識內容的行動性原理。正是在這種設立行動中，自我與非我、主體與客體、理性與自然的區分才得以產生。

這樣的出發點，標誌著從康德到費希特的一個根本轉向：從條件的分析（分析既存的知識條件）走向條件的生成（說明條件如何由主體產生）。從這個角度看，費希特的《全部知識學的基礎》不僅是對康德哲學的延續，也是對它的一種內在批判與重構。康德的哲學猶如一座宏偉的建築，其地基則由費希特重新鑿定。康德為我們展現了理性的範疇與架構，費希特則要問：這些理性結構是從哪裡來的？我們能否從中找到一個能自我生發、自我證成的原點？費希特的答案就是：「我設立我自己。」

康德在《純粹理性批判》中明確指出，若無「我思」（B131-2）的統一，所有表象即無法構成經驗。這個「我思」不僅是形式上的同一性，也是感官雜多統一之條件。在康德體系中，超驗統覺是意識中最原始的統一活動，不可再被還原為經驗成分。然而，康德對統覺的定位仍是一種「必須假設」的條件，它雖然作為知性的綜合功能被承認，卻缺乏對「我思」作為自我行動的直接說明。

費希特則將原初統覺從單純的形式統一推進為構成意識事實的「行動」，即本源行動或事實行動（*Tathandlung*）。他

主張:「自我」（*das Ich*）不只是判斷中的主詞，它本身即是一種原初的設定能力。此舉不僅將統覺確立為哲學的第一出發點，也改變了統覺的地位：它不再是被假設的、從推論得出的統一功能，而是被實然地設立出來的、可被理性所直觀的原初行動。這就是費希特的「本源行動」：一個同時產生主體、對象與其關係的行動。

除了超驗統覺升格為智性直觀，康德的「構成想像力」（*produktive Einbildungskraft*）在費希特的知識學中亦提升為生成性的原理。他主張，表象、範疇乃至時間與空間等結構，皆是由「自我」的活動所生成，而此活動進一步體現為自我的限定（*Bestimmung*/determination）行動。想像力的行動不只是「自我設立自身」（*das Ich setzt sich selbst*），也包括將「非我」設為對立項，這個對立如何與自我的設立相容，便需要自我的限定。這套設定結構實質上便是將康德的「構成想像力」內化為主體自身的「設定想像力」，它不只是調和知性、感性，而是建構知性、感性。因此，在費希特體系中，想像力已非僅是「功能」，而是構成世界結構的自我活動。

費希特對康德哲學的繼承不僅表現在其對統覺與想像力的系統重構，在實踐哲學層面亦展現出深刻的重釋與創發。康德在《實踐理性批判》中指出，道德律並非來自經驗、感性、習俗或外在權威，而是理性本身的命令。然而，這一道德律往往以「應然」（*Sollen*）的形式出現，似乎總是以一種「他律」的姿態凌駕於主體之上。儘管康德主張真正的道德行動是出於

對道德律的尊重（*Achtung*），但這仍保留了某種「律令」式的結構。費希特則將道德律的根源，追溯至自我之設定活動。他認為，道德法則之所以有效，並非因其為普遍命令，而是因為它乃出於「自我」對自身自由本性的認識與追求。道德律之「必然性」，不再是一個理性事實的預設，而是由自我透過實踐活動設定出來的結果。

康德雖認為自由是實踐理性的先驗條件，但仍區分「現象界」與「物自身」，並將超驗自由定位於後者。費希特則嘗試抹平這一裂縫。對他而言，根本不必透過物自身來為自由留下空間，而是直接讓自由展現於自我的能動性之中。行動本身便是自由的展現；自由不是一種抽象的能力，而是透過設定自身為有行動能力者的具體實踐行為所實現。道德律的「應當」並非來自抽象義務，而是自我內在之存在結構。行動者因其是設定者，因此其行動總是自我規定的。自律（*Autonomie*）並非僅僅指遵從自我制定的法則，而是理性在其整體行動中設定其應為之所是。

二、費希特的《個人沉思》

費希特的名作《全部知識學的基礎》於 1794/95 年出版，成書之前，他曾私下撰寫了一份未公開的手稿，題為《關於基礎哲學與實踐哲學的個人沉思》。這份手稿並非正式發表的系統著作，更像是一種寫給自己的草案或思想練習，試圖摸索出一條可能的哲學起點。

考慮到《個人沉思》與《全部知識學的基礎》兩部作品在寫作時期上彼此接近，在內容結構上亦呈現高度對應，因此若要理解費希特的基本原理，最理想的方式即是將兩者合併觀察。這些基本原理構成費希特早期哲學嘗試中最為關鍵的開端部分。概略而言，這兩部作品中關於「哲學基礎」的部分皆提出了一組三重原理，而這三原理展現出一個共通的結構模式：即將兩個看似對立的要素透過第三個媒介加以統合。

在《個人沉思》中，「論基礎哲學本身」一節以第一命題開始。費希特將此命題表述為數個同義的方式，例如：「我具有直觀性」、「直觀你的自我」、「意識你的自我」[1]。在這裡，費希特指出此命題所設定的對象是「自我」的直觀，而非「自我」的概念。第一命題的真確性只能透過一種實然的「自我直觀」意識來證成。只要對「自我」有直觀，那麼即便無法進一步解釋這直觀經驗或追索到另一原因，都足以確認命題為真確。

當費希特轉向第二命題時，他指出，第一命題中的自我意識之所以可能，必須以「能夠區分出一個非我」為條件。這

---

[1] 本文所引用的《個人沉思於基本哲學／實踐哲學》（*Eigene Meditationen über Elementarphilosophie / Practische Philosophie*）與《全部知識學的基礎》（*Grundlage der gesamten Wissenschaftslehre*），均根據巴伐利亞科學院編纂之《費希特全集》（*Gesamtausgabe der Bayerischen Akademie der Wissenschaften*），分別為第二部第三卷（GA II/3, pp. 21-266）與第一部第二卷（GA I/2, pp. 249-461）。

裡費希特雖然沒有給出第二命題明確的語句表述，但可將其理解為：「必須能夠直觀一個非我。」然而，此第二命題無法由第一命題直接推演出來，它也必須被設置為一個獨立的基本原理。因此，為了維持意識的同一，就需要對這兩個直觀加諸一「必要綜合」。這即是第三命題，費希特稱之為「差異的公理」（*Grundsatz der Verschiedenheit*）[2]。

這個「差異公理」所處理的，既非純粹的同一，也非絕對的對立，而是為自我與非我提供了相互關係的基礎。在此原理之下，「表象」作為既區別於主體（我）又區別於對象（非我）之第三項浮現出來，並同時與兩者相關聯。透過表象作為中介，「因果性」與「實體性」等關聯性範疇（*Begriffe der Relation*）才得以建立。《個人沉思》中許多思辨性的討論，皆致力於說明表象如何處於我與非我之間，並由此導出因果與實體的範疇結構。在與「自我」的關係中，表象具有依賴性的地位，被視為自我的「屬性」（accident）；而「自我」則成為「實體」（substance）。實體作為一種存在者，其定義在於它不依附於他物而存在，而表象則依附於主體而有。費希特以此導出「實體性」這一關係範疇，並指出：「自我」之所以作為實體，是因為它並不作為任何其他事物的屬性而存在。然而，表象作為「自我」的屬性，具有雙重面向：它除了是自我活動的延伸，它也是一種來自「非我」之限制的結果，具有「被動

---

[2] GA II/3, p. 32.

性」。正是在這個第二面向中，表象成為「非我」對「自我」的效應，亦即是「因果」關係的表現。在此基礎上，費希特導出「互動」（*Wechselwirkung*）這一概念，並指出：「自我」與「非我」透過表象而處於一種交互影響的關係之中。

在《全部知識學的基礎》中，我們同樣可以觀察到一個類似的三重結構。在該書第一部分，費希特依序提出三項公理（*Grundsätze*），共同構成整部系統的根基。第一公理指出：「我原初且絕對地設定自己的存在[3]。」第二公理則陳述：「一個非我與自我對立地被設定[4]。」由於這兩公理都有絕對的地位，問題就出現了：如何能夠設定兩者而又不使其互相取消？如果自我僅僅設定自身，則沒有非我。如果非我被設定，則自我並沒有被設定。正是這種緊張關係促使費希特訴諸於第三公理，即統合此對立的「基本綜合」（*Grundsynthesis*）。這一點正與《個人沉思》所說的「必要綜合」互相呼應，而且這個基本綜合亦是進一步推演關係範疇之根據。

以上三重公理的共通模式，構成了費希特哲學思考的關鍵起點。在《個人沉思》中，表象被安置為第三媒介；而在《全部知識學的基礎》中，雖然表象的角色略有調整，但它仍是由三重公理所共同產生的結構結果。表象因此被理解為理性行動所生成的成果，它既是非我對自我之限制的媒介（理論功

---

[3] GA I/2, p. 261.
[4] GA I/2, p. 266.

能），也是自我決定自身的中介（實踐功能）。

三、設定、判斷與表象

「設定」（*setzen*/posit）一詞是費希特哲學的核心術語，凡是認真閱讀《全部知識學的基礎》的人都會對費希特對這個詞的特殊用法感到困惑。這個詞讓人費解，並非因為它不見於傳統哲學語言，而是因為它與康德哲學術語之間的對應並不明顯。有學者建議，在費希特的語境中，「設定」相當於「判斷」（*Urteil*）。雖然這種解釋在某程度上不算錯誤（因為設定確實可以表現為某種判斷行為），但若將其完全等同於「判斷」（*urteilen*/judge），則將難以理解為何費希特會將「自我設定」的行動視為一種直觀（*Anschauung*）。之所以會將「設定」等同於「判斷」，或許是因為這個詞在傳統邏輯教科書中已被廣泛使用，而在該脈絡中，被設定的往往是命題。在對費希特的批判中，叔本華即注意到費希特從邏輯傳統中挪用了此詞，並批評費希特的誤用。他寫道：

「*setzen*、*ponere*，作為 *propositio* 的根源，長期以來一直是一個純粹的邏輯表述，表明在論爭或任何其他討論的邏輯順序中，我們暫時假設、預設或肯定某物，從而暫時賦予它邏輯有效性和形式真實性，而它的實在性、實質上的真實性或現實性則全然未被觸及、未解決和未決定。然而，費希特逐漸悄悄地為『*setzen*』一詞賦予了一種實在但模糊的含義，這種含義被愚人所接受，並被詭辯家們不斷使用。由於自我首先設定

了自身，然後設定非我，因此，放置或設定就等同於創造、生產，簡而言之，就是將我們不知道如何創造的東西放入世界。於是，所有我們想要毫無理由或根據地假定為存在並強加於他人之事物，只要放置或設定它，它就會實在地呈現在我們面前。這就是所謂的後康德哲學至今仍使用的方法，也是費希特的功勞。」（引自《附錄與補遺》第二卷，1974: 38）

雖然叔本華的批評假定了費希特哲學觀為一種創造論（而費希特明確拒斥將自我設定的活動理解為「創造世界」），但他從語源角度的提示卻頗具啟發性。「*setzen*」對應拉丁文的「*ponere*」，而「命題」（*propositio*）來自「*pro + ponere*」，意即「向前設置」。拉回德語來看，「*pro-ponere*」的字面對應應為「*vor-stellen*」，即「表象」之意。雖然德語的「*Vorstellung*」並非「*Satz*」（命題）的同義詞，但在哲學層面上，二者詞源上的關聯並不意外。即便表象可從經驗單獨地抽離並個別地考量，它亦必須能夠被置於判斷之中，因此本質上具有命題結構；而反過來看，若一個命題要能夠作為判斷來被設定，它必須具備主述詞概念的複合結構。主述詞的結構也是意向性的結構。因此，設定行動不僅是邏輯判斷的基礎，也與意識理論密切相關。對費希特而言，「設定」具備雙重功能：即生成「表象」與生成「判斷」。「設定」作為使表象與判斷得以生成的行動，實際上位於感性與知性之分之前，是這兩者的共同來源。這樣的理解若結合萊因荷德（K. L. Reinhold）「基礎哲學」的背景會更加清晰——萊因荷德意圖

建立一套「能力」理論，並將其作為康德的感性與知性理論的前提。費希特承繼了這個野心，並試圖超越萊因荷德的表象能力理論，這個企圖反映於《全部知識學基礎》調整了對表象的看法，不再賦予其第三公理的地位。

這種技術上的調整背後，其實有一個深層的哲學動機：即對萊因荷德「智性直觀」（*intellektuelle Anschauung*）觀念的批判。對萊因荷德而言，智性直觀的對象是表象的先天形式，而哲學家能認識表象形式（如時間、空間），是因為此形式由主體自發性所生。於是，智性直觀便成為「表象能力之科學」之方法論依據。問題在於：若表象是最根本的能力，則智性直觀亦須按表象來運作。那麼，一旦我們反思表象的形式，此形式就立即轉變為表象的對象，但這與表象作為主客二者中介的地位相牴觸。解決方式便是：將智性直觀從表象結構中剝離，使後者具有衍生地位。在「超驗自我」的層次上，費希特重新定義智性直觀為一種「純粹的自我設定行動」，它並非賦予我們對表象本身的知識，而是指向一個尚未表象化、但更根本的理性結構。

四、簡述自我的意涵與功能

在費希特的知識學體系中，「自我」一詞並非泛指任何具體個人，而是一個技術性的哲學術語，用以指稱一種設立意識行動的原初主體。雖然《個人沉思》以及其他作品仍有第一人稱的直觀用法，而且會訴諸個別意識的反思經驗，但在《全

部知識學的基礎》中，費希特已將「自我」加以系統化與專名化，視之為一切判斷、表象與知識可能性的根本根據。

費希特的起點是對一個看似平凡卻蘊含深義的判斷加以分析：「A 是 A」。這個自我同一的命題在邏輯上為恆真句，但費希特進一步追問：這個判斷如何可能？它的真確性並非來自 A 本身是怎樣的東西，A 可以根本不存在但「A 是 A」的真確性絲毫不減。費希特指出，這命題可更準確地表達為「**若 A 存在，則 A 存在**」，其真確性來自「**若……則……**」所表達的一種「必然連結」（*notwendiger Zusammenhang*）。這裡的「若……則……」並非現代邏輯所說的質料條件句（material conditional），而是構成判斷有效性的先驗條件。

而這個條件，只有在一個主體設定它的情況下才成立——也就是「自我」的介入。自我是那個能夠設定命題結構並使其具有意義的行動者。「我設立我自己」這一行動，意味著自我不僅是判斷的主詞，更是整個判斷機制的構成者。自我不是作為一個先存的實體而參與行動，而是透過設定自身成為行動的根源。

這就是費希特所謂的「本源行動」：它是一種生發性（generative）的自設活動。在這框架下，自我既是行動亦是行動的結果。「非我」則被理解為那個「與我對立」的設定對象，其地位並非先天存在，而是因應「自我」的設定而出現。這種關係不是對立性的實體二元，而是一種「互相限制」的結構：只有當我與非我彼此施加限制，兩者間的「中介」才能浮

現出來。費希特進一步以「量」的形式（如分度、程度）來表達這種相互限制，使得理性活動能夠在我與非我之間加以分配與流轉。這個理論設計具有深遠含義：它顛覆了傳統對「對象」的理解。對象不再是理論上完全獨立於心靈的實在物，而是在自我限定的結構中被界定、可被指涉、具有可區辨性的存在。這正是費希特拒絕以「物自身」作為知識學出發點的理由[5]。他認為，只有當「我」設立自身，並設立「非我」為限制時，「對象性」才得以成立。

五、結語

費希特的《全部知識學的基礎》是繼康德之後最具創造性的哲學著作之一。它不僅繼承了康德對知識條件的批判性分析，也進一步將這些條件視為可由主體生成的行動。從《個人沉思》到《全部知識學的基礎》的系統結構，費希特展現出一條生成的軌跡。

在這一過程中，「我設立我自己」不僅是一句標語，而是一個哲學原理的實驗室——它重新界定了「自我」、「對象」、「表象」、「自由」與「實踐」等核心概念，並嘗試以超驗的行動架構展開整個哲學世界。費希特為後來的黑格爾、謝林乃至現象學傳統開啟了新的思考路徑，也讓我們重新思考哲學應從何處開始，以及這個「開始」的根據究竟是什麼。

---

[5] GA I/4: p. 225.

譯者導言
── 費希特生平、思想簡介 ──

《全部知識學的基礎》（*Grundlage der gesammten Wissenschaftslehre*）是德國古典哲學重要代表之一費希特（Johann Gottlieb Fichte, 1762-1814）的主要哲學著作。在費希特的哲學體系裡，這本書的地位和作用，約略相當於《大邏輯》在黑格爾哲學體系裡的地位和作用。它的構思成熟於 1793 年，當時費希特正在蘇黎世撰寫為法國大革命辯護和爭取思想自由的政治論文。費希特自稱《全部知識學的基礎》是上述政論文章的額外收穫。所以說，正如馬克思、恩格斯指出的那樣，這本書表明德國古典哲學乃是法國大革命在德國的反映。但是，由於種種歷史的原因，費希特只是作為德國的民族英雄為各界人士所熟知，他的哲學思想卻沒有受到應有的重視，更不用說對費希特哲學思想的深入研究了。康德作為法國大革命前的哲學家，為法國大革命開了先聲，而黑格爾則反映了法國大革命後的社會政治狀況，只有費希特正逢法國大革命高潮，他的哲學浸透了革命所宣揚的主要精神，即自由。費希特曾說過，他自己的哲學體系自始至終是對自由的分析。

因此，正確評價費希特哲學在德國古典哲學中的歷史地位，是一項嚴肅而迫切的任務。《全部知識學的基礎》將為完成這個任務，提供一份主要的資料根據。這裡，我們將對費希

特的生平事蹟和哲學思想作一系統而簡要的介紹。

一、為自由而奮鬥的一生

費希特，1762 年 5 月 19 日生於德國奧伯勞濟茲（Oberlausitz）的一個鄉村拉美勞（Rammenau）。父親是一個手工業者。由於家貧，費希特 9 歲前為家裡養鵝，他早年的貧苦生活對他一生的思想發展影響極深。他一直為他的平民出身感到自豪。

濟本愛欣（Sibeneichen）地區的男爵米勒提茲偶然發現費希特聰慧異常，遂資助他上學。費希特於 1771 年入學，1774 年到波爾塔的貴族學校學習。由於他出身低賤，備受同學欺侮。在此期間，對他影響頗深的是兩個人，一個是詩人克羅普斯托克，一個是萊辛。

1780 年，費希特入耶拿大學，翌年轉學到萊比錫學習神學。這時他的資助人去世，使他在經濟上陷於困境，學習時作時輟，無所收穫。1788 年秋，終於棄學到蘇黎世當家庭教師。在蘇黎世，費希特結識了狂飆運動的重要成員拉法特，與之過從甚密，透過拉法特，認識了拉恩一家，並和瑪麗亞‧拉恩相愛，以至訂婚。據費希特自己說，瑪麗亞沒有任何外在的美，也沒有很高的精神教養，但卻非常讚賞他的為人。

1790 年，費氏重返萊比錫，由於原先計畫的事業一無所成，只好再當家庭教師，同時為一個大學生補習哲學。這時，費氏開始研究康德哲學。可以說，這是他一生最重要的轉捩點。他在給未婚妻的信中寫道：「這種哲學，特別是它的道

德部分（但這部分如不先讀《純粹理性批判》是不可能弄懂的），對於一個人思維方法的影響，是無法想像的。」

1791年8月間，費希特赴科尼斯堡（Königsberg）拜謁康德。並將匆匆寫成的《試論一切天啟之批判》，送請康德審閱，深受康德讚賞。康德除推薦他到但澤擔任家庭教師外，還推薦他把論文送到哈雷出版社出版。1792年，該論文發表時漏印作者姓名，一度被哲學界誤以為是康德本人的著作，後來真相大白，費氏遂被公認為是最重要的康德主義者。

1793年，費希特再到蘇黎世。針對當時政治思潮的低落，發表了〈糾正公眾對法國大革命的評斷〉和〈向歐洲君主們索回至今仍被壓制的思想自由〉等激進文章。與此同時，他自己的哲學體系也臻於成熟。同年底，他在小範圍內試講過他自己的哲學。拉法特在聽講後表示，費希特乃是他所見到過的思想最敏銳、最嚴密的哲學家。這次在蘇黎世，費希特還結識了近代偉大的平民教育家斐斯塔洛齊，並深受其影響。

1794年復活節，費希特被耶拿大學聘為教授，接任萊因霍爾德留下的康德哲學講座。這以後的幾年，是費希特集中從事學術活動的幾年。他把自己的學術活動分為兩部分：在課內為哲學系學生講授《全部知識學的基礎》；在課餘為全校學生作通俗講演。《論學者的使命》就是他第一學期課餘講演的講稿。

費希特在耶拿大學任教5年，發表了下述哲學著作：《全部知識學的基礎》（1794年），《略論知識學特徵》（1795

年）,《知識學原理下的自然法基礎》（1796 年）,《知識學原理下的道德學體系》（1798 年）。此外，還寫了闡述他的「理想國」思想的《閉關的商業國家》一書的大部分。

費希特的激進民主思想和對教育事業的獻身精神，贏得了耶拿大學師生的熱烈歡迎，但也激起教會和封建反動勢力對他的仇恨。他們製造種種事端，對他進行百般誣衊陷害，終於在1799 年把他趕出了耶拿大學。費氏不得已遷居柏林。他在柏林撰寫了《人的使命》和完成了《閉關的商業國家》一稿，並對《全部知識學的基礎》作了重要的改寫，這時，已是 1801 年了。但費希特在柏林的活動重點不是著述，而主要是進行公開的講演。他認為，在當時的社會風氣下，一個演講家比著述家更能以具體生動的方式振聾發聵，喚醒人心。《當前時代的基本特徵》、《論學者的本質》、《至樂生活指南》都是他當時對廣大群眾公開講演的講稿。

1806 年，普法戰爭爆發，費希特申請以隨軍講演員身分參戰，被國王婉言拒絕。1807 年，法軍攻占柏林，普魯士戰敗媾和，費氏重返柏林。1807 年年底，費氏在柏林科學院公開發表了對德國政治現實產生巨大而深遠影響的講演：「對德意志國民的講演」，連講了 14 次。當時，柏林的法國占領軍槍殺了一個散發愛國傳單的書商，費希特知道自己的危險，但他在日記裡寫道：「我所追求的是全體國民的振作奮發，我個人的安危早已置之度外。假如我因講演而死，那也是無上光榮。」

1810 年，費希特就任他參加籌建的柏林大學的第一任當

選校長。

1813年夏，德國爆發了「自由戰爭」，在格羅斯貝倫戰役中，大敗法軍，保衛了柏林。其時，柏林城內擠滿了傷病戰士，惡性時疫流行，費希特不幸受到傳染，於1814年1月27日病逝，享年52歲。

二、思辨的哲學體系

（一）知識學以自我為出發點

費希特稱自己的哲學為「知識學」。這個名稱明顯地表明他的哲學淵源於康德。但是他比康德更進一步，認為知識論不僅是哲學的中心問題，而且就是哲學本身。他認為說明知識的哲學，不外乎兩種立場：一種從知識客體解釋知識主體，以外物說明意識，這叫獨斷論，亦即唯物論；一種從認識主體解釋認識客體，以意識說明外物，這叫唯心論。折中主義的中間路線是沒有的。費希特堅信唯一可能的立場只能是唯心論，他的知識學就是唯心論的哲學。

知識學並不研究關於個別知識的正誤之類的問題。費希特認為，那是科學的任務。知識學探討的是知識的一般發生的問題，是要弄清楚知識是怎樣發生的，知識成立需有什麼先決條件，知識有哪些基本要素，它們是怎麼來的，它們彼此之間有什麼關聯等等。費希特認為康德哲學至少有兩個缺點：一是康德的物自體學說；一是康德的先驗要素是從經驗中分析出來的，不可能盡舉無遺，而且它們之間沒有必然的關聯。他認為

必須從這些先驗要素之間的必然連繫上透過邏輯演繹的方法一步一步地把它們都推演出來，包括所謂的物自體在內；而這就必須構成一個邏輯嚴密的哲學體系。他認為他的知識學就是這樣一個足以說明一切知識之基礎的演繹體系。

費希特認為一個嚴密的科學體系要求有一個最高的，明確無誤的，可以憑其獨特的性質逐步推演前進的出發點。因此，他為自己制定的首要哲學任務就是發現這樣一個統一體系的出發點。他認為知識學的出發點只能是自我。但這個自我不是個別人的經驗意識；它並不是現成存在著的意識事實，不是受任何他物規定的意識事實，而是憑自己本身而存在的，它本身只是一種使其自身得以存在的行動。費希特把這個純粹的意識活動命名為**本源行動**（Thathandlung）。

費希特的自我學說與常識相反，它把存在與活動的關係完全顛倒過來。自我不是以存在為根據，反而是存在的生產者。他說：「因為自我的自身設立，是自我的純粹活動——自我設立自己本身，而憑著這種純粹的自身設定，自我才存在。」[1] 因此，自我如何行動以建立自己本身從而成為一切知識的基礎，我們在日常經驗裡並不知道，而要靠我們透過對知識的思辨分析才能了解。知識學就是從事這項工作的，所以知識學實際上是一部意識發生史。自我的本源行動是一切知識的基本根據，其最初的三個行動步驟則是知識學的三條基本公理。

---

[1] 《費希特全集》，第 1 卷，第 94 頁。

第一步，自我設定自己本身。這個本源行動之所以為一切知識的基礎，可以從最簡單的知識亦即「A＝A」這個同一命題入手分析出來。他認為 A＝A 所依據的明確無疑的關聯就是「我是我」。但「我是我」並不是 A＝A 的一個實例。它們的不同之處在於，A＝A 並不表示實際上是否有 A，而「我是我」卻表明實際上肯定有我，這是無條件的，因而「我是我」還可以進一步表述為「我是」，亦即「有我」。因此，他認為自我在進行一切設定之前，頭一個不自覺的行動就是設定自己本身。自我設定自己，是因為它存在著，反之，它存在著，是因為它設定自己，這裡出現的是實在性的範疇。它是一切肯定判斷的基礎，因而是知識學的第一個絕對無條件的基本公理。

第二步，自我設定非我。設定非我也是自我的一個無條件的自發行動，它在日常知識裡表現為「－A 不＝A」這種矛盾命題。費希特認為「A＝A」中的「等於」表示的是同一，而這裡的「不等於」表示的則是差異，所以設定非我的行動和設定自我本身的行動在性質上是截然不同的。自我設定非我行動在形式上也是無條件的，而在內容上則是有條件的，因為 －A 以 A 為條件。否定性範疇就是由自我無條件地設定非我這裡來的，一切否定判斷都以此為基礎。

第三步，「自我在自身中設定一個可分割的非我以與一個可分割的自我相對立」。第一步行動設定了自我，第二步行動設定了非我，於是在同一個絕對自我中設定起來的既是自我又是非我，而是自我就不可能是非我，是非我就不可能是自

我，這是矛盾。為了解決矛盾，自我就不得不採取第三步行動以保證普遍的自我意識的統一。第三步行動既然是為了解決前兩步行動造成的矛盾，它就是前兩步行動所決定了的，就不是自發的，因此它在形式上是有條件的。但是，第三步行動如何解決矛盾卻不能從先行的兩步活動中推論出來，必須無條件地聽從自己的理性命令，因此，它在內容上反而是無條件的。理性指出的唯一可行的辦法是，將設定起來的自我與非我都加以限制。這樣，自我就產生了**限制性範疇**。限制意味著分割。自我成了可分割的、有限的自我；非我成了可分割的、有限的非我；兩者於是可以在同一個絕對無限的自我之內對立地同時並存。這條基本公理反映在邏輯裡就是**根據命題**。

　　知識學的上述三條基本公理既是自我的三步本源行動的概述，又是知識學自身賴以建立起來的方法。第一條自我設定自己的同一命題是一個正題，第二條自我設定非我的矛盾命題是一個反題，第三條自我設定可分割的非我與可分割的自我相對立的根據命題是一個合題。這是一個發展過程。全部知識學就是按正、反、合的步驟找出自我及其必然行動中所包含的矛盾，逐步加以解決的。舊矛盾解決了，又產生新矛盾，又加以解決，這樣不斷發展前進，構成了知識學的嚴密統一的邏輯體系。這裡，無疑包含一定的辯證思維因素，這些因素後來被黑格爾吸收和發展為概念辯證法。

（二）理論自我與世界的產生

　　知識學第三條公理表示：自我設定一個可分割的非我與可

分割的自我互相對立，互相規定。這裡顯然包含兩種情況：費希特把在自我規定非我中規定非我的自我叫做實踐自我；把在自我被非我規定中被非我規定的自我，叫做理論自我。討論實踐自我的活動的乃是實踐知識學，討論理論自我的乃是理論知識學。這兩部分可以說就是他的人生觀和世界觀，當然兩者在根本上又是同一回事。

費希特認為理論自我本身包含的矛盾在於它受非我所規定。要解決理論自我的矛盾，就必須弄清楚理論自我作為活動的獨特性質。

自我本質上就是全部活動，非我的受動是由自我讓渡給它的。自我在多大程度上把自己的活動讓渡給非我，非我就在多大程度上是活動的，自我就在多大程度上是受動的。非我的活動是它接受轉讓給它的活動的結果，自我的受動是由於它的活動的外化，自我受非我活動所規定，實際上是間接地受自己活動所規定。這樣，自我的活動總量不變，所以它是絕對的無限的活動；而當它將部分的活動讓渡給非我時，它就在量上不完全了，因此，它又是有限的活動。自我把自己的活動部分地讓渡出去時就必然要求在其自身之外有一個接受其活動的受者，而這個活動的受者就是自我的客體。這個客體並不是主體之所以受動的實在根據，只是**被想像為**自我受規定的實在根據。因此，客體（即非我、世界）作為實在根據，乃是主體（即自我）想像的結果。主體製造表象的能力，就叫**想像力**。費希特認為想像力這種奇妙的能力乃是理論自我的基本能力。人類精神

的整個機制就是根據想像力建立起來的。而我們的現實世界就是理論自我無意識的想像力產品。但是在他看來，這個想像的世界並不因此而是幻覺，而毋寧就是一切實在，是唯一可能的真理。費希特說：「我們現在得出了這樣的教導：一切實在都是想像力製造出來的。就我所知，我們當代最偉大的思想家之一，也提出過同樣的教導，他稱實在為想像力的幻覺。但幻覺必與真理相反，必須予以避免。但是現在，既然已經證明……**我們的意識，我們的生活，我們的存在，作為自我，其可能性是建立在上述想像力的行動上的**，那麼，只要我們不把自我抽掉，這種幻覺是拋棄不掉的；而抽掉自我是自相矛盾的事，因為抽象者不可能把自己本身也抽掉；因此它並不騙人，相反，它提供的是真理，唯一可能的真理。」[2]

理論自我在創造世界的同時，自身有一個相應的發展歷程，包括好幾個發展階段。

首先是感覺。自我不僅僅作為無限的純粹活動，而且是只可能以自己的活動為對象的活動，這是一種反映式反思，活動因反思而中斷，從而受到限制。自我發覺第一次反思帶來的限制，產生了受到強制而無能為力的情感。理論自我就進入了第一發展階段，成為感覺。

其次是直觀。自我繼續活動，對第一次反思進行反思。由於自我在第一次反思時不能同時反思其反思，所以第一次反思

---

[2] 《費希特全集》，第 1 卷，第 227 頁。

及其造成的感覺在第二次反思面前呈現為外在的東西。由於自我起初對它自己的活動無所意識，它就對這彷彿是外來的東西進行反思。這時的理論自我就處在直觀狀態。直觀是「一種沉默的、無意識的靜觀」。

第三是想像力。自我對直觀進行反思，把直觀當成模型加以類比，構成具有空間組織的**圖形**，想像成客觀世界。範疇起源於想像力，和客體同時發生，而不是來自知性；想像出來的客體的確定性出於想像與直觀之間的一致性。想像力模擬直觀，只是**再生產它已生產了的東西**。

第四是知性或理解力。自我在此之前始終處於無意識的狀態，從知性起它才開始進入意識，這時它所反思的是對它而言的現實的客體，反思結果得到關於客體的概念。

然後是判斷力。知性可以對某個特定的客體進行反思，也可以不反思它；可以把握它，也可以抽象它；對客體的某些標誌能予以聯合，也能加以區別。這種能自由游移於知性的不同活動之間的理論自我，就是判斷力。

最後是理性。抽掉一切客體而反思判斷力本身的自我，就達到了理性。這時它意識到一切客體都是可抽去的，意識到它的本質就是純粹的主體活動性。對理性的意識，就是自我意識。越是在純粹的自我意識中，自我就越感到擺脫客體的活動自由，越體會到它除了受自己本身所規定外不受任何客體規定，也就是說，越意識到「自我設定自己為受非我所規定」。

於是理論自我從它的終點回到了它的起點。

（三）實踐自我與人生目的

理論自我著重說明自我如何創造世界，實踐自我著重說明自我如何從它所創造的世界裡重返自身。自我本是無意識的意識，返回自身自我就成了真正的意識，而且有了自我意識，這是自我的提高，不是恢復原狀。

實踐自我就是「自我設定自己是規定非我的」那個自我。實踐自我本身包含著無限的自我和有限的自我的對立。實踐自我的有限性與理論自我的有限性在本質上是不同的。實踐自我的有限性乃是出於它自己的目的。實踐自我規定非我的目的就在於透過成為有限的以顯示它是無限的。這個目的從一定意義上說是能夠達到的，從另一方面說，這個目的又是達不到的。費希特說：「只要它在形式上是一個非我，就不可能與自我一致，因此，自我涉及非我的那種活動就絕不是一種能把非我規定為實際上與自我等同的規定活動，而毋寧只是一種要規定的傾向，要規定的努力，不過這種傾向、努力，卻是完全合法有力的，因為它是由自我的絕對設定活動所設定的。」[3] 這種努力「按照上面的論證，是一種無限的努力」[4] 實踐自我的基本性質是永恆的**努力**。努力表現出來就是**衝動**，衝動總伴隨著**感情**。只有感情才把空無內容的概念充實起來，終於發展出絕對實

---

[3] 《費希特全集》，第 1 卷，第 262 頁。
[4] 同上。

在。絕對實在只有在感情裡才能體會到。倫理中的良心，宗教裡的上帝，歸根結柢都是感情上的東西。這樣，知識學體系從自我出發，至此又回到了自我。

三、知識學原理下的社會政治思想

費希特的倫理社會政治觀點是他的哲學的重要組成部分。透過法國大革命，社會發展已達到一個全新的階段，哲學必須跟上時代的發展，對資產階級革命所爭取的政治自由做出哲學的解答。費希特承擔了這個偉大的歷史任務。他說：「我的整個哲學體系自始至終是分析自由的概念。」他的抽象的思辨的「知識學」有著明顯廣泛的現實社會背景，並不單純是康德哲學的進一步的發展。

（一）動機論的倫理學說

費希特哲學體系的中心概念是自由意志。他的倫理學就是根據實踐自我的理論對資產階級個性解放所要求的自由意志進行理論上的論證。

自我是無限純粹的活動，透過活動自我進入意識之後，分為理論的和實踐的兩個方面。實踐自我為了繼續其無限活動，力圖不斷地超越限制，這就是實踐自我進行不斷的**努力**。實踐自我在限制面前，一方面感到受壓抑，產生強制感，另一方面由於自己在努力超越限制，它又意識到自己的力量。這種力量感乃是真正的生命原理。力量感雖然是一種主觀意識現象，但在意識進行反思時，它又是自我意識的對象。這個在意識內部

具有主客觀雙重性質的力量感，就其客觀存在來說，費希特稱之為**衝動**。實踐自我不僅本身是衝動，而且它還意識到自己是衝動。倫理問題從這裡才發生。

實踐自我的衝動作為力量感在實踐自我的意識裡一分為二：作為意識主體的衝動即純粹衝動，它是指向自身的；被意識到的衝動即感性衝動，它在意識中已客體化，它指向外物，不從外物中有所享受是不能滿足的。這樣就出現兩種衝動或衝動的兩個方面之間的矛盾。為了解決這個矛盾，實踐自我不得不一再改變自己感性衝動的指向，從而構成一個包括各式各樣衝動的衝動系列。到了所謂交替衝動時，實踐自我的被動感覺與能動感覺交互更替。當實踐自我中的能動感變換為被動感時，感性衝動仍舊與力爭無限自由行動的純粹衝動在實踐自我內互相矛盾，當被動感變換為能動感時，感性衝動就與純粹衝動兩相一致，分裂為二的衝動又重新聯合起來。這時，實踐自身本身的矛盾消除，出現了「衝動與行動一致」。努力爭取「衝動與行動一致」的衝動，就是倫理衝動，它的目的是完全的行動自由。

對於作為倫理衝動的實踐自我來說，自由不是既定的事實，而是盼望的目標。實踐自我並非**已經**是自由的，而是**應當**是自由的，自由對它是一個**應當**，它自身是應當自由的意志。

自由可以分為三類：**先驗的自由**，即作為一切知識經驗先決條件的絕對自我的行動自由；**宇宙的自由**，即實踐自我當作道德行為的最終目標來追求的那種自由意志；**政治自由**則是以

倫理的實踐自我的自由意志為基礎的。

費希特把自由視為人性的本質。人應當被教化得認識自由對人之所以為人的崇高意義，否則人就沒有人性，只有奴性。具有人性的人，不僅必須意識到自己自由，而且更要尊重別人的自由。只有想讓自己周圍的一切人都自由的人，他自己才是自由的。費希特就是這樣把自由當成人倫道德的根本所在，而他的人道主義思想也扎根於此。

費希特說：「行動，行動——這就是我們生存的目的」。強調實際行動，乃是費希特倫理學說的一個突出的特點。他認為意志的懶惰是人類的首惡，怯懦、作偽這些罪惡也是來源於惰性，善就是行動，「只有人的行動，才是決定人的尊嚴的東西」[5]。

費希特提倡道德實踐，號召仁人志士行動起來。但是，他是一個動機論者，只講動機，不管後果。他認為只要憑良心行事，動機好，效果就不會壞。因此，費希特當作自由行動的依據的良心，仍然是一個類似於康德主觀形式的「絕對命令」。

但費希特與康德畢竟也有不同，他要求「兼善天下」，提出了一個最高統一的「倫理世界秩序」。在這個秩序裡，每個人都是這個最高精神世界的一員，既是它的個別體現，又都以它為共同的歸宿。**良心**既是自身規定，又是受它所規定的，既

---

[5] 費希特：《人的使命》。

無所爲，又有所爲。人各按良心行動，履行由它規定的**使命**。

（二）倫理的國家觀

費希特最初作爲一個契約論者，認爲國家乃是一個自我情願藉以劃分其自由的**法權共同體**。對這種國家，公民有三種關係：首先是透過履行公民義務而成爲國家的成員，國家主權的部分所有者；其次，在權利方面既受國家保障又受國家限制；公民如果違背其義務或逾權須受法律制裁。任何時候，如果國家不能履行上述職責，就喪失了其存在的意義。爲了人權的名義，必要時完全應當以暴力將其推翻。所以他把法國大革命描繪爲「關於人權和人的尊嚴這些偉大字眼的瑰麗的印象」。

1800年，費希特發表《封閉的商業國家》一書，表明他重視國家的倫理性質。這時，他已不認爲國家只是保障個人權利或保證個人自由競爭的管理機構，國家主要應該把全部勞動的組織權掌握在手裡。國家應該保證每個公民都有工作，每個公民都能分享到國家全部收入中自己應得的勞動酬報。勞動是每個公民的基本權利和義務，社會上不容許有不參加勞動的人。他按勞動種類把公民分爲農民、工人和商人三個等級，分別承擔生活物品的獲取、製作和交換。另外還有一些人從事文化、國防等方面的工作。作爲這種組織勞動的前提，國家要掌握全部對外貿易，以保證生產資料的供應和產品的銷售。在這個封閉的國家裡，民族特徵鮮明了，倫常風尙純化了，而且由於貿易平衡，公共福利有保證，饑荒可以消除，國家的內外安全得到鞏固。但是，這種國家在保障資產階級自由平等權利方

面顯然相應地有所減弱。費希特作為一個德國小資產階級的思想家在這點上落後於盧梭是可以理解的。

費希特本來長期懷有在倫理基礎上建立世界主義國家的意圖，當時國難深重，他的德意志民族意識空前覺醒，於是他痛切地考慮這樣一個問題：是否一個民族、一個國家，也像個別人格一樣，有義務為實現唯一最高的「倫理世界秩序」而完成它的特殊的精神使命呢！

1807 年底，在《對德意志民族的演講》中，他闡述了這樣的思想：德意志民族由於它的**本源性**天生負有實現道德理想的使命。這時費希特深信國家的本質乃是至善的一種體現。國家的根本任務在於發展文化教育事業，提高國民的道德品質。這是整個「人類由物慾的動物前進而成為純潔的高尚精神的唯一道路」*6*。費希特後來特別重視為國家進行教育和傳播文化的學者階層，就是這些思想的表現。

費希特把國家視為一種倫理組織，負有實現他所說的最高倫理目的的使命，所以他認為國家一旦完成了它的使命，它就沒有繼續存在的理論根據了。

（三）目的論的歷史觀和宗教思想

在歷史觀上，費希特認為人類歷史乃是理性發展走過的歷程。歷史的目的就在於最自由地發揮理性的作用，實現「理性

---

6 費希特：《對德意志民族的演講》第 12 講。

王國」。他認為「人類的世間生活目的在於它自由地按照理性安排它的一切關係」[7]。他深信人類理性的威力，認為依靠人類在科學文化上的努力，總有一天整個人類將自己掌握自己的命運，使之服從自己的理想，絕對自由地從自身做出它想要做的一切。

費希特根據他所說的理性所處的不同發展狀態，對歷史作了分期。第一個時期是理性本能的階段，此時理性的活動完全是自發的，而人類社會是「天真無邪」；第二個時期是理性權威的階段，由於盲從權威而喪失理性，人類社會於是「初生邪惡」；第三個時期是理性解放的階段，這時人類社會無視權威，以自私自利為行動原則，具有「罪惡完滿」的特徵；第四個時期是理性開始獨立思考的理性知識的階段，這時人類認識到自己的使命，「開始向善」；第五個時期是理性藝術的階段，此時理性憧憬著「人類的永恆原型」，人類社會達到「至善完成」的最高理想，也是歷史發展的最終目的。

費希特唯心主義地猜測到歷史發展的必然性，不過他的歷史觀具有濃厚的倫理性質，因此，他雖然是法國大革命最熱烈的擁護者，但當拿破崙推行對外擴張政策時，他就堅決號召德意志民族奮起抵抗。他認為他當時所處的德國社會是「罪惡完滿」的時代。但按歷史的必然，一個「開始向善」的歷史時期即將到來，而且必將對人類發展做出特殊的貢獻。這一思想後

---

[7] 《費希特全集》，第 2 卷，第 7 頁。

來被納粹分子嚴重歪曲和利用。

在宗教觀上，費希特對宗教的觀點可以說是他的道德觀、歷史觀的深入發揮。費希特把人類歷史發展的頂點比喻為理性的藝術創作，是意味深長的。藝術創作者心目中必先有一個要透過創作來體現的圖像，這個圖像就是他在倫理學說裡所講的「倫理世界秩序」，這個秩序的秩序，就是「人類的最高原型」，就是神性生活，就是上帝。

費希特認為知識是上帝啓示它自身的唯一形式。理性認識自己，也就是認識上帝。理性知識雖然具有因概念而使上帝隱而不見的性質。但終究只有知識是通往上帝的關鍵，因為到了理性藝術的高度。知識自築的圍牆是可以消失的，「只要上升到宗教的立場，一切遮擋就都消失，世界連同它僵死的原則就離你而去，神性本身就以它的原始的形象，以生活，以你自己的生活，重新進入你的心」。理性藝術的創造者，憧憬著神性生活，自由地塑造自己的理性生活，這樣的生活就是上帝，「因為活的上帝就在它的活生生之中」[8]。

費希特認為宗教是人的精神所能達到的最高境界。只有站在宗教的立場上人才能摒棄物欲，享受怡然自得的「至樂生活」。這時人心中充滿的是愛。回歸於本源就是上帝愛；與同類統一，就是仁愛或博愛。

---

[8] 《費希特全集》，第 3 卷，第 454 頁。

關於神、上帝、絕對，在費希特早期的知識學裡沒有專門的論述，只在 1800 年以後，特別在《人的使命》、《至樂生活指南》裡才講得很多。因此，有人認為他的知識學有本質不同的前期和後期之分。但從一定意義上說，他的宗教論點乃是他的唯心主義哲學體系沿著本乎良心的倫理學說和趨於至善的歷史觀點繼續前進必然會得出的結論。他自己就說：「這樣一來，我就終於申論了一種關於存在，關於生活和關於至樂的學說，亦即闡明了真正思辨的最高實在的觀點。」[9]

四、知識學的發展演變

費希特從 1794 年發表《論知識學或所謂哲學的概念》起，到 1813 年秋的柏林遺作《知識學引論演講》止，對知識學的體系前後改寫過十幾次。由於問題的逐漸展開，重點轉移，整個體系的面貌確實發生了變化。

如上所述，知識學本來不談最高實在，其起點是絕對的自我，而自我是連它本身的實在也有待它自己來設定的，沒有實在性的行動。對於這種學說，不習慣於知識學思辨的人是不會感到滿足的，因為由無實在性的行動所設定的一切，是實在的嗎？費希特在 1800 年曾設身處地地代表這樣的人抱怨過：「一切實在都變成了一場怪夢，沒有被夢的生活，也沒有做夢的人。」[10] 1801 年他在知識學裡開始提到**絕對**，就是要解決這

---

[9] 《費希特全集》，第 3 卷，第 546 頁。
[10] 同上書，第 245 頁。

個問題。因此有人認為知識學後來變了。

但是，費希特認為，當我們體會我們自己對某一事物的意識時，我們最先覺察到的恰恰是我們對我們自己的把握，這是一種「自明行動」，而自明的行動乃是無條件的，絕對的認知活動，或者說「絕對知識」。因此他堅持「由於我們在……一切可能的知識裡，只達到知識，不能超越知識，所以知識學不能從絕對而必須從絕對知識出發。」[11] 直到1806年，費希特還自稱：「這些我十三年前就有的哲學見解，儘管可能發生一些變化，卻自那時以來絲毫沒有改變。」[12]

那麼，費希特後期提出來的「絕對」究竟在知識學裡居於什麼地位，起什麼作用呢？實際上他只是為絕對知識提供一種**真正思辨**的最高實在性」而已。絕對知識和絕對的關係，在費希特看來，是這樣的：「絕對只能有一個表現，一個絕對的單一的、永遠同一的表現，這就是絕對知識。」[13] 也就是說，沒有絕對知識，沒有絕對的認識活動，也就沒有絕對可言。他曾於1804年寫道：絕對好比是光，絕對知識好比是光的照明作用。沒有照明作用，就無所謂光。而照明作用和光是同一回事。如果說兩者之間有區別，也是由於照明作用而區別出來的。誠然我們絕不能超出絕對知識的範圍，但我們畢竟還能越過絕對知識去思維絕對，即至少還能把絕對設想為與絕對知識

---

[11] 《費希特全集》，第3卷，第12頁。
[12] 同上書，第399頁。
[13] 《費希特和謝林通信集》，1968年，法蘭克福，第153頁。

不是一回事，從而使絕對知識取得一種思辨上的支持。費希特在早年的知識學裡直接從本源行動、絕對知識出發來建立他的哲學體系，到了後期提出了絕對，又反覆闡述沒有絕對知識就沒有絕對。這就是知識學前後期著重點的變化。但就費希特唯心主義體系的整體來看，確實像他自己所說的那樣，並沒有什麼本質上的變化。

五、結語

最後讓我們就費希特的哲學體系的特點及其所包含的辯證思想作一點總結。

1. 就費希特的體系來說，**知識學**是具有德國古典哲學特點的唯心主義。它宣稱在我們這些普通人尚未出現之前就有了一個創造我們生存於其中的自然界的自我。這是違反普通人的日常經驗的。費希特本人也注意到這個問題，他說：「如果一個哲學的結論與經驗不符合，那麼，這個哲學一定是錯誤的。」費希特為了解決這個矛盾，改變了笛卡兒和柏克萊以個別經驗的主體心理事實為根據的做法。他從自我出發，但這個自我卻被說成不是個別經驗的主體，而是作為一切經驗之基礎的普遍的先驗的主體。然後，透過自我設定非我，外物世界就由先驗的自我**無意識地**創造出來了。只是由於自我是先驗的，它創造世界的過程又是無意識的，所以我們這些普通經驗的自我就不知不覺地只從現象看問題，把外物世界當成不依賴於我們而獨立存在的

東西。費希特把承認外在世界獨立存在的唯物主義叫做實在論，他認為「這種實在論是我們每一個人，甚至最堅決的唯心論者，在行動時也不能迴避的」。但是，費希特認為這種唯物主義觀點只屬於「生活」範圍，與思辨的「哲學」不同層次，不過這兩個層次彼此可以互相「過渡」。他說：「我們必須跳出生活，轉到它外面去。這種跳出現實生活，就是思辨。」

2. 費希特的哲學體系包含了豐富的唯心主義辯證法思想。這裡只提其中的三點：第一，關於**發展**的觀點。首先他認識到康德視為理性之謬誤的二律背反、矛盾，乃是概念發展的動力，他的知識學體系就是根據概念的矛盾推論出來的。其次，他認識到發展是普遍存在於自然、社會和思維之中的。康德雖然認識到自然界是演化著的，然而不了解範疇之間的發展關係，黑格爾闡述了概念發展的體系，卻否認自然界發展變化。費希特比黑格爾更早地猜測到邏輯和歷史的統一。第二，關於對立統一的思想，例如：自我與非我的對立統一，認識與實踐的對立統一，自由與必然的對立統一等等。第三，他是德國古典哲學家中唯心主義地發揮人的主觀能動性思想最為突出的人，也是其中以資產階級民主自由思想從事社會活動最為激進的人。他的哲學思想和實踐活動在當時曾起過巨大的進步作用。

前言*

　　這部書本來不是寫來公開發表的，假如不是在它甚至尚未完成時就很不鄭重地已和一部分民眾見了面，我是不會在本書開頭有什麼話要和讀者大眾說的。事情的原委我先就只說這麼一句！——

　　我一直相信，而且現在仍然相信，我已發現了哲學上升為一門明白無誤的科學所必經的道路。我曾謹慎地宣布過這一點，說明我是如何按照這個想法工作過，如何在情況改變了之後仍不得不按此想法工作並將計畫付諸實行的。我當時那樣做是很自然的。但別的專家，別的認識問題研究者對我的想法進行分析、審查和評判，不管是出於內在原因還是什麼外在原因，他們不願走我為科學知識指引的道路，試圖反駁我，這同樣也是很自然的。但是，對我所提出的東西，不經任何審查就直截了當地加以反對，至多吧，煞費苦心地加以歪曲，製造一切機會來瘋狂地進行誹謗和詆毀，這究竟有什麼好處我卻看不出來。究竟是什麼東西使那些裁判官們變得如此完全失去理性的呢？我是從來不重視人云亦云的膚淺之見的，難道偏要我鄭

---

* 這個前言發表於《全部知識學的基礎》第二批稿件，即其第三篇初次出版的時候，第三篇付印較遲，約與《略論知識學的特徵》同時交稿。——譯者注

重其事地來談論這些嗎？我為什麼非這樣做不可呢？——特別是我有的是事情要做；只要這些笨蛋們不逼著我揭發他們的拙劣手法來進行自衛，他們是完全可以在我面前大搖大擺地走他們的路的。

也許，他們的敵意態度還有另一種原因？——對於正直的人，我有下面的話要說，當然只對這類人我的話才有意義。——不論我的學說是真正的哲學還是胡說八道，只要我是老老實實進行研究的，那它就一點也不涉及我的個人品德。我認為，我有幸而發現了真正的哲學，這並不抬高我的個人價值，正如我不幸在歷代的錯誤上面添加新的錯誤，並不降低我的個人價值一樣。在任何情況下我都不考慮我個人，但對於真理我懷有一顆火熱的心，凡我認為是真理的東西，我將永遠竭盡所能，堅定而大力地宣講。

在這本書裡，包括〈從理論能力略論知識學的特徵〉那篇東西裡，我相信我已把我的體系作了充分闡述，以致任何一位專家不論對於體系的根據與規模也好，還是對於進一步發展這個體系必須採取的方式也好，都完全可以一目了然。我的處境不允許我做出確切的承諾，說我一定會在什麼時候和怎麼樣進一步發展我這個體系。

我自己聲明，我對體系的闡述是不完善和有缺點的，這一方面是因為它本是為我講課需要不得已分頁印發給我的聽課學生用的，對於學生，我可以透過口頭講解來加以補充；另一方面是因為我要盡可能地避免使用一套固定的名詞術語，這些東

西是那些吹毛求疵的批評家們用來使任何體系喪失精神變為僵屍的最方便手段。這條準則，在將來闡明我的體系時我也還要信守不渝，直到我對體系做出最終的完滿表述為止。現在，我還完全不想擴建它，只盼望能鼓舞讀者們起來和我一起從事未來的建築。在人們嚴格規定每一個個別命題之前，必須首先對整體有一個鳥瞰，從關聯中加以說明。這樣一種方法，當然以願意讓體系得到公正對待的善意為前提，而不以專門從中尋找錯誤的敵意為前提。

我聽到了很多抱怨，說這本書現已為外界知道了的部分和《論知識學的概念》那本著作都晦澀難懂。

如果對後一著作的抱怨是專對該書的第八節講的，那可能確實是我的不對，因為我提出了我從整個體系規定下來的一些原理而沒把該體系講出來；並且我曾期望讀者和評論家們有耐心，讓一切都像我所闡述的那樣不要確定下來。如果指責是對整個著作而發的，那我預先就承認，在思辨的專業領域裡我將永遠寫不出能使那些不能理解它的人們能夠理解的東西。如果那部著作是他們的理解力的極限，那麼它也就是我的可理解性的極限；我們彼此的精神由這個界限區分開來，我請求他們不要為閱讀我的著作而糟蹋時間。──假如這種不理解有任何一種什麼原因的話，那麼知識學之所以總是不能為某些讀者所理解的原因就存在於知識學自身之內，也就是說，知識學以有自由內觀的能力為前提。──然後，任何哲學著作的作者都有權要求讀者緊緊抓住推論的線索不放，不要在讀到後面的時候已

把前面的忘記掉。在這樣的條件下，如果說我這些著作中還有不能被理解和肯定得不到正確理解的東西，那麼它們是什麼，我至少是不知道；而且我堅決認為，一本書的作者自己在這個問題的回答上是有發言權的。完全思考清楚了的東西是可以理解的；我自己知道，一切都是完全思考清楚的，因而我是願意把每一個主張都提到盡可能清晰的高度的，如果我當時有足夠的時間和空間。

特別我認為需要提醒的是，我並不是把一切都說了出來，而是想留一些給我的讀者去思索。有些我預料一定會出現的誤解，只要我多說幾句話就一定可以避免。這幾句話我之所以沒說，是因為我想鼓勵獨立思考。知識學根本不應該把自己**強加於人**，它應該像它對於它的創立者那樣**成為一種需要**。

我請求本書未來的評論家們先消化整體，然後從整體的觀點去考察每個個別的思想。哈勒的書刊檢查官發表了他的高見，猜測我只是想開開玩笑；《論知識學的概念》一書的另外一些評論家顯然也同樣抱有這個看法；他們對待事情這樣輕率，他們的高見這麼滑稽，彷彿他們一定要用開玩笑來回敬開玩笑。

在我三次深入研究這個體系的時候，每次我都發現我有關體系中個別命題的思想有些與之前不同的改變。根據這個經驗，我可以預料在進一步深究時，它們還會繼續出現改變和發展。我自己將以最審慎的態度做這個工作，並將竭誠歡迎別人提出任何有益的意見。——另外，儘管我內心裡十分自信這整

個體系所依據的諸原理是不可推翻的，儘管我有時也以我充分的權利十分強烈的表達過這個信心，但一種對我說來至今還確實不可想像的可能性，即它們竟然被推翻了的可能性，畢竟是存在的。即使出現這種情況，我也歡迎，因為這樣一來真理就勝利了。但願人們認真對待，能想方設法把它推翻。

　　我的體系究竟是個什麼東西，可以被列入哪一類事物之中，像我所認為的那樣是真正的澈底的批判主義，還是像人們樂意稱呼它的什麼別的東西，這都與事情毫不相干。我明明知道人們會給它取各式各樣的名字，人們會指責它是當今流行的各式各樣彼此針鋒相對的邪說之一，這都可以；我唯願人們不要用老一套的駁斥反駁我，而是自己出來反駁我。

耶拿，1795 年復活節

第一部分 全部知識學之諸公理

§1. 第一條：絕對無條件的公理

我們必須**找出**人類一切知識的絕對第一的、無條件的公理。如果它眞是絕對第一的公理，它就是不可證明的，或者說是不可**規定**的。

它應該表明這樣一種**事實行動**（Tathandlung），所謂事實行動不是，也不可能是我們意識的諸經驗規定之一，而毋寧是一切意識的基礎，是一切意識所唯一賴以成爲可能的那種東西。在表述這種事實行動時，我們不怎麼害怕人們**不**思維他們應該思維的東西──這個問題已有我們精神的本性在照料了──我們比較害怕的是人們會思維他們不應該思維的東西。這就有必要作一種**反思**和一種**抽象**：對人們最初可能認爲是的東西進行反思，把一切與此實際無關的東西抽出去。

即使透過這種抽象作用的反思，意識的事實也都不能變成它們本來不是的那種東西；但是，透過這種反思，人們就會認識到我們有必要去**思維**作爲一切意識之基礎的上述的那種**事實行動**。

人們對上述作爲人類知識之基礎的事實行動進行思維時，必須直接依據的那些普通邏輯規律，或者換個說法也一樣，人們進行上述反思所遵循的那些規則，都還沒有證明是有效的，它們毋寧是被當成公認的東西默默地約定下來的，預設起來的。只有到下文很遠的地方，它們才從一個公理推論出來，而該公理的成立又完全是在這些規律是正確的這個條件下才是正

確的。這是一個循環論證或圓圈，但這是一個不可避免的循環論證（Zirkel）（參看《論知識學的概念》，§7）。既然循環論證是不可避免的，自由認定的，那麼人們在建立最高公理時也就不妨使用普通邏輯的一切規律。

在進行反思的道路上，我們必須從任何人都毫無異議同意的我們的某一個命題出發。這類命題也完全可能有很多很多。反思是自由的，它從哪一點出發都行，這並不是問題。我們選擇距離我們目標最近的那個命題作出發點。

只要這個命題得到認定，我們想使之成為全部知識學的基礎的那個東西，即事實行動，也就必定同時得到了認定；也就是說，由於反思的原因，結果一定是這樣的：事實行動本身和上述命題一起得到了認定。——我們提出經驗意識的隨便一個什麼事實，然後從中把一個一個的經驗規定分離出去，繼續分離直到最後再沒有什麼可以從它身上分離出去時，剩下來的這個自己本身絕對不能被思維掉的東西就是純粹的。

1. 命題：A 是 A（這就是 A＝A，因為這就是邏輯繫詞的含義）是任何人都承認的；也就是說，人們絲毫不加以考慮就會承認它是完全確定無疑的。

即使有人要求證明這個命題，人們也絕不會去作這樣一種證明，而會堅持主張上述命題直截了當地，也就是說，**無需再憑任何根據**就是明確無誤的。而由於他這樣主張——大家無疑都同意——他已表明他具有**直截了當地設定某物**的能力。

2. 人們並不因為主張「上述命題自在地是明確無誤的」就設定「A 是」〔或，「有 A」〕。命題「A 是 A」與命題「A 是」或「有一個 A」，並不具有同樣的效力（是，不帶受詞與帶有受詞表示的不是一回事；這在以後再討論）。即使人們設想 A 指的是一個由兩條直線圍成的空間，前一命題〔「A 是 A」〕也仍然是對的，儘管命題「A 是」〔或，「A 存在」〕顯然是錯的。

相反，人們是設定：「**若**有 A，**則**有 A」〔或，「若 A 是，則 A 是」〕。在這種情況下，究竟是否有 A，就根本不是問題。這不是關於命題的**內容**的問題，而只是關於命題的**形式**的問題，不是關於人們知道了**它的**某種情況的那個東西的問題，而是關於人們知道的那個東西的問題，是關於不管它是什麼的某一對象的問題。

這樣一來，由於主張「上述命題直截了當地是明確無誤的」，就確定了這樣一個情況：前面的**如果**和後面的**則**之間有一種必然的關聯；並且**兩者之間的必然關聯**是**直截了當地和無需任何根據**被設定起來的。我把這個必然關聯暫時叫做 = X。

3. 但就 A 本身來說，它究竟有還是沒有，還完全沒有因此而被設定。於是產生了這樣的問題：在什麼條件下才**有** A 呢？

(a) 至少 X 是**在**自我**之中**，而且是**由**自我設定的——因為是自我在上述命題中作判斷的，並且自我是按照 X 這樣一條規律進行判斷的；這樣一來，X 這條規律就是被提供給自我

的，而由於 X 是直截了當地和無需任何其他根據被提供出來的，它就必定是由自我自己提供給自我的。

(b) 究竟 A **是否**和**如何**設定起來的，我們不知道；但是由於 X 所表示的是對 A 的一個未知的設定與在上述設定的條件下對這同一個 A 的一個絕對的設定之間的一個關聯，因此**至少在上述關聯被設定了的情況下**，A 是被設定**在自我之中**，並且是由自我設定的，正如 X 那樣。── X 只有與一個 A 連繫著才是可能的；現在，既然 X 實際上是設定在自我之中的，那麼 A 也就必定是設定在自我之中的，只要 X 是和 A 連繫著的。

(c) X 既和上述命題中屬於邏輯主詞地位的 A 連繫著，也同樣和屬於邏輯受詞地位的 A 連繫著，因為兩個 A 已被 X 聯合起來。因此兩個 A，只要它們是被設定了，它們就都是被設定在自我之中；而且受詞地位上的 A，只要主詞地位上的 A 被設定了，也就直截了當地被設定了；因而上述命題也可以這樣表述：如果 A 是**在自我之中**被設定的，則它**是被設定的**，或，則它**是**。

4. 這樣一來，A 就由自我憑著 X 設定了；**對於從事判斷的自我來說，A 是直截了當地而且僅僅由於它一般地被設定於自我之中**；也就是說，下述事實就被設定了：在自我──不論這自我現在正從事設定，或從事判斷，或隨便正在做別的什麼──之中，有著永遠是等同的，永遠是單一的，永遠是同一個的某種東西；而且那直截了當地被設定起來的 X 也可表述為：我 = 我，我是我。

5. 透過運算處理，我們已不知不覺地得到命題「我是」（「我是」表達的雖然不是一種事實行動，卻是一種事實）。

這是因為

X 是直截了當地設定起來的；它是經驗意識的事實。現在 X 等於命題我是我，於是命題「我是我」也是直截了當地被設定起來的。

但是，「我是我」具有一種與命題「A 是 A」完全不同的含義。──也就是說，後一命題「A 是 A」只在一定條件下才有一個內容。如果 A 被設定了，那麼它**作為** A 連同受詞 A，當然被設定了。但透過上述命題它**是否**被一般地設定了，以及它是否連同任何一個受詞被設定了，還根本不確定。而命題「我是我」則不同，它的有效是無條件的、直截了當的，因為它等於命題 X[1]；它不僅按形式說是有效的，即使按它的內容說也是有效的。在它那裡，〔自〕我是不帶條件的、直截了當的連同與自己等同的受詞被設定下來，因而它**是**被設定下來；而命題〔我是我〕也可以說成是：**我是**。

「我是」這個命題，直到現在只是建立在一個事實上的，它除了具有一個事實的有效性之外，沒有別的有效性。如果命

---

[1] 1802 年版注：用完全通俗的話來說，〔自〕我由於是**在主詞地位上就被設定**了的，所以，我，在設定受詞地位上的 A 時，必然知道有關我的主詞設定活動，即關於我自己的情況，我再度直觀我自己，我，對我來說乃是同一個東西。

題「A＝A」（或者說得更確切些，其中直截了當設定了的那個東西＝X），是明確無誤的，那麼命題「我是」就必定也是明確無誤的。我們不得不認為 X 是直截了當地明確無誤，這是經驗意識的事實；同理，命題「我是」，我們也不得不認為是直截了當地明確無誤。因此，一切意識經驗的事實的理由根據就在於，在自我中的一切設定之前，自我本身就先已設定了。——（我說的是**一切**事實；而且這全在於證明「X 是經驗意識的最高事實，是一切事實的根據，包含於一切事實之中」這一命題：這個命題其實是無須任何證明就被認定的，儘管整個知識學的任務就在於證明它。）

6. 讓我們回到我們的出發點。

(a) 透過命題「A＝A」進行了**判斷**。但每一判斷按照經驗意識來說都是人類精神的一個行動；因為判斷的一切行動條件都在經驗性的自我意識裡，而一切行動條件為了反思的目的都必須預先設定是已知的和建立的。

(b) 而這種行動是以某種再沒有更高根據的東西，即「X＝我是」為根據。

(c) 因此，**直截了當地被設定的，以自己本身為根據的東西**，就是人類精神的**某一**行動（整個知識學將表明，是**一切**行動）的根據，從而是行動的純粹品性；抽去其特殊經驗條件的自在活動的純粹品性。

於是，自我由自己所作的設定，是自我的純粹活動。——

自我**設定自己**，而且憑著這個由自己所作的單純設定，它**是**〔或，它存在著〕；反過來，自我**是**〔或，自我存在著〕，而且憑著它的單純存在，它**設定**它的存在。——它同時既是行動者，又是行動的產物；既是活動著的東西，又是由活動製造出來的東西；行動（Handlung）與事實〔或事蹟 That〕，兩者是一個東西，而且完全是同一個東西；因此**「我是」**乃是對一種事實行動（Thathandlung）的表述，但也是對整個知識學裡必定出現的那唯一可能的事實行動的表述。

7. 我們現在來再一次考察命題**「我是我」**。

(a) 自我是直截了當地設定了的。人們承認，占據上述命題的形式主詞位置[2]的自我意味著**直截了當地設定了的東西**，而占據受詞位置的自我意味著**存在著的東西**；因此，透過「兩者完全是同一個東西」這一直截了當地有效性的判斷，說出來的或直截了當地設定了的是：**「自我**是〔或，自我存在著〕，

---

[2] 任何一個命題的邏輯形式，情況當然也都是這樣。在命題「A = A」中，第一個 A 是這樣的東西：它或者像自我本身那樣直截了當地在自我中被設定，或者像某個特定的「非我」那樣根據某一理由在自我中被設定。在這件事情中，自我以絕對主體自居；因而人們把第一個 A 叫做主詞。第二個 A 指的是這樣的東西，它發現那個使自己成為反思的客體的自我已現成地在自身中**設定**了，因為只是由它把作為思維的客體的它設定了的。那進行判斷的自我，不是以真正屬於 A 的東西而是以屬於它自己的東西當受詞，只不過它發現在自身中有一個 A：所以第二個 A 叫做受詞。——這樣，在命題「A = B」中，A 指的是現在被設定的東西；B 指的是已經被設定而碰巧遇上的東西。——**是**表示從設定到就被設定的東西進行反思這中間的自我過渡。

因為它已設定自己。」

（b）第一意義下的自我與第二意義下的自我都應該是直截了當地或無條件地自身等同的。因而人們可以把上述命題顛倒過來，說：「自我設定自己本身，直截了當**因為**它是〔或，它存在著〕。」它透過它的單純存在而**設定**自己，它透過它的單純被設定而**是**〔或，存在〕。

而這就完全看得清楚，我們在這裡是在哪種意義上使用「自我」這個詞，並使我們進而能給作為絕對主體的自我做出一定的說明了。自我的存在（本質）完全在於自己把自己設定為存在者的那種自我，就是作為絕對主體的自我。既然它**設定**自己，所以它**是**〔或，存在〕；既然它**是**，所以它**設定**自己；因此對自我來說，自我直截了當地必然地是。對自己本身而言不是、不存在的那種東西，就不是自我。

（讓我們闡明一下吧！人們時常聽到這樣的提問：在我有自我意識以前，我究竟是**什麼**呢？對此，自然的回答是：**我**根本不是，不存在，因為我〔那時〕不是自我。只在自我對它自己有所意識時，自我才是。——上述問題所以可能發生，是由於在作為**主體**的自我與作為絕對主體的反思的**客體**的**自我**之間有了混淆，問題本是完全不成立的。自我將自己展示於自己之前，從而使自己具有表象的形式，這樣才是**某物**，才是客體；意識在這表象形式下獲得一個基礎，即使沒有現實的意識，也沒對它作形體方面的考慮，這個基礎仍然**是**。人們想到這樣一種狀態，就會問，自我當時是個什麼呢，也就是說，意識的基

礎是個什麼呢？但即使在那個時候，人們也已不知不覺地把**絕對主體**當作上述那個基礎**一起思維進去**了；這就是，人們不知不覺地恰恰把他自以爲已經抽掉了的那個東西思維進去了；他這就自相矛盾了。人們不把他那對自己有所意識的自我一起思維進去，是根本不能思維什麼的；人們絕不能抽掉他自己的自我意識；因而上述那一類的所有問題都是不可回答的；因爲只要人們眞有自知之明，它們就不會被提出來。）

8. 如果自我只當它設定自己時它才是〔或，存在〕，那麼它也就只爲設定者〔或，只對設定者而言〕才是，而且只爲存在者才設定。——**自我爲自我而是**——但如果它直截了當地設定自己（實際上正是這樣），那麼它就必然地設定自己，而且必然地爲自我而是。**我只對我而言才是；但對我而言我必然地是**（當我說**對我而言**或**爲我**時，我已在設定我的是、我的存在）。

9. **設定自己**，和**是**〔或**存在**〕，這兩者由自我來使用，是完全等同的。因而命題「我是」，由於我已設定我自己，也就可被表述爲：**我直截了當地是，因爲我是**。

另外，設定著自己的自我，與存在著的自我，這兩者是完全等同的、統一的同一個東西。自我就是它將自己設定成爲的那個東西；而且它將自己設定成爲它所是的**那個東西**。於是這就成爲：**我直截了當地是我所是的那個東西**。

10. 我們至今闡明的事實行動可用下列公式予以直接表述：**我直截了當地是**，也就是說，**我直截了當地是，因爲我**

是;而且直截了當地是我之所是;兩者都是對自我而言的。

如果人們想到這是在一門知識學的開頭所作的關於這個事實行動的論述,那它就應被表述如下:**自我自己就直截了當地設定它自己的存在**〔或,它自己的是〕[3]。

我們是從命題「A = A」出發的;這並不是因為,彷彿命題「我是」可以從它那裡出發而得到證明,而是因為,我們不得不從隨便一個什麼在經驗意識中**確信**其已被給予了的命題出發。但即使在我的論述中也已可以看出,不是命題「A = A」充當命題「我是」的根據,毋寧是反過來,命題「我是」充當命題「A = A」的根據。

如果從命題「我是」裡抽掉特定的內容,抽掉自我,而只剩下和那個內容一起被給予了的單純形式,剩下**從被設定推出存在的推論形式**,就像邏輯上必定出現的那樣(參看《知識學的概念》第 6 節),那麼,人們就得到作為邏輯原理的命題「A = A」,而命題「A = A」只能透過知識學而被證明和被規定。**被證明**:A 是 A,因為設定了 A 的自我與 A 在其中被設定的那個自我,是相同的;**被規定**:一切是的〔或存在著的〕

---

[3] 1802 年版的注:這個命題如用我們以前講過的其他說法來說,就意味著:自我必然地是主體與客體的同一、主體—客體;而且這個〔主體—客體〕直截了當地,無需任何其他中介地就是它。我說這個,就意味著它:儘管這命題不像人們所想的那樣容易認識到,那樣容易按它在知識學建立前澈底被忽視了的高度重要性去考慮;因此,先前關於它的種種闡述,都不能省略。

東西，只因它是在自我之中設定起來的，才是或才存在；在自我之外沒有任何東西。上述命題中沒有任何可能的 A（沒有任何**事物**）能夠不是一個在自我中被設定的東西而是什麼別的。

如果人們再進一步抽掉一切判**斷**，即抽掉特定的行動，而僅僅注視上述形式所顯示的人類精神的一般行動**樣態**，則人們就有了**實在性的範疇**。凡可應用命題「A＝A」的一切東西，**只要這個命題可對之適用**，就有實在性。由於隨便一個什麼事物（一個在自我中設定起來的事物）的單純設定而被設定了的那個東西，就是該事物中的實在性，就是它的本質。

（梅蒙的懷疑主義歸根結柢是建立在對我們是否有權使用實在性範疇的疑問上的。這個權力不能從任何別的權力中推演出來，毋寧我們是直截了當地被授予這種權力的。一切別的可能的權力倒不如說都必定是從它這裡推論出來的；甚至梅蒙的懷疑主義也不知不覺地以它為前提條件。因為他的懷疑主義承認普通邏輯的正確性。——但是，這裡可以展示出某種東西，一切範疇本身都是從它推論出來的，這東西就是：自我，絕對主體。對於可應用實在性範疇的一切其他可能的東西而言，必須指明，實在性是**從自我**那裡轉移到它們身上的：——只要自我存在，它們就必定存在。）

我們的作為一切知識的絕對原理的命題，**康德**已在他的範疇演繹中提示過了；不過，他從沒把它建立**為**基本原理。在他之前，**笛卡兒**曾提出過一個類似的命題「我思故我在」，這命題並不是以「凡思維的人都在」為大前提的那個三段論的小

前提和結論,而很可能他也已能把它當作意識的直接事實看待了的。因為如果不然,那它就僅僅意味著「思維著的我在,故我在」(如用我們的話說,那就是,「我在,故我在」)。但那樣,附加語「思維著的」就完全是多餘的了;當人存在的時候,人並不必然地思維,但當人思維的時候,人必然地存在。思維絕不是存在的本質,而只是它的一個特殊規定;我們的存在除了思維之外還有好多別的規定。——**萊因荷德**(Karl Leonhard Reinhold)建立了表象的命題,如果以笛卡兒的形式來表述,他的命題該是說「我想像,故我在」,或者說的更正確些:「表象著的我存在,故我存在」。他比笛卡兒走的遠得多;但由於他只想建立知識本身而不想建立知識的概論,他走的還不夠遠;因為表象也不是存在的本質,而是它的一個特殊規定;我們的存在除了表象之外還有別的規定,**儘管這些規定都必須透過表象的中介以達到經驗意識。**

在上述意義上超越我們的命題而走遠了的是**斯賓諾莎**。他並不否認經驗意識的統一性,但他根本否認有純粹意識。在他看來,一個經驗主體一系列的表象和唯一的純粹主體的關係,就像一個表象和表象系列的關係一樣。在他看來,自我(他稱之為**他的**自我,或我稱之為**我的**自我的那個東西)直截了當地是、存在著,並非**因為**它是、存在著,而是因為有某種別的東西是、存在著。——在他看來,自我誠然對自我而言是一個自我,但是他問在自我之外的是什麼呢。他認為,這樣一種「自我之外」的東西也同樣是一個自我,而設定起來的自我(例

如：**我的**自我）和一切可設定的自我，都是它的種種變體。他區分了**純粹的**意識和**經驗的**意識。他將前者，即純粹意識，化為上帝，這上帝永遠意識不到它自己，因為純粹意識永遠達不到意識；將後者，即經驗意識，當成上帝的種種特殊變體。他這樣建立的體系是完滿貫通的、無可反駁的，因為他是到了一個理性不再能跟隨他進入的領域裡；但他的體系是無根據的；因為，是什麼使他走出經驗意識裡給定了的那個純粹意識以外去的呢？──其實，驅使他走上他的體系的東西完全可以指明出來，那就是，要顯示人類知識中的最高統一性的那種必然的努力（Streben）。這種統一性他的體系裡有；錯誤只在於，當他自信是根據理論理性的理由進行推論時，他卻僅僅是受了一種實踐需要的驅使，當他自信是陳述某種實際給定了的東西時，他卻僅僅樹立了一種可望而不可即的理想。他的最高統一性，我們在知識學裡將再次見到；但它不是作為某種**存在著**的東西，而是作為某種**應當**由我們製造出來，但我們不**能夠**製造出來的東西。──我還要指明的是：如果誰越過了「我是」，誰就必然要走到斯賓諾莎那裡去（萊布尼茲的體系，就其完整狀態來說，只不過是斯賓諾莎主義，這一點可參看一篇很值得一讀的文章：薩洛摩·梅蒙的〈論哲學的進步及其他〉）。而且，只有兩個完全貫通一致的體系，即，承認這個界限的**批判體系**和越過這個界限的**斯賓諾莎體系**。

§2. 第二條：內容上有條件的公理

基於同一理由，第二公理也像第一公理一樣，既不能證明也不能推論。因此我們在這裡，恰恰和前面一樣，也從一個經驗意識的事實出發，並且我們根據同樣的權力按照同樣的方式來處理這個事實。

1. 命題「$-A \neq A$」，毫無疑問，任何人都承認是完全明確和毋庸置疑的，很難設想有誰會要求證明它。

2. 但假如這樣一種證明是可能的，那麼，這個證明，在我們的體系裡（我們體系的正確性，眞正說來，直到科學完成之前一直還是有問題的）就只能從命題「$A = A$」引導出來。

3. 但這樣的證明是不可能的。這是因為，充其量我們只能這樣設定：我們提出來的命題〔「$-A \neq A$」〕和命題「$-A = -A$」是完全相同的，$-A$ 又和在自我中設定起來的隨便一個什麼 Y 是完全相同的，而命題「$-A = -A$」於是意味著：**如果** A 的對立面被設定了，**則**它是被設定了；但假如我們這樣設定，那麼，在這裡，如同前面一樣，同一個關聯（$= X$）就直截了當地設定起來了；而且它根本不是一個從命題「$A = A$」推論出來並經命題「$A = A$」證明了的命題，毋寧它就是命題「$A = A$」本身……（而且在這種情況下，這個命題的形式，就這命題是一個單純的邏輯命題而言，實際上也隸屬於意識統一性這一最高形式、這一一般**形式性**之下）。

4. 下述問題至今還完全沒接觸到：A 的對立面**是**設定了嗎？它是在什麼條件下，在哪一種**單純行動的形式**下被設定的呢？假如上面提出的那個命題本身確是一個被推論出來的命題，則這個條件就該一定是從命題「A = A」推論出來的。但是，這樣一種條件根本不能由命題「A = A」中產生，因為反設定（Gegensetzen）的形式並不包含於設定（Setzen）的形式中，甚至可以說，反設定的形式是與設定的形式正相對立的。因此，反設定是無待任何條件而直截了當地對立起來的。–A 是**作為** –A 直截了當地被設定的，**因為**它是被設定的。

於是，正如命題「A = A」出現於經驗意識的諸事實之間，成為經驗意識事實之一那樣，一種對立（Entgegensetzen）就出現於自我的諸行動之間，成為自我的行動之一；而這種對立，就其單純**形式**來說，是一種全然可能的，不須任何條件為前提的，不以任何更高的根據為基礎的行動。

（〔當人們建立起命題「–A = –A」時〕，這命題**作為**命題，其**邏輯的**形式是以主詞和受詞的同一性為條件的，〔也就是說，以**進行表象的**自我與**被表象的**自我的同一性為條件的；可參看上文 11 頁的注釋〕。但就連反設定的可能性，本來也是以意識的同一性為前提；而且在這種作用中行動著的自我的行動進程，真正說來是這樣的：〔直截了當地被設定的〕A =〔被反思的〕A。在這個作為反思對象的 A 的對面，由一種絕對的行動對立起來一個 –A，而從這個 –A 就可判定，它〔–A〕也是和那直截了當地被設定的 A 對立的、相反的，因

為前一個 A 等同於後一個 A，而它們的等同性〔參看 §1〕是出自進行設定的自我與進行反思的自我的同一性。—— 而且還有一個前提，即：在**兩種**行動中行動著的自我和對兩種行動判斷著的自我就是同一個自我。假如這同一個自我在兩種行動中竟能是自己與自己對立的、相反的，那麼 –A 就會是 = A。由此可見，從設定到對立的過渡，也只是透過自我的同一性才可能的。）

5. 透過這種絕對的行動，而且完全透過它，於是被對立的東西，作為一種**對立物**（作為單純的對立面一般），就被設定起來。任何對立面，在它是對立面這個意義下，是直截了當地，憑藉自我的一種行動，無須任何其他根據而被設定的。一般說來，對立（Entgegengesetzrsein）只是透過自我設定的。

6. 如果設定了一個 –A，就必已設定了一個 A。因此，對設定的行動，從另一個角度來看，也是有條件的。一個行動**是否**可能，取決於另外一個行動；這行動因此從**實質**上說，作為一個一般行動，是有條件的；它是一個與另一行動連繫著的行動。至於它恰恰**這樣**而不是別樣地行動，則是無條件的；這行動就其**形式**（從**如何**的角度）來看，是無條件的。

（對立，只在設定者和對立者的意識的統一性這個條件下，才是可能的。假如前一行動〔設定〕的意識和後一行動〔對立〕的意識並不結合在一起，那後一設定就不會是一個**反設定**或**對立**，而乾脆就是一個設定。由於它與前一設定連繫著，它才成為一個反設定。）

7. 直到現在，我們討論的是作爲單純行動的行動，是行動**樣**式。下面讓我們進而討論行動的產物＝－A。

我們可把 －A 再分爲兩個方面：它的**形式**，和**實質**。由形式所規定的是，它是一個對立面（某個 X 的對立面）。如果它是和一個有規定的 A 對立的、相反的，它就具有**實質**；它不是任何有規定的東西。

8. －A 的**形式**，是透過行動直截了當地被規定的；－A 是一個對立面，因爲它是一個對立的產物。－A 的**實質**，則是透過 A 被規定的；它不是 A 所是的那個東西；而且它的整個本質就在於它不是 A 所是的那個東西。──關於 －A，我**所**知道的是：它是某個 A 的對立面。但我**所據**以知道 －A 的那個對立面〔A〕，到底是**什麼**，或不是什麼，這就只在我認識了 A 的條件之下，我才能知道。

9. 原初被設定的沒有別的，只有自我；而自我只是直截了當被設定的（§1）。因此只能直截了當地對自我進行反設定。但是，和自我相反或對立的東西，就是 ＝**非我**。

10.「－A ≠ A」確實是經驗意識的事實之一，命題「－A ≠ A」的絕對確實性是大家無條件承認的；同樣**確實的是：相對於自我，直截了當地對立起來一個非我**。我們剛才關於一般的對立或反設定所說的那些話，都是從這個原始的反設定推論出來的；因此，反設定自來就具有這樣的性質：它在形式上是絕對無條件的，但在實質上是有條件的。而這樣一來，我們

也就找到了人類全部知識的第二公理。

11. 由於單純的反設定（或對立），非我應得到與自我所應得到的東西相反的東西、對立面。

（通常的觀點是，非我的概念是從表象出來的東西中透過抽象作用產生出來的一種談話方式上的概念。但這種見解的膚淺是顯而易見的。比如說，我要表象隨便一個什麼東西，我就必須把這東西對立在表象者的對面，這樣，表象作用的客體裡當然就能夠而且必定包含有一個 X，透過這個 X，客體才發現自己是一種可以表象的東西而不是表象者；但關於**這個情況**，即，凡包含 X 的一切東西都不是表象者而是一個可以表象的東西，我是不能透過任何對象而懂得的*；要能設定隨便一個什麼**對象**，我就必須首先知道這個對象；因此對象必須在一切可能的經驗以前原來就存在於我自身之中，存在於表象者之中。──這個論斷是一目了然的，可以說，誰若是不理解它，誰若不會從它出發上升到超驗的唯心主義，那麼誰就一定是無可爭辯的精神盲人。）

從實質命題「我是」中抽掉它的內容，曾得到純粹形式的、邏輯的命題「A = A」。從本段建立的命題中透過同樣的抽象就得到我稱之為**對立命題**的邏輯命題「$-A \neq A$」。在這裡，它還既不可予以規定，也不可用文字公式加以表述；其所以不能的理由，將在下一段看到。如果人們終於完全抽掉特定

---

*　此後直至括弧結束這一段話，是 1780 年版中增添的。──譯者注

的判斷行動而單單注視從反義物到不存在這一推論形式，那麼人們就得到了**否定的範疇**。關於這個範疇，也要到下一段才可能有一個明晰的認識。

§3. 第三條：形式上有條件的公理

在我們的科學裡，我們每前進一步都使我們更接近於這樣一個領域，在這個領域裡一切都是可以證明的。在第一條公理中，根本沒有任何東西應該得到證明和可以證明；無論就形式說或就內容說，第一條公理都是無條件的，無須任何更高的根據就已經確定的。在第二條公理中，**反設定或對立的行動**，誠然不是可以推論出來的；但是，只要這種行動就其單純形式而言是無條件地設定起來的，則**對立起來的東西**必定是＝非我這一點，就是可以確切證明的。第三條公理幾乎是完全可以證明的，因為它不像第二條公理那樣就內容說而是就形式說是規定了的，並且不像第二條公理那樣由一個命題，而是由兩個命題所規定的。

第三條公理，就形式而言，是規定了的，只就內容而言，才是無條件的——也就是說，它所提出的**行動任務**，是由先行的兩個命題規定它的，但任務的解決卻不是這樣；任務的解決是無條件地和直截了當地由理性的命令來完成的。

因此我們現在從一種能夠推論出這項任務的演繹法開始，並且盡可能地用這個方法演繹下去。等到演繹不可能繼續進

行，我們就將毫無疑問地看出：在什麼地方我們必須中斷這個演繹，必須依靠從上述任務中產生出來的那種無條件的理性命令。

A

1. 只要設定了非我，就不能設定自我；因為自我透過非我而被完全揚棄了。現在，非我是**在自我中**被設定了：因為非我是被樹立起來的對立面；但一切對立〔行動〕都以在自身中被設定，又對被設定的東西進行了對立的那個自我的同一性為前提。

因此，只要非我在自我中被設定了，自我就不能在自我中設定起來。

2. 但是，只有在自我中（在同一的意識中）設定了一個非我可以與之相對立的自我，非我才能設定起來。

現在，非我應當在同一的意識中被設定。

因此，只要非我被設定了，自我也就必定在那同一意識中被設定了。

3. 這兩個結論是互相對立的：兩者都是從第二條公理中透過分析發展出來的，因而兩者都包含於第二條公理之中。所以第二條公理本身是自相矛盾的，並且自己揚棄自己。

4. 但是，第二條公理，只有在設定起來的東西為對立起來的東西所揚棄的情況下，因而只有在它本身有效性的情況下，才自己揚棄自己。現在，它應該是自己揚棄了自己，應該

沒有有效性。

因此，它並不揚棄自己。

第二條公理揚棄自己；同時它又不揚棄自己。

5. 如果第二條公理的情況是這樣，那麼第一條公理的情況也沒有什麼不同。第一條公理自己揚棄自己，同時又不揚棄自己。因為：

如果自我＝自我，那麼凡在自我之中被設定了的一切就都被設定了。

現在，第二條公理應該是在自我中設定了，而又不應該在自我中設定。

因此，自我≠自我，而是自我＝非我，非我＝自我。

B

這一切結論，都是從已建立的那些公理中，依據被預定爲有效的那些反思規律推論出來的；因此它們必定都是正確的。但是，如果它們是正確的，則意識的同一性，亦即我們知識的絕對基礎就被揚棄了。因此，現在我們的任務就規定下來了，那就是，應該找出任何一個 X，憑藉它，上述一切結論都可以是正確的，而意識的同一性又不被揚棄。

1. 各個應該統一起來的對立面，都是在作爲意識的自我之中。因此 X 也必定是在意識之中。

2. 自我與非我是自我的原始行動的兩個產物，而意識本

身是自我的第一個原始行動的這樣一種產物，是自我的自己設定自己的設定行動的這樣一種產物。

3. 但是，按照上述那些結論，產生非我的那個行動，亦即反設定，如果沒有 X，是根本不可能的。因此，X 本身必定是一種產物，而且必定是自我的一種原始行動的產物。因此就有了一種以 = X 為其產物的人類精神的活動 = Y。

4. 這種行動的形式，是由上述的任務完全規定了的。對立起來的自我和非我，應該透過這種行動被設定為統一的、等同的東西，它們並不因此而互相揚棄。上述那些對立物都應該被吸收到統一的意識的同一性裡去。

5. 但**如何**才能做到這一點，以及用什麼方式才可能做到這一點，還沒有因為任務確定了就被規定下來；這不在任務之內，也不能以任何方式從任務中發展出來。因此我們必須像上面那樣做一個實驗，並且反問自己一下：A 與 −A，存在與非存在，實在與否定，它們怎樣才能結合在一起來加以思維，而彼此並不互相取消、互相揚棄？

6. 對這個問題，不能指望有人會提出別的答案，答案只能如下：它們彼此互相**制約**。因而如果這個答案是正確的，那麼行動 Y 就該是對立雙方的相互制約；而 X 就是這些**限制**的標誌。

（我不應該被理解為：好像我主張限制的概念是一個分析概念，它形成於實在與否定的統一，可從這統一中發展出來。

誠然，兩個對立的概念是由前兩條公理給定了的；但它們應該被統一起來這一要求，則包含在第一公理裡。至於它們如何才能被統一起來，則完全不包含在那兩條公理之中，而是由我們精神的一條**特殊的**規律來規定的，而這條特殊精神規律則要透過上述實驗才能被意識到。）

7. 但是在限制的概念裡不僅只包含著我們尋求的 X，也就是說，其中同時還包含著統一起來的實在性和否定性的概念。因此我們為了單純地得到 X，就還必須進行一番抽象。

8. 限制某個東西，意思也就是說，不由否定性把它的實在性整個地揚棄掉，而只**部分地**揚棄掉。因此，在限制的概念裡，除實在性和否定性的概念之外，還含有**可分割性**的概念（即，一般的**量化**的概念，而不僅僅是某一**特定的量**的概念）。這個概念就是我們所尋找的 X，而這樣一來，**無論自我還是非我就都由行動 Y 直截了當地設定成為可分割的。**

9. **無論自我還是非我，都被設定為可分割的**；因為行動 Y 不能**跟隨在**對立行動**之後**，也就是說，它不能被認為是由於有了對立行動才成為可能的；因為按照前面的論證，對立行動如沒有行動 Y，就會把自己揚棄掉，因而是不可能的。另外，行動 Y 又不能**先於**對立行動**之前**；因為採取這一行動僅僅是為了使對立行動成為可能，而且，沒有可分割的東西，可分割性就是虛無的。由此可見，行動 Y 是直接就在對立或反設行動之中並且是與它一起發生的；兩者是同一回事，只在反思中才被分別開來的。一個非我既然已相對於自我而對立起來，那麼

與之相對立的那個**自我**,和對立起來的那個**非我**,就因而都被設定為可分割的。

C

現在,我們只還需要審查一下,透過我們所提出的行動,任務是否已真正解決,一切對立的東西是否已統一起來。

1. 第一個結論,從現在起,被規定如下:就非我所據以被設定的那部分實在性來說,自我沒有在自我之中設定起來。因為實在性的一部分,即,已歸屬於非我的那一部分的實在性,已在自我之中被揚棄了。第二個命題與這個命題並不矛盾。只要非我被設定了,自我也就必定被設定了,因為它們兩者,就它們的實在性來說,一般地已被設定為可分割的。

只是到現在,憑藉著建立起來的概念,人們才能說,自我與非我都是**某種東西**。第一條公理的絕對自我並不是**某種東西**(它沒有受詞,並且不能有受詞);它直截了當地就是**它所是的東西**,而這個東西是不能進一步說明的。現在,憑著這個概念,在意識中的**一切**都是實在性;其中不屬於自我的實在性屬於非我,反之,不屬於非我的實在性屬於自我。兩者都是某種東西;非我就是不是自我的那種東西,反之,自我就是不是非我的那種東西。與絕對自我相對立(但非我只在它被表象的情況下而非在它自在的情況下,才能被對立起來與絕對自我相對立,這是到時候它將表現出來的),非我是**絕對的虛無**;與可限制的自我相對立,非我是一個**負量**。

2. 自我應該是自身等同的，卻又應該是自身對立的。但是，自我在意識看來是自身等同的，因為意識是統一的；不過在這個意識之中，絕對自我是被設定為不可分割的；相反，有非我與之對立起來的那種自我，則是被設定為可分割的。因此，只要有一個非我與自我對立，而這個自我本身則是與絕對自我對立的。

這樣一來，一切對立物就都已統一起來，而又無損於意識的統一性；而這就彷彿是一次考驗，證明了建立起來的概念是正確的概念。

D

由於按照我們那個要等完成了一門知識學才能加以證明的前提來說，只有一條絕對無條件的公理、一條在內容方面有條件的公理、一條在形式方面有條件的公理是可能的。因此，除了以上所提各條公理之外，再也不能有別的公理。至此，絕對無條件地明確無誤的東西，已詳述無遺；我將用以下公式來表述它：**自我在自我之中對立一個可分割的非我以與可分割的自我相對立。**

沒有哲學超越這種知識；但任何澈底的哲學，都應該回溯到這種認識上來；而且只要它做到了這一點，它就成了知識學。從現在起，一切在人類精神的體系中出現的東西，都必定能從我們已建立的東西中推演出來。

1. 我們已經透過可分割性這一概念將互相對立的自我與

非我統一起來。如果抽掉特定的內容，抽掉自我與非我，而**將兩個對立物透過可分割性概念所達到的單純的統一形式**保留下來，那麼我們就得到了人們迄今稱之爲**根據**命題的那個邏輯命題：A 部分地 = –A，和 –A 部分地 = A。每個對立的東西都在一個標誌 = X 中與它的對立物等同；而且，每個等同的東西都在一個標誌 = X 中與它的等同物對立。這樣一個標誌 = X 就叫做根據，在第一種情況下就是**關聯**根據，在第二種情況下就是**區別**根據；因爲，把對立的東西加以等同或加以比較，叫做**關聯**；把等同的東西對立起來或使之對立，叫做**區別**。這個邏輯命題，透過我們建立的實質公理，已得到**證明**和**規定**。說得到了證明，是因爲：

(a) 一切對立物 = –A，都是對一個 A 而對立起來的，而這個 A 是設定了的。透過一個 –A 的設定，A 被揚棄了，卻又沒被揚棄。

因此 A 僅只部分地被揚棄；並且，儘管在未被揚棄的 A 中設定了 X，而在 –A 中並未設定 –X，卻是設定了 X 本身。因此，在 X 之中，是 A = –A。而這個 X 曾是第一個 X。

(b) 一切被等同起來的東西（= A = B），由於是在自我之中被設定的，都是自相等同的。A = A，B = B。

現在如果設定 B = A，在這裡 B 並不是透過 A 而被設定；因爲假如 B 是由於 A 而被設定，B 就會 = A 而 ≠ B 了（那將不是存在著兩個被設定者，而是只有一個被設定者了）。

但是，如果 B 不是由於 A 的設定而被設定，那麼在這個情況下 B 就 = –A；而且透過設定兩者等同，被設定的就既不是 A，也不是 B，而是某一個 X，而這個 X 是既 = X，又 = A，又 = B。這個 X 曾是第二個 X。

由此我們就可看出，那個本來與命題 A = A 互相矛盾的命題 A = B，怎樣竟能是有有效性的了。X = X，A = X，B = X；因此，就 A 與 B 兩者都 = X 來說，A = B。但是，就兩者都 = –X 來說，A = –B。

僅只在**一個**部分裡，相同的東西是對立的，對立的東西是相同的。因為假如它們在一個以上的部分裡是彼此對立的，也就是說，假如在互相對立的東西自身中存在著互相對立的標誌，那麼，兩個標誌中總有一個屬於這樣的標誌：在該標誌下兩個被比較的東西是等同的，因而它們不是對立的；反過來的情況也是這樣。因此，每個有根據的判斷都只有一個關聯根據，也只有一個區別根據。如果它有許多根據，它就不是一個判斷，而是許多個判斷了。

2. 邏輯上的根據命題受著上述實質公理的**規定**；也就是說，它的有效性本身受到限制，它只對我們知識的一部分有效力。

各種事物都一般地被設定為等同，或一般地被設定為對立，這是一個條件；只在這個條件之下，它們才按某一個標誌被設定為對立的或被設定為等同的。但這絕不等於說，一切在

我們意識中出現的東西，都必定徑直無條件地被設定為與任何一個其他東西等同，與某一第三個東西對立。一個判斷，如果它所判斷的東西既不能有什麼被設定為與它等同，也不能有什麼被設定與它對立，這個判斷就根本不屬於根據命題，因為它不在根據命題的有效性條件之下；它不是有根據的，但它卻使一切可能的判斷成為有根據的；它沒有根據，但它自身卻說明一切有根據判斷的根據。這樣的判斷的對象就是絕對自我，而且一切判斷，凡是以絕對自我為其主詞的，都無需任何根據即徑直地有效力；關於這一點下面還要詳談。

3. 當人們在其所比較的東西中尋找它們因此而**彼此對立的**那種標誌時，人們的這種行動叫做**反題**處理；通常叫做**分析**方法。但這個名稱不是那麼合適，一方面是因為這個名稱更清楚地指明，這種處理方法是綜合方法的對立面。因為綜合方法就在於從對立的東西中找出它們所以**相同的**那種標誌。按照那完全抽掉了一切知識內容，並且抽掉了人們取得知識方式的單純邏輯形式來說，以前一種處理方法得到的判斷，叫做反題判斷或否定判斷，以後一種處理方法得到的判斷叫做綜合判斷或肯定判斷。

4. 如果一切反題與合題所遵守的那些邏輯規則是從知識學的第三條公理中推演出來的，那麼，一切反題與合題的權利就一般地也是從這條公理中推演出來的。但我們在陳述這第三條公理時已經看到，第三公理所表達的那種原始行動，即將對立的事物在第三者之中結合起來的那種行動，如果沒有樹立對

立面的對立行動，是不可能有的。同樣，樹立對立面的行動，如果沒有結合的行動，也是不可能有的；因此兩者事實上是不可分割地結合在一起，並且只在反思中才能加以區別的。從這裡得出的結論是：這兩種邏輯行動，既然都以上述原始行動為根據，並且真正說來只不過是原始行動特殊的進一步規定，那麼它們也將缺一不可，這一個沒有那一個，或那一個沒有這一個，也將是不可能的。沒有合題，就不可能有反題；因為反題就在於：從相同的東西中找出對立的標誌；但是相同的東西，假如不是事先已透過綜合行動被等同起來，就不會是相同的。在單純的反題裡，相同的東西之前曾透過綜合行動被等同起來這一情況，被撇開不管了，所以它們被直截了當承認為相同；反思是專找它們中間的對立面，從而把這對立面突出起來，使之達到明確的意識。——反過來也是這樣，沒有反題，就不可能有合題。對立的東西應該被結合起來：但假如它們不是透過自我的一種行動被對立起來了，它們就不會是對立的，而在合題中，自我的這一行動所以被抽去不管，那只是為了要透過反思提高與意識的關聯基礎。——因此從內容來說，根本就沒有單純的分析判斷；人們假如單憑分析判斷行事，就不僅如**康德**所說的那樣，不能遠行，而且根本不會前進一步。

5. 康德在《純粹理性批判》中提到首要地位的那個「**先驗綜合判斷是怎樣可能的？**」著名問題，現在是以最普遍的最令人滿意的方式答覆了。我們在第三條公理中透過設定起來的自我與非我的可分割性已經把這互相對立的自我與非我綜合起

來，而對於這種綜合的可能性既不能進一步追問，也不能給出任何根據了；這種綜合是絕對可能的，人們無需任何進一步的根據就有權這樣做。所有其他有效的綜合，都必定包括在那個綜合之內，都必定是同時既在其中又與它同在的綜合；而且正如那個綜合得到了證明一樣，它們也都得到了最有說服力的證明，證明它們如同那個綜合一樣地有效。

6. 其餘的一切綜合都必定包含在那個綜合之內：而這一點就同時以最確切的方式提出了在我們的知識學中我們繼續前進應走的道路。── 凡是綜合都應該是這樣，因此我們的整個處理方法，從現在起（至少在知識學的理論部分中是如此，因為在實踐部分裡情況相反，這一點等以後將會看得出來），將是綜合的；每一個命題將包含一個綜合。── 但是，沒有一個先行的反題，就不可能有綜合〔合題〕；不過這先行的反題，作為一種行動，我們總把它抽掉，而單單去尋找它的產物、對立面。因此，在處理每一個命題時，我們都必須從指出那應該被統一起來的對立面出發。── 一切建立起來的綜合，都應該是包含於我們剛才所建立的那個最高綜合之中，並可從其中引申出來的。既然自我和非我是由最高綜合聯合起來的，我們就必須在最高綜合所聯合起來的自我和非我兩者中，尋找其餘的各種對立的標誌，並且透過一個新的關聯根據把它們結合起來，當然這個新關聯根據本身，又必須是包含於一切關聯根據的最高關聯根據之中；我們必須在這第一個綜合所結合起來的對立面中再一次尋找新的對立面，並透過一個新的包含於剛才推演

出來的那個關聯根據之中的關聯根據，把這一對新的對立面再結合起來；我們必須盡可能地這樣繼續做下去，直到最後我們遇到再也不能完全聯合起來的對立面，於是我們過渡到實踐部分的領域裡去。這樣，我們的進程就是穩妥可靠的，由事情本身預先規定了的，而且我們能夠預先知道，只要對我們的道路適當注意，我們就完全能夠不誤入歧途。

　　7. 正如沒有合題〔綜合〕就不可能有反題，沒有反題就不可能有合題那樣，沒有正題也就不可能有合題和反題兩者；而正題就是這樣一種直截了當的設定，透過這種設定，一個 A（自我）就既不與任何別的東西相同，也不與任何別的東西相對立，而單純直截了當地被設定起來。對連繫著我們的體系來說，這個正題提供了穩定性和完滿性給整體；這個整體必須是一個體系，而且是唯一的體系；任何時候只要還有什麼對立的東西，它就必須被結合起來，直至出現絕對的統一為止。當然，這種絕對的統一，正如到時候將會顯示的那樣，只在完成了一個無限接近過程時才會出現，而完成這無限接近，本身是不可能的。——按照一定的方式進行對立和進行結合的必要性，是直接建立在第三條公理上面的；一般進行結合的必要性，則是建立在最高的、絕對無條件的第一條公理上面的。體系的**形式**是以最高的綜合為基礎；而體系**之所以**應該是一個體系，則是以絕對的正題為基礎。——關於上述對我們體系一般評論的應用說明，就說到這裡；但這種說明對判斷形式卻還另有一種更重要的應用，在這裡出於種種理由，不可略而

不談。也就是說,既然曾有反題判斷與綜合判斷,那麼按照類比,就也完全可以有一些在任何一個規定之下都會與前兩種判斷恰恰對立的正題判斷。也就是說,前兩種判斷的正確性是以一個根據為前提,而且是以一個雙重根據為前提:一方面是關聯根據,一方面是區別根據,這兩方面的根據都可以予以指明,而如果要證明判斷,它們就都必須予以指明(例如:「鳥是一種動物」:在這裡被反思的關聯根據是確定的動物概念,即,動物是由物質、有機物質、有動物活力的物質構成的;而被我們抽去了的區別根據,則是不同動物物種的獨特差異,即牠們有兩隻腳還是有四隻腳,有羽毛、鱗甲還是有毛皮。或者說,「一種植物不是動物」:在這裡被我們反思的區別根據,是植物與動物之間的獨特差異;而被我們抽去的關聯根據,則是一般的有機物)。但是有一種正題判斷,會是這樣的判斷,在它那裡,某種東西既不與別的東西相同,也不與別的東西對立,而僅僅被設定為與自身等同。這樣的正題判斷因此根本不能以任何關聯根據或區別根據為前提,而如果說,按邏輯形式,它必須以一個第三者為前提,那麼這個第三者毋寧只是一項尋找根據的**任務**。這種原始的最高的判斷就是「我是」,在這個判斷裡,對於自我什麼也沒說,說明自我的可能規定的受詞位子是無限地空著的。一切判斷,凡在這個判斷之下的,那是說,凡在自我的絕對設定裡面包含著的判斷,都屬於這一類(即使它們實際上並非每次都以自我為邏輯主詞),例如:「人是自由的」。要麼是,人們把這個判斷看作一個積極的判斷(在這種情況下,就等於說,人屬於自由物這個類),那就

應該在人與自然物之間指出一個這樣的關聯根據，它作為自由的根據既一般地包含於自由物的概念之中又特殊地包含於人的概念之中；但是，要指出這樣一種根據，那是距離遙遠的，就連一個自由物的類，都根本指不出來。要麼是，人們把這種判斷看作一個消極的判斷，在這種情況下，人就被設定為與一切受自然界必然性規律所支配的東西相對立；但這樣一來，顯然就必須指明必然與非必然之間的區別根據，還必須表明區別根據不存在於人的概念之中，而確實存在於人的對立物的概念之中。與此同時還必須指出雙方所以會彼此一致的那一個標誌。但是人，就他能適用自由這個受詞而言，也就是說，就他是一個絕對的主體，而既不是表象出來的也不是可以表象的主體而言，他與自然物根本沒有共同之處，從而與自然物也並不是對立的。然而按照積極判斷的邏輯形式來說，人與自然物這兩個概念應該被統一起來；但它們不能在任何概念之中統一起來，而只能統一於這樣一個自我的觀念之中，這個自我，其意識不會受它以外的任何東西所規定，卻透過它的單純意識規定著它以外的一切東西：而這樣的觀念，根本是不可思議的，因為在我們看來，它包含著一個矛盾。但是儘管這樣，它已被樹立為我們最高的實踐目標。人應該無限地、不斷地接近那個本來永遠達不到的自由。——審美判斷就是這樣，「A是美的」（等於說，在A裡有的一個標誌，在美的理想裡也有）是一個正題判斷；因為我不能拿那個標誌和理想相比較，因為我並不認識那個理想。尋求理想毋寧說是我的精神的一項任務，一項從我的精神的絕對設定中產生出來，然而只在完成了向無限接近

的過程之後才能得到解決的任務。——因此，康德及其後繼者們把這些判斷稱為**無限的**判斷，那是非常正確的，雖然據我所知，沒有一個人曾以明白而確定的方式說明過它們。

8. 所以任何一個確定的正題判斷，我們都不能給出任何理由；但在處理一般正題判斷時，人的精神是以自我自己對自己的絕對設定為根據的。所以如果我們將一般正題判斷的這種根據與反題判斷和合題判斷的根據加以比較，那是有用處的，將使我們對批判哲學體系的固有特性獲得最明白最確切的認識。

一切包含於某個表示區別根據的概念中的對立物，都在一個人們稱之為種概念的、**較高的**（較普遍的、較概括的）概念中彼此一致：也就是說，這裡有一個綜合作為前提，而對立雙方在這個綜合中彼此等同，所以它們就包含於這個綜合之中（例如：金和銀是作為相同的東西被包含於金屬的概念之中，而金屬的概念卻不包含兩者因此而成為對立物的那個概念，在這裡即是，比如說，特定的顏色）。因此，定義的邏輯規則是：一切定義都必須既指明那包含著關聯根據的一般概念，又指明那包含著區別根據的獨特差異。——另一方面，一切被設定為相同的東西，都在一個曾於關聯判斷中被抽掉了的，表示著某一特殊規定的，**較低的**概念之中彼此對立，也就是說，一切合題或綜合都以一個先行的反題為其前提，例如：在物體概念中，顏色、特定的重量、滋味、氣味等方面的差異都已被抽掉，因而凡是占有空間的、不可透入的、具有任何重量的東西，都能是一個物體，而不管在上述那些標誌方面它們彼此

是多麼對立。——**哪些**規定是較普遍的或較特別的，從而**哪些**概念是較高的或較低的，這是要由知識學來確定。一個概念從最高概念、實在性概念中推演出來時，通過的中間概念越少，它就越高級；通過的中間概念越多，它就越低級。如果 Y 是從最高的概念 X 順序推演出來的，Y 就被確定為一個比 X 較低的概念；反過來說也是這樣。對於直截了當地設定起來的東西、自我來說，情況就完全不同了。當設定一個非我以與自我相對立時，也就同時設定了這個非我與自我相同，但非我與自我相同，卻不是像進行其餘一切比較時那樣在一個**較高的**概念中相同（彷彿這個較高概念，會包含兩者於自身之內，並以一個更高的合題或至少一個更高的正題為其前提），而是在一個**較低的**概念中相同。自我本身被降低為一個較低的概念、一個可分割性概念，以便它可以被設定為與非我相同；而就在這同一個概念中它已成為與非我對立。因此在這裡根本不像往常在各個合題裡那樣是一個**上升**，而是一個**下降**。自我與非我，如今透過相互的可限制性這一概念，都成了既相同而又對立的東西，然而它們本身都是作為可分割的實體的自我中的兩個某物（兩個偶然性東西），則是透過那既無任何東西與之相同又無任何東西與之對立的，作為絕對的不可限制的主體的自我而設定起來的。——所以，一切判**斷**，凡是以可限制的或可規定的自我，或者說凡是以某種對自我起規定作用的東西充當自己的邏輯主詞的，都是受某種更高的東西所限制或規定的判斷。但是一切判**斷**，凡是以絕對不可規定的自我充當自己的邏輯主詞的，都不能由任何更高的東西所規定，因為絕對自我不受任何

更高的東西規定；這樣的判斷，毋寧都是直截了當地以自身為根據，為自己所規定的。

批判的哲學的本質，就在於它建立了一個絕對無條件的和不能由任何更高的東西規定的絕對自我；而如果這種哲學從這條公理出發，始終如一地進行推論，那它就成為知識學了。相反，**獨斷的**哲學是這樣的哲學，它在一個應該是更高的**物**的概念中設定某種東西與自在的我既相同又對立，而同時又完全武斷地提出**物**的概念是絕對最高的概念。在批判的體系裡，物是在我之中設定起來的東西；在獨斷的體系裡，物是我在其中被設定起來的那種東西；因此，批判主義是**內在的**，因為它把一切都置於自我以內；獨斷主義是**超驗的**，因為它還要超出自我以外去。如果獨斷主義能貫徹到底，那麼斯賓諾莎主義就是它最澈底一致的產物。可是如果人們按照獨斷主義自己的公理來對待獨斷主義，當然應該這樣，那麼人們就該問它，既然它對於自我曾追問一個更高的根據，為什麼它竟承認它的自在之物而無須更高的根據呢，既然我不是什麼絕對的，為什麼物就算得是絕對的呢？它不能證明它有權這麼做，從而我們就有權要求它按照它自己的不得無根據地承認任何東西的公理再給自在之物的概念提出一個更高的通用概念，再給這個更高的通用概念提出一個更高的通用概念。因此，一種貫徹始終的獨斷主義，要麼就否認我們的知識有一個根據，否認人的精神是一個體系，要麼就自相矛盾。澈底的獨斷主義是一種懷疑它在懷疑的懷疑主義；因為它必定取消意識的統一性從而取消整個邏

輯。因此它不是獨斷主義，而由於它自稱是獨斷主義，這就自相矛盾[4]。

（斯賓諾莎就是這樣，他把意識統一性的根據安置在一個實體裡，在這個實體裡，意識無論從實質上看，即從確定的表象系列上看，還是從統一性的形式上看，都是必然地規定了的。但是我要問他，既然這個實體的實質是它所包含的各種表象系列，它的形式是它所包含的**一切可能的**表象系列因而應該是已經**窮盡**並構成了一個完全的**整體**的那種形式，那麼，就它的實質和形式來說，這個實體之所以必然如此的必然性根據，又是包含在什麼東西裡的呢？至此，他不再進一步為我指出這種必然性的根據，而說，這直截了當地就是這樣。他所以這樣說，乃是因為他不得不承認某種絕對第一的東西，不得不承認一個最高的統一性。但是，假如他真是這樣，那他何必當初，早就應該直接在意識給他提供的統一性那裡停留下來，早就無須再去編造一個更高的統一性；沒有什麼東西迫使他去編造嘛。）

---

[4] 只有兩種體系：批判的與獨斷的。懷疑主義，正如我們前面規定的那樣，完全不是一種體系，因為它可以說根本否認體系的可能性。但是體系的可能性它卻只能按體系來加以否認，因而它是自相矛盾的和完全違反理性的。而且人類精神的本性早已表明它也是不可能的。從來還不曾有人當真地是這樣一種懷疑主義者。批判的懷疑主義則是另外一回事，如**休姆**的、**梅蒙**的、**艾奈西德穆斯**的，它揭示了以往論據的不足，並且恰恰因此而暗示了何處可以找到更為可靠的論據。透過批判的懷疑主義，知識才澈底取得勝利，即是並非總是在內容上，卻肯定是在形式上。如果誰不給予見解精闢的懷疑主義者應得的尊重，那他就是完全不懂知識的價值。

如果我們沒有找到一種實踐上的數據作為充分的說明理由，那麼，一個思想家有時竟能超越自我，或者，竟能一度超越然後又在某個地方停滯不前，這樣的現象，就會絕對無法解釋。迫使獨斷主義者超越自我的，並非像人們相信的那樣是理論上的數據，而是一種實踐上的數據，也就是說，是我們的自我在實踐中感到自己依存於一個絕對不受我們立法支配的、獨立而自由的非我的那種依附性的感覺；迫使獨斷主義者又在某處停留下來的，也是一種實踐上的數據，也就是說，是自我感到必須讓一切非我受制於和統一於自我的實踐規律的那種從屬性的感覺；但這種非我對自我的從屬性，絕不是作為概念對象而現已存在的東西，而是作為理念對象而**應該**存在，應該由我們製造出來的東西，這一點以後將會看到。

終於我們由此看出：獨斷主義根本不是它所自稱的那種東西，我們曾用上述論斷指責它，那是不公正的，而如果它自己把那些論斷拉到身上，那是它自己糟蹋自己。它的最高統一性實際上只不過是意識的統一性，而且不能是別的；它的物就是一般可分割性的基礎，或自我與非我（斯賓諾莎的思維與廣延）兩者被設定於其中的那個最高實體。獨斷主義根本不曾上升到純粹的絕對的自我，更不用說超出這自我了；它走得最遠時，如在斯賓諾莎體系中，也只走到我們的第二條和第三條公理，但從沒達到過第一條絕對無條件的公理；通常它是遠遠上升不到那麼高的。它把走這最後一步，從而完成知識學的工作，留給了批判哲學來做。我們知識學的理論部分，也只是從

第二和第三兩條公理中發揮出來的，由於在這裡第一條公理僅僅具有規範的效力，所以知識學的理論部分，正如到時候將看到的那樣，實際上就是成體系的斯賓諾莎主義；只不過在這裡每一個自我本身就是唯一的最高的實體。但我們的體系增添了一個實踐部分，它使理論部分有了根據和規定，從而完成了整個的知識體系，**窮盡**了人類精神所有的一切東西，並由此而使常識（康德以前的一切哲學都侮辱它，由於顯然沒有任何和解的希望，我們的理論體系已把它和哲學的關係**切斷**），重新和哲學達到完全的和解。

9. 一個建立在**區別**根據上的**對立性**判斷，或一個建立在**關聯**根據上的**比較性**判斷，都有它特定的判斷形式，如果我們把判斷的**特定的**形式完全抽去，只餘留下由一方限制另一方的普遍行為方式，我們就有了**規定**（限定，康德的限制）的範疇。也就是說，不管所設定的是實在性的量還是否定性的量，只要是對量的設定，就叫做規定。

第二部分 理論知識學的基礎

§4. 第一定理

讓我們在踏上我們的道路之前，先對這條道路進行一番簡短的反省！——我們現在有三條邏輯原理：**同一性**原理，它是其餘一切原理的根據。還有**反設**的原理和**根據**的原理，這兩條原理是在第一條原理中彼此互相把自己建立起來的。後兩條原理使一般的綜合方法成為可能，並且建立了綜合方法的形式以及為它提供了根據。因此，為了在反省中肯定我們的方法的形式的有效性，我們再不需要別的什麼了。同樣，在第一個綜合活動中，即在（我與非我的）基本綜合中，建立了一個容納一切可能的未來的綜合內容，在這方面，我們也不再需要別的什麼了。凡是屬於知識學領域內的東西，一定都可以從上述的基本綜合中引申出來。

但是，要從基本綜合中引申出某種東西，那麼，由基本綜合所統一的那些概念裡必定包含有至今還沒有建立起來的其他東西；我們的任務就是要找出它們。人們採取下列的方式去尋找它們。——根據 §3，一切綜合概念都是透過對立物的統一而產生的。因此，人們首先必須找出已經建立的概念（這裡指的是自我與非我的概念，因為它們是相互規定著設定起來）的這樣一些對立的標誌；而這就要透過反省，反省乃是我們精神的一種任意的活動：我在這裡指的是**尋求**；因此，其前提條件是：它們都是現成的、已有的，而不是透過我們的反省才製造出來的，才捏造出來的（反省根本就完全不可能做這種捏

造），也就是說，這是以自我的一種原初必然的對立活動為前提的。

反省已經展示了這種對立活動，就這一點而言，反省首先是分析的。也就是說，透過反省把包含在一個確定的概念 = A 裡的對立的標誌提高到明確的意識，這就叫對概念 A 進行分析。但是，這裡特別要注意的是：我們的反省分析的是根本沒有得到的一個概念，而是要靠反省透過分析才能找出來的概念；這個被分析的概念，到分析完結時就是 = X。於是提出了這樣一個問題：怎麼能夠分析一個根本不知道的概念呢？

沒有一個綜合的活動，就沒有任何對立的活動，雖然對立活動是分析之所以可能的前提；而且沒有它的特定的綜合，就沒有特定的對立活動（參見 §3）。它們兩者是內在的統一的，它們就是同一個活動，只是在反省中才被區分開來。因此，從對立可以推演出綜合；兩個對立物在其中得以聯合統一的那個第三者同樣也可以推斷出來：不是作為反省的產物，而是作為反省的發現；但是，那是作為自我的上述原初的綜合活動的產物；原初的綜合活動作為活動並不必定進入經驗意識，就像迄今所展示出來的行動也都不進入經驗意識那樣。因此，從現在起，我們遇見了純粹的綜合活動，但是它又並不是像前者那樣的絕對無條件的活動。但是，我們的演繹將證明：它們都是活動，而且都是自我的活動。也就是說，它們都是如此明確無誤地是我的活動，正如它們從中被引申出來而又與之合而為一的那個第一個綜合明確無誤地是我的一個活動一樣；而那個第一

個綜合是我的活動,就像自我藉以自己設定自己的那個最高的事實行動明確無誤地是一個我的活動一樣。——被展現出來的活動,都是**綜合的**,但是,展現它們的那個反省,則是**分析的**。

但是,透過反省進行分析而有可能預先設定的那些反題,都必須被設想為事先已經完成了的反題,也就是說,被設想為將要展現出來的那些綜合概念的可能性所依靠的反題。而沒有綜合就不可能有任何反題,因此,一個更高的綜合就預先被設定為已經完成了的綜合;而我們的首要任務必定是找出這個綜合,並把它確切地展示出來。現在,這個綜合必然已經在前一節裡展示過了。但是,由此畢竟可以看出,由於現在是向知識學的一個嶄新的部分過渡,其中確實還有某些特別的東西需要回憶。

A. 要進行分析的綜合命題的規定

自我與非我兩者都是由自我而且在自我之中設定的**彼此互相**限制的東西,也就是說,它們是這一個的實在性揚棄另一個的實在性,反之亦然(參看§3)。

在這個命題裡包含著下面兩個命題:

1. **自我設定非我為受自我限制的東西**。我們採納的這個在我們的知識科學的實踐部分裡將產生巨大作用的命題,在目前,至少看起來還根本沒有什麼用處。因為,到現在為止,非我只是個無;它沒有實在性,因而完全不能設想在它之中怎麼能夠有一個實在性被我揚棄,因為它一無所有;正如它不可能

被限制那樣,因為它一無所是。這樣一來,在非我可以按照某種方式被賦予實在性之前,這個命題看來是完全無處可用的。誠然,包含著這個命題的那個命題:自我與非我互相限制,是已經設定了的;但是,剛才展示的這個命題是否也由它設定,以及是否包含在它之中,則完全還是一個問題。自我也僅僅在考慮非我的情況下才可能受到限制,也就是說,當它自己首先已經限制了非我,當它已經有了限制作用的時候。也許非我根本不限制自我自身,而只不過限制自我的限制;而假如是這樣的話,那麼無須非我一定被賦予一個絕對的實在性,也無須上述那個有問題的被展示的命題確實包含在它之中,前面的那個命題仍然可以是真的和正確的。

2. 在那個命題裡還包含這樣的命題:**自我設定自己為受非我限制的**。這個命題是可以有用的,而且,它必須被認為是明確無誤的,因為它可以從前面展示過的那個命題裡推演出來。

自我首先被設定為絕對的實在性,然後被設置為可限制的,能夠有量的實在性,而且是可以受非我限制的。但是,所有這一切都是由自我設定的;而且,這些都是我們的命題的環節。

這是顯而易見的:

1. 第二個命題是知識學理論部分的基礎——卻又在這個理論部分完成之後才出現,這是綜合論述不得不如此的情況。

2. 第一個,至今很有問題的那個命題是知識學實踐部分

的基礎。但是，因為它自己是有問題的，所以，這樣一個實踐部分的可能性同樣仍然是有問題的。

3. 由此可知，為什麼反省必須從理論部分開始進行；雖然隨後即將表明，並不是好像理論能力使實踐能力成為可能，反之，倒是實踐能力使理論能力成為可能（理性自身只是實踐的東西，只在它的法則被應用於一個對理性施加限制的非我時，它才成為理論的東西）。──反省所以必須這樣，是因為實踐原理的**可思維性**是建立在理論原理的可思維性之上的。但是，只要是在反省，那就反正要提到可思維性。

4. 由此可見，像我們現在所做的這樣，把知識學劃分為理論的和實踐的兩個部分，簡直是有問題的（正是由於這個原因，我們曾經不得不僅僅那麼臨時劃分一下，而且不能劃出明確的界限，實際上我們還不知道這個明確的界限）。我們還根本不知道，我們是否會完成這個理論部分，或者說，我們是否會碰上根本無法解決的矛盾；我們更不能知道究竟我們是否會從理論部分被趕進一個特殊的實踐部分裡去。

B. 在已經建立的命題中和在普遍的命題中所包含的對立物的綜合

命題：**自我設定自己是受非我規定的**，恰好是從第三個公理中推演出來的；如果第三個公理是有效的，那麼，這個命題也必然有效；但第三個公理必定有效，所以意識的統一性肯定沒有被揚棄掉，而自我肯定還繼續是自我（參見 §3）。因此，

既然意識的統一性沒有被揚棄，這個命題本身也就肯定地必然有效。

我們必須首先分析這個命題，也就是說，必須看看在它裡面是否包含著對立物，以及包含的到底是什麼樣的對立物。

自我設定自己是**受非我規定的**。因此，自我應該不規定，而是應該**被**規定；但是，非我應該規定，應該給自我的實在性設定界限。因此，我們已經展示過的命題裡包含著下列命題：

非我規定（活動的）**自我**（在這種情況下，這個我是被動的）。**自我設定自己**是受絕對的活動規定的。至少就我們迄今所理解的來說，一切活動都必須從自我出發。自我已經設定了自己為量，它已設定了非我為量，它已設定了這兩者為量。自我設定自己是被規定的，顯然就等於說**自我規定自己**。因此，已建立的命題裡確實包含著：**自我**（透過絕對的活動）**規定自己本身**。

我們現在暫時還完全撇開下列的問題不管，不管這兩個命題中的每一個命題是否都自相矛盾，是否各自都包含著一個內在的矛盾，以及是否因此而自己揚棄自己。但是，有一些矛盾是立刻就看得出來的：如兩個命題彼此是互相矛盾的那種矛盾，以及如果我是被動的，我就不能是活動的，反過來，如果我是活動的，我就不能是被動的那種矛盾。

（誠然，**活動**的概念和**被動**的概念都還沒有作為對立的概念被推演和發展出來；但是，確實沒有什麼進一步的東西應該

從這兩個對立的概念裡被推論出來；人們在這裡只不過利用了這兩個字，以便使自己有個清楚的認識而已。可以認識清楚的一點是：在兩個發展了的命題中的一個命題裡被肯定的東西，在另一個命題裡被否定了，反之亦然；而這一點畢竟是一個矛盾。）

包含在同一個命題裡的兩個命題彼此互相矛盾，因而它們揚棄自己；而且包含它們兩者於自身的那個命題揚棄自己本身。上面展示過的命題的情況就是這樣，所以它揚棄自己本身。

但是，如果意識的統一性不應該被揚棄的話，它就不可以揚棄自己。因此，我們必須設法把已經指出的兩個對立的命題統一起來（根據前面的說法，這並不意味著在我們的反省活動中，我們應該透過穿鑿附會去替兩個對立的命題臆造一個聯合點；而毋寧是，由於意識的統一性，同時還有那個威脅著要揚棄意識的統一性的命題，都是設定了的，所以聯合點必定已經現成地就在我們的意識之中，而我們僅僅需要透過反省把它尋找出來。我們剛才分析了一個現實存在著的綜合概念＝X；而從那兩個透過分析所得到的命題中，我們應該能推論出來未知的 X 是一個什麼樣的概念）。

讓我們著手解決我們的任務。

在一個命題裡被肯定的東西，在另一個命題裡被否定了。實在性和否定性就是這種情況，它們揚棄自己，並且它們不應該揚棄自己，毋寧說它們應該被統一起來，而要出現這種情況

（參見 §3）就得透過限制和規定。

只要我們說：自我規定自己本身，自我就被賦予了絕對全部的實在性。自我只能把自己規定為實在性，因為它是絕對地被設定為實在性的（參見 §1），而且在它之中根本沒有設定什麼否定性。可是，據說它是由它自己規定的：這並不是說它揚棄了自身的實在性；因為這樣它就會直接陷入與自己相矛盾；相反，也就是說，自我規定實在性，而且依靠實在性規定自己本身。它把實在性設定為一個絕對的定量。除了這個實在性之外，根本沒有實在性。這個實在性是在自我裡設定的。因此，只要實在性是被規定了，自我就被規定了。

還應該注意的是，這乃是自我的一個絕對行動，乃是曾經在 §3 中出現過的同一個行動，在那裡，自我把自己規定為量；而為了前後連繫的原因，這個行動不可不明確地建立起來。

非我是與自我相對立的，正如在自我之中有實在性那樣，在非我之中有否定性。既然絕對全部的實在性是被設定到自我裡了，絕對全部的否定性一定就必然被設定到非我裡，並且否定性本身必定被設定為絕對完全的。

在自我之中的絕對全部的實在性，和在非我之中的絕對全部的否定性，兩者應當透過規定而統一起來。於是，自我**部分地規定自己**，並且它**部分地被規定**——換句話說，命題可以在**雙重的**含義下來理解，而兩種含義卻必須能夠同時並存。

但是，兩者應當被設想為是**同一個東西**，也就是說，正是

考慮到自我被規定，自我應當規定自己，而且正是考慮到它規定自己，它應當被規定。

自我被規定，意思是說，在它之中的實在性被揚棄。於是，如果自我只設定自身中的絕對全體的實在性的一部分，則它因此揚棄自身中的那個全部實在性的其餘部分（參見 §2），而且由於量的自身等同性的緣故而把實在性中與被揚棄的實在性相等的那一部分設定於非我之中（參見 §3）。一度總是一度；它是一度實在性，或者是一度否定性（比如，把全部實在性分為十等分；設定五份實在性於自我之中，則必然有五份否定性被設定於自我之中）。

自我設定多少份的否定性在自身之中，它就設定多少份的實在性於非我之中；對立面中的那部分實在性恰恰揚棄它自身中的實在性（比如，有五份的否定性被設定於自我之中，就有五份的實在性被設定於非我之中）。

因此，只要自我設定實在性於非我之中，它就設定否定性於自身之中，只要它設定否定性於非我之中，它就設定實在性於自身之中；因此，只要它**受到**規定，它就設定自己為**規定著自己**的；只要它**規定**自己，它就**經受著**規定。而只要任務在上面已被放棄，則任務就解決了。

（任務之所以被放棄掉，這是因為關於自我怎麼能夠設定否定性於自身中，或者怎麼能夠設定實在性於非我之中這樣的問題始終沒有得到回答；而且如果這些問題沒有得到回答，則

事情等於什麼進展也沒有。我們所以提醒這一點，是因為要讓任何人都不會感到我們的任務解決的虛無和不足。）

我們剛才進行了一次新的綜合。在這個綜合中被建立起來的概念，是包含在更高的規定的類概念之中的；因為透過這個概念就設定了量。但是，如果那真正是一個另外的概念，如果由那個概念作標誌的綜合真正是一個新的綜合，那麼，那個概念與規定的概念之間的一般的物種差異必定會顯示出來，兩個概念的區別根據必定顯示出來。──透過一般的**規定**，量被單純地**確定**起來；不追究它是怎麼樣，以哪種方式確定的：透過我們現在剛建立起來的綜合概念，則**一個概念的量（透過它的對立概念的量）**被確定起來，反過來說也一樣，對立概念的量（透過這個概念的量）被確立起來。透過自我的實在性或否定性的規定，非我的否定性或實在性就同時得到規定，反過來說也一樣，透過非我的實在性或否定性的規定，自我的否定性或實在性就同時得到規定。我們可以從對立的兩者中的任何一方出發，只要我們願意，從哪一方出發都行，而每一次都在規定一方時透過從事規定的行動而同時規定了對方。人們儘管可以恰如其分地把這種比較確定的規定叫做**相互規定**（按照互動來類推）。這種相互規定在康德那裡被叫做**關係**。

C. 兩個對立命題中的第一個命題本身所包含的對立命題透過相互規定而綜合

我們隨之就會看到，透過綜合並藉助相互規定，對於解決主要困難本身來說，幾乎沒有取得什麼重要的進展。但對於解

除困難的方法來說，我們已經牢固地立定了腳跟。

如果說本段開始時建立起來的主要命題已經包含了這裡要予以統一的一切對立，而且這些對立按照我們在前面對於方法所作的論述而應該都包含在那個主要命題裡，如果進一步說，這些對立都曾經是可以透過相互規定的概念在普遍的概念裡予以統一的話，那麼，已經統一了的普遍的概念裡所包含的那些對立命題，一定已經必然地直接透過相互規定而統一起來了。正如特殊的對立物是包含在新建立的普遍命題裡那樣，使這些特殊對立命題統一起來的那個綜合概念必定也是包含在普遍的相互規定的概念裡的。因此，我們恰恰也要像我們剛才對於一般規定的概念那樣來對相互規定的概念進行處理。我們規定它自身，也就是說，我們透過附加條件（即一方的量要受其對方規定，反過來，對方要受這一方的規定）把它的全部範圍限制在一個較小的量上；這樣一來，我們就得到了相互規定的概念。根據剛才所做的證明，我們從現在起必須更詳細地規定這個概念本身，也就是說，必須透過一個特殊的附加條件來限制相互規定的概念的範圍；而這樣一來，我們就得到了包含在相互規定這一較高概念之中的一些綜合概念。

我們因此就能夠透過劃分嚴格的界線來規定這些概念，以至於我們可以直截了當地排除掉這些概念彼此替換和從一個概念領域滑進另一個概念領域的那種可能性。任何錯誤都能透過不嚴格的規定而立即被發現出來。

非我應該規定自我，也就是說，非我應該揚棄它自身中的

實在性。但這只在下列條件下才有可能：非我在自己本身中具有它從自我中揚棄掉的那一部分實在性，也就是說，**非我在自己本身中擁有實在性**。

但是，**一切實在性都被設定於自我之中了**，而非我是與自我相對立的；因而根本沒有實在性被設定於非我之中，毋寧只有否定性被設定於非我之中。一切非我都是否定性；因而非我**自身中根本沒有任何實在性**。

兩個命題彼此互相揚棄。兩者都包含在**非我規定自我**這個命題裡。因此這個命題揚棄自己本身（在 A 和 B 版本中，在這裡還接著下面一段話：但是，這個命題是包含在剛才建立起來的主要命題裡的；而主要命題又是包含在意識的統一性的命題裡的；如果這個命題被揚棄了，則包含著它的那個主要命題也被揚棄掉，而且包含著主要命題的那個意識統一性的命題也被揚棄掉。因此，這個命題並不揚棄自己，而毋寧是它所包含著的兩個對立命題必定自己統一起來）。

1. 矛盾並沒有透過相互規定的概念而得到消除。如果我們把絕對全部的實在性設定為**可分割的**，也就是說，設定為一種可以使之增加或減少的實在性（甚至這樣做的權利也還沒有推演出來），那麼，我們固然可以隨意扣除實在性的某些部分，而在這種條件下，我們卻一定要把扣除掉的這部分實在性設定於非我之中；這就是相互規定的概念為我們帶來的進展。但是，**為什麼我們要從實在性那裡扣除一部分呢**？這是至今我們還沒有涉及的問題——當然，按照相互規定的法則，反省要

把一方之中揚棄了的實在性設定於對立一方之中，並把對立一方揚棄了的實在性設定於這一方之中，**如果**反省事先曾揚棄過某一方的實在性的話。但是，什麼東西授權或迫使反省進行這種相互規定的呢？

讓我們說明的更確切些！——實在性是被直截了當地設定於自我之中的。在第三條公理裡，以及在剛才完全確定的方式下，非我被設定為一個定量；但每個定量都是某種東西，因而也是**實在性**。可是非我應當是否定性——從而等於說也是一種實在的否定性（一種負量）。

按照單純的關係概念來說，人們究竟願意賦予對立雙方中哪一方實在性，哪一方否定性，乃是完全無所謂的事情。問題只在於，反省究竟從兩個客體中的哪一個客體出發。在數學裡，客體總是現實的，因為數學抽掉一切質而單純考察量。究竟我們把後退的步伐還是把前進的步伐叫做正量，那根本是完全無關緊要的；而問題僅僅取決於究竟我們願意把前一種步伐的數量還是把後一種步伐的數量建立為有限的結果。在知識學裡，情形就是這樣。在自我中是否定性的那個東西，就是在非我中的實在性，反之，在非我中是否定性的那個東西，就是在自我中的實在性；透過相互規定的概念展示出來的就是這麼多，再多也沒有了。究竟我們現在把自我中的東西稱為實在性還是稱為否定性，完全隨我的便，這裡談的僅僅是相對的實在。[1]

---

[1] 值得注意的是，在普通語言習慣裡，**相對的**這個詞總是被正確使用

因此,在實在性的概念裡出現了一個恰恰由相互規定的概念所引起的歧義。如果不能揚棄這個歧義,則意識的統一性就被揚棄了:我是實在性,非我同樣是實在性;兩者不再是對立的了,自我不是＝**自我**,而毋寧是＝**非我**。

2. 如果指出的矛盾得不到滿意的解決,則上述的歧義必須首先揚棄掉,在那個歧義的背後,可以說矛盾能夠隱藏下來,並且還可能不是一個真正的,而只是一個虛假的矛盾。

一切實在性的來源都是自我,因為自我是直截了當地絕對地被設定起來的東西。但是,自我是(存在著的),因為它**設定自身**;因為它**是**(存在著的)。因此,**設定自身**與**存在**乃是一個東西。但**設定自身**的概念與**活動**的概念一般地說又是同一回事。於是,一切實在性是**活動的**;一切**活動的**東西是實在性。活動是**積極的**,絕對的(只與**相對的**對立的)實在性。

(當我們思考活動的概念時,非常重要的是要完全純粹地思考它。這個概念絲毫不能表示那些並不包含在自我自己對自己的絕對設定中的東西;不能表示那些並不直接包含在命題「我是」之中的東西。由此可見,不僅完全應當抽掉一切活動的**時間條件**,而且應當完全抽掉活動的**對象**。因為自我設定它自己的存在,所以自我的原初活動完全不涉及對象,而毋

的,總是被使用於那種只能透過量來加以區別的,而不能再透過任何別的什麼來加以區別的東西上的;可是人們根本沒有一個與作為**相對的**這個詞的詞源的**關係**這個字相連繫的特定概念。

寧是它返回自己本身。自我只在表象自己本身時，它才成為對象。——想像力不大能夠克制自己，使自己不把活動所涉及的那個對象的標誌混淆到純粹活動的概念裡去。但是，只要人們對於活動的錯覺保持警惕，至少在推論中能把一切可能來自這種混淆的東西都抽掉，那也就足夠了。）

3. 自我應當被規定，也就是說，**實在性**，或者如剛才這個概念被規定的那樣，**活動**，應當在自我中被揚棄掉。因而在自我中活動的對立面就設定起來了。但活動的對立面叫做**受動**。**受動**是**積極的**絕對的否定性，因此和單純的**相對的**否定性相對立。

（但願受動這個詞能夠少一些附帶含義）這裡不應該想到痛苦的感受，這當然是不必提醒的問題了。但是，也許還應該提醒一下，應該撇開不想一切**時間條件**，不想至今還會想的在對方中的**一切製造痛苦的活動**。受動是剛才建立起來的那個純粹的活動概念的單純否定性；而且，由於活動概念本身是有量的，受動是**有量的**否定性；因為，活動的單純否定性，如果抽去它的量就 = 0，應該說它是**靜止**。自我中一切不是直接包含在「**我是**」之中的，不是直接透過自我自己對自己的設定而設定起來的東西，對於自我來說，就是**受動**（一般的感受）。

4. 如果說，當自我處於受動狀態時，絕對全部的實在性是在自我中被保存下來的，那麼，根據上文就必然地由於相互規定的法則的緣故，一個同等分量的活動就一定被轉讓到非我中去。

這樣一來，上面的矛盾就消除了。**非我作為非我，自身沒有實在性**；但是，只要自我是受動的，由於相互規定的法則的緣故，**非我就有實在性**。對於自我來說，**非我**，就我們至今所見的而言，**只在自我是受動的這一情況下才有實在性**；而且在**自我的受動性這一條件之外，非我根本沒有實在性**——這個命題從結論的角度來看是非常重要的。

5. 現在推論出來的這個綜合概念是包含在相互規定的概念之下的；因為，在它裡面的非我一方的量是由它的對方、自我的量所規定的。但是，這個概念也與相互規定的概念有特別的不同，也就是說，在相互規定的概念裡，究竟對立雙方中哪一方受對方的規定，雙方中哪一方得到實在性和哪一方得到否定性，是完全互不相關的。只有量（而再多的東西也沒有）作為單純的量被規定起來。——但在目前這個綜合裡，變換並非毫不相關；對立雙方中哪一方應當得到實在性而不得到否定性，哪一方應該得到否定性而不得到實在性，這是規定了的。因此，透過目前這個綜合，**活動**，而且等量的活動，被設定於固定的一方，受動被設定於它的對方，反之亦然。

這個綜合稱為積極的（因果性）綜合。被賦予**活動**的一方，而且只在它**沒有**被賦予**受動**的情況下，叫做原因（**原初的實在性**，直截了當地設定起來的積極的實在性，原因這個詞恰當地表示了它的含義）；被賦予受動的一方，而且只在它沒有被賦予**活動**的情況下，叫做**結果**（或者效果，因而是一種依賴另一實在性的實在性，而不是原初的實在性）。兩者結合

起來加以思考就叫做一個作用、效用，人們絕不能把結果叫做效用。

（在效用的概念裡，正如它剛才被演繹出來那樣，經驗上的**時間條件**完全被抽掉了；而且，沒有經驗條件，這個概念也完全可以思維。這是因為，一方面，時間還沒有被演繹出來，我們還根本無權利用時間的概念；一方面，正如將來在圖式論裡所證明的那樣，說人們必須把原因當作原因，也就是說，它在某個效用中活動著時，當作在時間上先於效果來思維的東西，那根本是不真實的）原因與效果，由於綜合統一性的緣故，可以說應當被認為是同一個東西。由於種種將會證明的理由，（我們會看到）並不是作為原因的原因，而是實體在時間上先於效用。但是，就這一方面而言，受到效用影響的實體也在時間上先於在實體中的效果。

D. 兩個對立命題中的第二個命題所包含的對立命題透過相互規定而綜合

我們建立起來的作為包含在我們的主要命題中的第二個命題：自我設定自己為被規定的，也就是說，自我規定自己，本身包含著對立命題；因此，這第二個命題揚棄自己。但是，由於如果意識的統一性沒有也被直接揚棄的話，那麼，第二個命題就不能揚棄自己，所以我們必須透過一個新的綜合把其中的對立命題統一起來。

(a) 自我規定自己；它是一個規定者（也就是說，這個字

是正在行動），因而是活動的。

(b) 它規定自己；它是一個**被規定者**，因而是受動的（被規定，就其內在意義來說，總是表示著一種受動，一種實在性的缺損）。於是，自我在同一個行動中同時既是活動的又是受動的；它同時既得到了實在性又得到了否定性，這當然是一個矛盾。

這個矛盾可以透過相互規定的概念來消除；而且，假如我們不用上面那些命題而用下述命題來思維，則矛盾毫無疑問地會得到完全的解決：**自我透過活動規定它的受動；或，透過受動規定它的活動**。這樣，它們就在同一個狀態中同時既是活動的又是受動的。問題只不過是：是否可以思維上面這個命題和如何思維它。

為了有可能進行任何規定（一切衡量），一般地說，必須確定一個尺度。但這個尺度不會是別的，只能是自我本身，因為最初只有自我是直截了當地設定起來的。

但是，實在性是被設定在自我中的。因此，要使剛才提出來的那個關於綜合的問題成為可能，並且矛盾得到令人滿意的解決，自我就必須被設定為絕對全部（即被設定為一個定量，它包含著一切定量，並且可以是一切定量的尺度）的實在性，而且是最初地和絕對地設定的。

1. 自我絕對地、不用任何根據地、不帶任何可能條件地設定絕對全部的實在性為一個定量，對於這個量來說，這個設

定的絕對力量不可能更大了；而且自我設定這個絕對最大限度的實在性於**自己本身**。——一切在自我之中設定的東西是實在性；一切存在著的實在性是在自我中設定起來的（§1）。但是，這個在自我中的實在性是一個定量，而且是一個絕對設定起來的定量（§3）。

2. 應當透過和依靠這個絕對地設定起來的尺度來規定缺乏實在性（一個受動）的量。但是，缺乏的不是任何什麼東西；缺乏著的東西什麼也不是（無是不可感知的）。因而缺乏要想得到規定，只能透過**實在性的剩餘部分**得到規定。於是，自我只能規定它自己的**實在性**的被限制了的量；而且透過實在性的量的規定，**否定性**的量也就同時得到了規定（憑藉相互規定的概念）。

（這裡，我們也完全撇開了作為自我的**自在的實在性**之對立物的那個否定性的規定問題，而只把我們的注意力集中在實在性的一個比全部量小些的定量的規定問題上。）

3. 一個不等於全部實在性的定量，本身是**否定性**，即全部性的否定性。它作為限量是與全部性相對立的；但是，一切對立物都是與這對立物相對立的東西的否定性。任何規定了的量都是非全部。

4. 但是，如果說這樣一個定量能夠（根據一切合題和反題的規則）與全部**相對立**，那麼，在兩者之間就必定有一個關聯根據；而這個關聯根據就是**可分割性**的概念（§3）。在絕對

的全部中是沒有部分的；但是，這個絕對全部可以與部分相比較，並且，可以跟部分相區別，這樣一來，上面的那個矛盾就可以令人滿意地解決了。

5. 為了更明確地理解這一點，我們對實在性的概念加以反省。實在性的概念等於活動性的概念。一切實在性是設定在自我中的，也就是說，一切活動性是設定在自我中，反之亦然。自我中的一切都是實在性，也就是說，自我完全是活動的；只有自我是活動的，自我才是自我；如果它不是活動的，它就是非我。

一切受動都是不活動的。因此，除非受動跟活動發生了關係，否則受動根本不能規定自己。

這種情況當然適合我們的任務，我們的任務是要藉助於活動，透過一個相互規定而使一個受動得到規定。

6. 受動不能跟活動發生關係，除非在這樣的條件下：它與活動有一個關聯根據。但是，這個關聯根據不可能是別的東西，只能是實在性與否定性的普遍的關聯根據、量的關聯根據。受動透過量和活動發生關係，也就是說，**受動是一個定量的活動**。

7. 為了可以思維一個定量的活動，人們必須有一個活動的尺度，即一般活動（這在上文裡曾被叫做絕對全部的實在性）。一般定量則是限度。

8. 如果說**一切**活動都是被設定在一般自我中的，那麼，

設定活動的一個定量就是減少自我；而這樣一個定量，只要它不是一切活動，就是一個受動，雖然它**自在地**是活動。

9. 因此，透過設定活動的一個定量和透過相對著活動而反設一個定量（不是說在活動是**一般活動**的情況下，而是說在活動是**一切**活動的情況下），一個受動就被設定起來了；也就是說，活動的那個定量，作為定量，本身就被設定為受動，並且就被規定為受動。

（我們說，**被規定**。一切受動都是活動的否定；透過一個定量的活動，活動的全部性就被否定了。而在活動的全部性被否定的情況下，定量從屬於受動的範圍——如果定量一般被認為是活動的話，則它就不屬於受動的範圍，而毋寧是從受動的範圍裡被排除出去了。）

10. 現在，出現了一個 X，它同時既是實在性又是否定性，既是活動又是受動。

(a) X 是**活動**，只要這個 X 跟非我發生了關係；因為它是被設定在自我之中的，被設定在設定著的、行動著的自我之中的。

(b) X 是**受動**，只要這個 X 跟行動的全部性發生了關係。這個 X 不是一般行動，它毋寧是一個**特定的**行動：它是一個包含在一般行動範圍內的特殊的行動方式。

（如果畫一條圓線 = A，那麼，由 A 圈起來的整個平面 = X 就與無限空間裡被排除在 X 之外的無限平面相對立了。如果在圓圈 A 的內部畫另一條圓線 = B，則由這條圓線圈起來

的平面＝Y首先就是被圈在圓圈 A 裡的，而同時它又和圓圈 A 一起與無限的、被 A 排除在外的平面相對立；而在這種意義上，平面 Y 就與平面 X 完全相同。但是，如果把 Y 看成由 B 圈起來的東西，則平面 Y 就既與無限平面相對立，又與平面 X 的那個不在它的圈內的那個部分相對立。於是，空間 Y 是自己與自己相對立；因為它既是平面 X 的一部分，又是獨立存在的平面 Y。）

舉一個例：**我思維**，這首先是一句表示活動的話；自我是被設定為**思維著的**，而且在這個意義上，是被設定為**行動著的**。此外，**我思維**又是一句表示否定的限制的受動的話；因為**思維**是存在的一個特殊規定；而在思維的概念裡一切其餘的存在樣式都被排除了。於是，思維的概念是自己與自己相對立；當它與被思維的對象發生關係時，它指的是一種活動；當它與一般存在發生關係時，它指的是一種受動：因為，如果思維是可能的，則存在必定受到限制。

自我的每一個可能的受詞都表示一個自我的限制。主詞：自我，是絕對的活動的東西，或者是存在著的東西。透過受詞（比如說：我想像，我努力等等）這個活動就被關在一個有限的範圍之內了（這種情況怎麼發生，現在還不是問題）。

11. 現在我們可以完全看清，自我如何透過和憑藉它的活動規定它的受動，以及它如何能夠同時既是活動又是受動的。它是**從事規定的**，這是就下述意義而言的：它透過絕對的自發性把自己從它的絕對全部實在性所包含的一切範圍那裡設定到

一個特定的範圍中去；而且，這也是就下面這個意義說的：只考慮了這個絕對的設定，而把範圍的界限撤開不管。它是**被規定的**，這是就下述意義而言的：只注重它是被設定在這個特定範圍中的，而對設定的自發性是被撤開不管的。

12. 我們有了上文所提出的解決矛盾的那個自我的原始綜合行動，並且，由此找到了一個有待我們更確切地探討的、新的綜合概念。

新的綜合概念，正如原始的綜合概念一樣，是關於效用的概念，——是一種更確定的相互規定的概念；如果我們把它們與前一個相互規定相比較，並且將它們自行比較，則我們將獲得對這兩個綜合的最完滿的認識。

按照一般規定的原則，(a) 兩個綜合必定與相互規定相同，(b) 與相互規定對立，(c) 彼此相同，只要就它們與相互規定相對立而言，(d) 彼此對立。

(a) 兩個綜合與相互規定相同。這是因為在兩個綜合之中，正如在相互規定之中那樣，透過受動性，活動性被規定，並且透過活動性，受動性被規定，換句話說，透過否定性而實在性被規定，並且透過實在性而否定性被規定。

(b) 兩個綜合與相互規定對立。這是因為在相互規定中，並沒有**確定地**而僅僅一般地**設定了**一種相互關係。究竟人們從實在性開始轉入否定性，還是從否定性開始轉入實在性，是完全隨便的。但是，在最後推演出來的兩個綜合裡，相互的順序

是確定和規定了的。

(c) 正是因為在它們兩者中的順序都是確定了的，所以它們彼此相同。

(d) 在相互規定的順序方面，它們兩者是彼此對立的。在因果概念裡，活動性被受動性所規定，而在剛才推演出來的概念裡，受動性被活動性所規定。

13. 自我，當它被看作是絕對地被規定起來的，包括一切實在性的整個領域時，它就是**實體**。當它被設定於這個領域的一個並非無條件地規定的範圍（這個範圍是怎麼規定的，目前還沒有探討）裡的時候，它是**偶然的，或者說，它是實體中的一個偶體**。把這個特殊範圍從整個領域中分割出來的那個界限，是使偶體所以成為偶體的界限。界限是實體與偶體之間的區別根據。界限存在於整個領域之中；因此，偶體存在於實體之中並屬於實體；而界限排除某種東西於整個領域之外；因此，偶體不是實體。

14. 不和偶體發生關係的實體是不可思維的，因為正是透過在絕對的領域內設定可能的範圍，自我才成為實體；透過可能的偶體，才產生**實在**；因為一切實在性都絕對是**一個東西**。──自我的實在就是自我的行動方式：就一切可能的行動方式（存在方式）都被設定於它之中而言，自我就是實體。

沒有實體，偶體是不可思維的；因為要想認識某個東西是一個**特定的**實在，我們就必須使它與一般實在發生關係。

實體被認為是普遍的一切相互關係；偶體則是一種**特定的東西**，和**另一交替物**互相交替著。

本來只有一個唯一的實體，即自我：一切可能的偶體，亦即一切可能的實在都是在這個唯一實體中設定起來的。——唯一實體的**從某一標誌來看彼此相同的**眾多偶體怎麼可能被結合起來理解以及它們本身怎麼可以被思維為許多實體（這些實體的偶體則是**透過上述標誌之間的**與相同性並存的**差異性**而規定起來的），我們到時候就會看清的。

注釋：有兩個問題始終沒有探討，一直還是一團漆黑，一是：自我的這樣一種活動，即自我透過它而將自己本身作為實體跟偶體區別開來的那種活動；二是：促使自我採取這種行動的那個東西；這後者，就我們依據第一個綜合所能猜測的來說，很可能是非我的一種效用。

因此，正像在每一個綜合那裡經常出現的情況那樣，一切居於中間的東西都可以正確地被統一和結合起來，而居於兩頭的兩個極端則不能。

上面這個注釋從一個新的方面向我們指明了知識學的研究任務。知識學將永遠前進，永遠在兩個對立之間插入中間環節；但是，矛盾並不因此而得到完全解決，毋寧是只被繼續拖延下去。比如說，兩個被統一起來的環節，我們進一步探討之後發現它們並沒有得到完全統一，如果我們在兩者之間插進一個新的中間環節，那麼，最後出現的那個矛盾誠然是解決了，

但是，為了解決這個矛盾，我們必須採用一個新的終點，而新的終點又是對立的，又必須重新統一起來。

真正的、最高的包含一切其他任務於自身的任務是：自我如何能夠直接對非我發生效用，或非我如何能夠直接對自我直接發生效用？因為它們兩者是彼此完全對立的。人們可以在兩者之間插進隨便一個什麼東西 X，兩者都對 X 發生效用，從而兩者也就同時對彼此本身間接發生效用。但是，人們立刻就會發現，在這個 X 裡還必須再有一個自我與非我直接在那裡會合的什麼點才行。為了避免這種情況，人們在兩者之間再插進一個新的中間環節 Y，以代替兩者之間的明確的界限。但是，我們立刻看到，在 Y 裡正如在 X 裡一樣，必須再有一個對立雙方直接接觸的什麼點才行。而如果不透過一個理性的絕對命令，那就得一直進行下去，以至於無窮。這個理性的絕對命令，並不是哲學家下達的命令，毋寧只是哲學家所揭示出來的，它就是**應當**，因為非我不能以任何方式將自己與自我統一起來，根本沒有非我，接合點並沒有解開，只是被割開了。

人們還可以從另外一個方面來看問題。只要自我是透過非我而被限制的，則自我就是有限的；但是，就自我是透過它自己的絕對活動而被設定的來說，自我則是無限的。在自我這裡，無限與有限兩者應當統一起來。然而這樣的一種統一本身是不可能的。爭執的確透過中介早就得到了和解，無限限制著有限。但是，歸根結柢，由於事實表明了被尋求的那種統一是完全不可能的，所以有限必須從根本上被揚棄；一切界限必須

消失，無限的自我必須作為唯一和一切而單獨地保存下來。

如果在連續的空間 A 中的 M 點上設置**光明**，在 N 點上設置黑暗，那麼，由於空間是連續的，並且在 M 與 N 之間沒有**衝突**，必然在兩點之間的某處有一個 O 點，這個 O 點同時既是光明又是黑暗，它們互相矛盾。──你們在兩者之間設置一個中間環節：昏暗。昏暗占有從 P 到 Q 這個區域，於是在 P 點上昏暗與光明為界，在 Q 點上昏暗與黑暗為界。但是，這種做法，你們只是把矛盾往後推移，卻並沒有令人滿意地予以解決。昏暗是光明與黑暗的混合。現在，只有當 P 點同時既是光明又是昏暗時，在 P 上光明才與黑暗為界；並且，只有當昏暗也就是黑暗時，昏暗才能與光明區別開來，所以，P 點同時既是光明又是昏暗。Q 點的情況也是這樣。──因此，要想消除矛盾，沒有任何別的途徑，只有這樣：光明與黑暗根本不是對立的，而僅只有程度上的差別。黑暗僅僅是一個非常小量的光明。──自我與非我之間的情況恰恰就是這樣。

E. 已經建立的兩種互相規定之間出現的對立的綜合統一

自我設定自己是被非我所規定的，是我們當初據以開始的主要命題，這個命題是不能被揚棄的，除非意識的統一性同時被揚棄掉。但其中有須待我們解決的一些矛盾。首先，發生了這樣的問題：自我怎麼能同時既規定又被規定呢？──問題是這樣回答的：**規定**和**被規定**，藉助於交互規定的概念，兩者是同一回事；因此，只要自我設定某個定量的否定性於自身中，它就同時設定某個定量的實在性於非我中，反過來情況也

是這樣。這裡留下了這樣的問題：那麼實在性應該被設定於自我中呢，還是應該設定於非我之中？——這個問題是藉助於效用性的概念這麼回答的：否定性或受動應該被設定於自我中，並且根據一般相互規定的規定，等量的實在性或活動應該被設定於非我中。——但是，進一步的問題是：受動怎麼能被設定於自我中呢？然後又藉助於實體性的概念作了這樣的回答：在自我中受動和活動是同一回事，因為受動只是一個較小定量的活動。

但是，這些解答已經使我們陷入了一個圓圈。**如果**自我設定一個較小程度的活動於自身，那麼它固然由此而設定一個受動於自身和一個活動於非我。但是，自我不能有絕對地設定一個較低程度的活動於自身的能力，因為根據實體性的概念，自我設定一切活動於自身，它不設定除活動外的任何東西於自身。因此，在設定較低程度的活動於自我中之前，必須事先就有一個非我的活動；在自我能夠設定一個較小部分的活動於自身之前，非我的活動必須先已現實地把非我的一部分活動毀滅掉。但是，這是不可能的，因為根據效用性的概念，只有在自我中被設定了受動時，非我才能取得一個活動性。

對於上述問題的要點，目前我們還不能明確地予以正式說明。請允許我們暫時把時間概念預先設定為眾所周知的。——作為第一種情況，我們可以根據單純的效用性概念設定自我的限制是完全出於非我的活動。如果你們設想在 A 時刻上非我不對自我施以效用，那麼，在自我中一切都是實在性，根本沒

有否定性；因而根據上面所述的效用性的概念，就沒有實在性被設定於非我之中。如果你們再設想，在 B 時刻，非我對自我以三度的活動施以效用，那麼，根據相互規定的概念，當然就有三度的實在性從自我中被揚棄掉，並且有三度的否定性被設定於自我中以資頂替。但是，在這種情況下，自我完全處於受動的地位；三度的否定性固然在自我中設定起來了，但它們也只不過是**對於**自我以外的**某一個理智本質**（這個理智本質考察並且根據相互規定的規則判斷在上述效用中的自我與非我）來說，是被設定了的，但是，並不是**對於自我本身來說**是被設定了的。另外，我們還可以要求自我能對它在 A 時刻的狀態和它在 B 時刻的狀態進行比較，並能對它在這兩個時刻的活動的不同定量進行區別，而這一點如何可能，現在還看不出來。在我們設想的這種情況下，自我誠然是被限制了的，但是，自我對它的侷限性是不曾意識到的。用我們命題裡的話來說，自我誠然是**被規定的**，但是，它並**沒有設定自己**是被規定的，而毋寧只有在它之外的某一本質才能設定它為被規定的。

或者作為第二種情況，可以根據單純的實體性概念假設自我不依賴非我的任何效用而絕對地就有能力武斷地把一個減少了的定量的實在性設定於自身之中；這是先驗唯心主義預先設定的前提，特別是先驗唯心主義所體現的那種預定和諧的前提。關於這個前提本身已經和絕對第一公理相矛盾的問題，這裡完全撇開不談。你們也還可以假設自我有能力拿這個減少了的量和絕對全部的量相比較，並且對它進行衡量。在這個前

提之下，如果自我在 A 時刻設定減少了二度的活動，在 B 時刻設定減少了三度的活動，那麼，我們就可以充分理解自我怎麼能在這兩個時刻斷定自己是受了限制的，怎麼能夠斷定自己在 B 時刻受到的限制比在 A 時刻多些；但是，我們卻絕不能理解自我怎麼能夠把這種限制連繫到非我中的某個東西身上，說它是造成這種限制的原因。毋寧說，自我必須把自己本身看作是這種限制的原因。用我們命題裡的話來說，在這種情況下，自我固然設定自己是被規定的，但是，它並不設定自己是**透過非我**而被規定的（獨斷主義者誠然有權否認自我這樣與一個非我相連繫，這種唯心主義者是澈底的、論斷前後一致的唯心主義者，但是，他不能否認自我與非我相互連繫這個事實，而且也沒有人會想入非非地去否認這個事實。但是，暫且撇開連繫的事實不談，他至少應該對他所承認的這種事實給予說明。但是，根據他的前提，他是不能給予說明的，所以他的哲學是不完滿的。如果他除了這種連繫之外，竟然還承認有在我們之外的事物存在，至少像有些萊布尼茲主義者的**預定和諧說**裡所表現的那樣，那麼，他就是非常不澈底的，不能自圓其說了）。

因此，單獨地使用兩個綜合，並不能說明它們應該說明的東西，而前面所揭示的矛盾就會依然如故：如果自我設定自己是被規定的，那麼，它就並不透過非我而被規定；如果它透過非我而被規定，則它並不設定自己是被規定的。

I

我們現在完全確定地提出這個矛盾。

不設定活動於非我之中，自我就不能設定受動於自身之中；但是，不設定一個受動於自身中，它就不能設定活動於非我。沒有對方的設定，它不能設定任何東西；它不能絕對地設定任何東西，因而它兩者中一個也不能設定。因此：

1. 只要自我設定活動於非我中，自我就不能設定受動於自身之中；只要自我設定受動於自身中，它就不能設定活動於非我中。它根本不設定（這裡否定的不是條件，而是受條件限制的東西，這是應當充分注意的；這裡所主張的不是一般相互規定的規則本身，而是這種規則對於當前情況的應用）。這是剛才已經證明了的。

2. 但是，只要自我設定活動於非我中，自我就應該設定受動於自身，反之，只要自我設定受動於自身，它就應該設定活動於非我：這是從前面絕對地設定起來的那些公理中推演出來的明確論斷。

II

第一個命題所否認的正是第二個命題所主張的。

兩個命題之間的關係因而就像實在性與否定性的關係那樣。但是，實在性與否定性透過量而得到了統一。兩個命題都必須有效；但是，它們兩者都只能部分地有效。必須像下面這樣思維它們：

1. **在**自我設定活動於非我**的情況下**，自我**部分地**設定受動於自身；但**在**它設定活動於非我**的情況下**，它**部分地**不設定受動於自身；反之，在自我設定受動於自身的情況下，情況也是這樣（說得更清楚些，相互規定在**一定的條件下**是有效的，得到應用的，但在另外的條件下，它得不到應用）。

2. 在自我設定活動於自我的情況下，自我只**部分地**設定受動於非我，而在它設定活動於自我的情況下，它**部分地不設**定受動於非我（明確地說：一個活動被設定於自我，而根本沒有非我中的受動與它相對立，同樣，一個活動被設定於非我，而根本沒有自我中的受動與之相對立。在我們確切認識這種活動之前，我們暫時把它稱為**獨立的**活動）。

III

但是，自我與非我中的這種獨立的活動，是與現在透過相互規定法則所詳細規定了的對立法則互相矛盾的；因而它特別與當前在我們的探討中起主導作用的相互規定的**概念**發生矛盾。

自我中的一切活動規定著非我中的一個受動（可以推論出這樣一種受動），反之，非我中的一切活動規定著自我中一種受動。這是根據相互規定的概念。──但是，現在正好提出了這樣的命題：

自我中一定的活動不規定非我中的任何受動（不可能推論出這樣一種受動）；同樣，非我中的一定的活動不規定自我中

的任何受動。

第二個命題與前面第一個命題的關係，就像否定性和實在性的關係一樣。因此，兩者可以透過規定而統一起來，也就是說，兩者都只能部分地有效。

前面列舉的矛盾著的命題是互相規定的命題。這個命題只應當**部分地**有效，也就是說，它應當自己規定自己，它的有效性應當透過一種規則被限制於一定的範圍之內。

或者用另外一種方式來說，自我與非我的獨立活動只**在一定意義上**是獨立的。這一點立即可以看清楚。因為：

IV

根據上面的命題，自我中應當有一種活動，這種活動規定著非我中的一種受動，並由這個受動所規定；反之，非我中應當有一種活動，而這種活動規定著自我中的一種受動，並由這個受動所規定；對於這種活動和受動，相互規定的**概念**是可以應用的。

同時，在自我與非我中應當有一種活動，而這種活動不是由對方的任何受動來規定的；正如剛才為了解決已出現的矛盾而假設的那樣。

兩個命題應當並行不悖；因而它們必須能透過一個綜合概念而被設想為在同一個行動中統一起來了。但是，這個概念不可能是別的，只能是相互規定的概念。被認為統一了這兩個命題的那個命題是這樣的：

獨立的活動由行動與受動的交替而被規定著（這是指透過相互規定而彼此互相規定著的行動與受動）；**反之，行動與受動的交替透過獨立活動而被規定著**（屬於交替範圍的東西不屬於獨立活動的範圍，反之，屬於獨立活動的範圍的東西不屬於交替範圍；因此，每一個範圍都可以透過與它對立的範圍而規定自己）。

假如這個命題能夠成立，那麼很清楚：

1. 在什麼意義下自我的獨立活動與非我的獨立活動相互規定，在什麼意義下它們並不相互規定。它們並不**直接地**規定自己，但是，它們透過它們的包含在交替之中的行動與受動而間接地規定自己。

2. 相互規定的命題怎麼能同時既是有效的又是無效的；它對於交替與獨立活動是可以應用的；但它對於獨立活動與自在的獨立活動是不能應用的。交替與獨立活動兩者從屬於這個命題，但是，獨立活動與自在的獨立活動兩者不屬於它。

現在我來回顧一下前面提出的命題的意義。

它裡面包含下面三點：

1. 透過行動與受動的交替來規定獨立活動。

2. 透過獨立活動來規定行動與受動的交替。

3. 行動與受動透過對方而被相互規定著。至於人們究竟是從交替行動與受動向獨立活動或者是從獨立活動向交替行動

與受動過渡，那是無所謂的事。

I

關於第一個命題，我們應該首先探討一下，一個獨立活動透過一個交替行動與受動而被規定究竟是什麼意思；然後，我們應該把它應用到當前的情況上來。

1. 透過行動與受動的交替，一個獨立活動被一般地規定著（命題的一個特定的量被**設定**起來）。——我們這是在規定相互規定的概念本身，也就是說，透過一種規則來**限制**這個概念的有效範圍，關於這一點我們已經提醒過了。但是，進行**規定**就是指出根據。如果這個命題的應用根據被提出來了，那麼，應用也就同時被限制了。

也就是說，根據相互規定的命題，透過一方中的一種活動的設定，對方中的受動就**直接地**被設定起來，反之亦然。根據設定對立面的命題，現在**如果**有一個受動被設定了，那麼，必定有一個受動被設定於活動者的對立面，這一點當然是清楚了，但是，**為什麼**要有一個受動被設定起來，為什麼一方中的活動不能就此告終，換句話說，為什麼要出現相互規定的情況，這個問題還是沒有透過相互規定的命題而得到解答。——受動與活動，作為兩方，是對立的，可是受動應當直接透過活動被設定起來，活動應當直接透過受動被設定起來，因此，根據規定的命題，它們必定在一個第三者＝X那裡又是相同的（這個第三者使受動可能過渡為活動，使活動可能過渡為受動，而不至於使意識的統一性被打斷，更不至於使意識的統一

性裡如我們所說的出現**衝突**）。這個第三者就是處於交替中的行動與受動之間的**關聯根據**（§3）。

這個關聯根據不依賴於相互規定，毋寧說相互規定依賴於關聯根據；關聯根據不因相互規定才是可能的，但相互規定卻是因為關聯根據才成為可能的。因此，關聯根據雖然在反省中是透過相互規定而被設定起來的，但是，它被設定為這樣一種東西，這種東西不依存於相互規定，也不依存於因相互規定而交替出現的東西，它是獨立的。

此外，關聯根據還**在反省中**透過交替而**被規定**，並且在反省中取得它的地位，也就是說，如果相互規定被設定了，則關聯根據就被設定在這樣一個範圍裡：這個範圍本身包括相互規定的範圍，就好像透過關聯根據劃定了一個比相互規定的圓圈更大的圓圈，以便用這個圓圈把關聯根據穩妥地安置下來似的。關聯根據占有一般規定的範圍，而相互規定則僅僅占有這個範圍的一部分；從上述命題是完全可以看清這一點的，不過為了反省的緣故，在這裡必須提醒一下。

這種根據是一種實在性，或者，如果相互規定被認為是行動，那麼，這種根據就是一種活動。——這樣一來，透過相互規定就一般地規定了一種獨立的活動。

（從上述命題同樣可以看到，一切相互規定的根據就是絕對全部的實在性。這個絕對全部的實在性根本不可能被揚棄，因而在一方中被揚棄了的它那一部分定量，必定在對方中被設

定起來。）

2. 我們把這個普遍的命題應用到它所包含的和當前出現的事例上來。

(a) 藉助於**效用**的交替概念，一個非我的活動就透過自我的受動被設定起來。這是已經指出的交替中的一種交替：一個獨立的活動就是透過這種交替設定和規定的。

相互規定從受動開始。受動**是**設定起來的；透過受動，活動被設定起來。受動是被設定於**自我之中**的。因而如果相對於這種受動而設定一種活動與之對立，那麼，這種活動必定被設定於自我的對方，被設定於非我之中，這從相互規定的概念來看，是完全有根據的。—— 在這個過渡裡，當然也有並且必定也有一個連結環節。這個連結環節大家都知道就是量，在自我與非我中，在受動與活動中，量是自身等同的。量就是關係根據，但是，我們也可以恰如其分地稱之為理想的根據。於是自我裡的受動就是非我裡的活動的理想根據。—— 我們現在所考察的這個處理方法，透過相互規定的規則被證明是完全正確的。

下面完全是另一個問題：如果說相互規定的規則在這裡也被完全應用上了，那麼，為什麼相互規定的規則在這裡應該被用上呢？在受動被設定於自我之中以後，活動就被設定於非我之中，這是不加任何考慮就承認了的，但是為什麼一般說來要有活動被設定起來呢？這個問題是必定不能透過相互規定的命

題來解答的,而是要透過更高的根據命題來解答的。

一個受動**被設定**於自我之中,意思是說,自我的一個定量的活動被揚棄了。

這個受動,或者說,這個活動的減小,必須有**一個根據**;因為被揚棄的東西應當是一個**定量**;但是,每一個定量都受另一個定量規定,而由於另一個定量的緣故,這個定量就既不較大也不能較小,而恰恰就是這個定量;這是符合規定的命題的(參見 §3)。

這個減小的根據不能存在於自我之中(從自我那裡,從它的原始本質那裡不能直接出現這種東西);因為自我只設定自己為活動,並不能設定自己為受動;它只設定自己為存在著的東西,並不設定自己為不存在的東西(參見 §1)。

根據設定對立面的規定,凡不屬於自我的都屬於非我(參見 §2),根據不存在於自我之中,這個命題等於說減少的根據存在於非我之中。

這裡所說的已經不再是單純的**量**了,而是**質**;受動只要是由存在構成的,它就被設定為與自我的本質相對立,而且只有在這種情況下,受動的根據才能不被設定於自我之中,而必定被設定於非我之中。受動被設定為與實在性相對立的質,即否定性(否定性並不僅僅是活動的一個較小的量,參見本段中的 B)。但是,質的根據叫做實質根據。一個不依附於交替關係而獨立的,為交替關係的可能性所設定的那種非我的活動,就

是受動的實質根據；而那種非我的活動所以被設定起來，是為了使我們能有一個受動的實質根據。——於是透過上述的交替關係，就設定了一種不依附於交替關係的，作為交替關係的前提的非我活動。

（一方面是因為我們在這裡達到了可以很方便地概觀整個體系的要點之一，一方面也是為了不讓獨斷論的唯心主義在短時間內有一個它可以從上述命題中取得的證明，我們再次明確地指出：一種在非我中的實質根據乃是以在自我中的受動的某種**質的東西**為基礎的。在對單純的效用命題進行反省時，我們確實必須承認這種質的東西。因而實質根據僅僅在它的前提條件可能有效的範圍內才是有效的。——當我們在探討第二種，即實體性的交替概念時，就會看到：在對交替概念進行反省的時候，受動不能被思維為某種**質的**東西，而只能被思維為某種**量的**東西，即活動的單純減少；因此，在這種反省中，非我就重新成了單純的理想的根據，因為既然根據已經不再存在，建立在它上面的東西也就沒有了。——我們簡略地總結一下：如果表象的說明，即全部的思辨哲學的出發點是非我被設定為表象的原因，表象被設定為非我的效果，那麼，非我就是一切的實質根據；非我絕對地存在著，因為它存在著，而且它絕對地就是它所是的那個東西，即斯賓諾莎所謂的事實。自我本身只是非我的一個偶然產物，絕對不是實體，這樣，我們就得到了斯賓諾莎主義所謂的物質。斯賓諾莎主義是一種獨斷的實在論，這個體系並不以進行最高可能的抽象，即並不以

抽除非我為前提,而且它並不建立最後的根據,所以這個體系是完全無根據的體系。——反之,如果表象的說明從這樣的觀點出發:自我是非我的實體,而非我是自我的一個偶然,那麼,非我就根本不是自我的實質根據,而只是它的理想根據,因此,非我除了表象之外就根本沒有實在性;它不是實體,不是任何自為存在的、絕對地設定起來的東西,而是自我的一個純粹的偶態。對於自我中的實在的侷限性,對於產生表象的衝動,這個體系根本提不出根據。它把對於根據的探討完全省略了。這樣的體系就是獨斷的唯心主義,它固然進行了最高的抽象,因而有著充分的根據;但是,它毋寧是不完全的,因為它沒有說明一切應當說明的東西。因此,實在主義與唯心主義的真正爭論是:人們在說明表象時應當採取什麼道路的問題。大家將會看到,在我們的知識學的理論部分裡,這個問題是完全沒有解答的,也就是說,它被解答到這種地步:兩條路都是正確的。在一定的條件下,人們不得不走其中的一條路,而在相反的條件下,人們不得不走另外一條路。而這樣一來,人類的理性,也就是說,一切有限的理性,就陷於自相矛盾,陷於無限循環。有一個體系指明了這種情況,那就是康德以最澈底、最完備的方式建立起來的那種批判的唯心主義。理性的自相矛盾必須解決,即使在理論知識學裡這個矛盾是不可能解決的。由於自我的絕對存在是不可能被取消的,所以爭論的結局必然有利於最後的那種結論,就像在獨斷的唯心主義裡那樣。只有一點不同,那就是我們的唯心主義不是獨斷的,而是實踐的,不是規定了它**是**什麼,而是規定了它**應當**是什麼。但是要實現

這一點，必須採取這樣的方式：一切應當得到說明的都得到說明。而這一點是**獨斷主義**所做不到的。自我活動的減少，必須從自我本身來說明。活動減少的最後根據，必須被設定於自我之中。要實現這一點，就只有這樣：自我被設定為這樣一種東西：它**應當**包含那個使有理智的自我的活動為之減少的那個非我的存在根據於自身之中：這是一個無限的理想，其本身是不可思議的，因而它並不能使我們說明應該說明的東西，而只是向我們指出其所以不能加以說明的**情況**和**原因**。從這個角度來看，自我是實踐的。問題的癥結與其說是解開了，不如說是被設定於無限之中了。）

一種非我的獨立活動曾經透過自我的受動與非我的活動之間的交替而**被設定起來**；這種獨立的活動現在透過同一個交替作用也得到了**規定**。它被設定，是為了給在自我中設定起來的受動建立根據。因而它所涉及的範圍也不大於非我所涉及的範圍。對於自我來說，除了非我的受動之外，根本沒有非我的原始實在性和活動。自我中沒有受動，非我中沒有活動，即使在談論這種活動的時候，談論不依附於效用性的概念而構成實質根據的那種獨立的活動的時候，這話也是有效的。甚至自在之物也只是在一種受動的可能性至少被設定於自我之中時，才是存在的。這是一條教規，它只在知識學的實踐部分中才會得到它的完全規定和可應用性。

（b）藉助於實體性概念，透過自我的活動（自我的偶態），一個受動（一個否定性）在同一個自我中被設定和規定

起來。自我的活動與受動，兩者都包括在交替作用之中；它們彼此的規定是前面建立起來的相互規定的第二類型；而且也是透過這種交替作用，一種並不依附於它的，並不包括在它之內的獨立活動應當被設定和規定起來。

活動與受動，自在地是對立的。如同我們已經看到的那樣，透過某一定量的活動被設定於一方之中時所透過的那同一個行動，當然可以把同樣定量的受動設定於對方之中；反之，透過某一定量的受動被設定於一方之中時所透過的那同一個行動，當然也可以把同樣定量的活動設定於對方之中。但是，如果說，透過同一個行動，活動與受動不是在對立雙方中，而是在一方中，而且在這一方中被設定起來，那是矛盾的。

現在，這個矛盾確實在前面進行實體性概念的演繹時透過下列情況一般地說已經解決了：也就是說，受動就其自在和質來說，根本不是別的什麼，只不過是一種活動，而就量來說，則應當是一種比全部活動少些的活動；而且在這種意義上，我們甚至完全可以弄清楚一個較小的量是怎麼可以與絕對全部的量相比較的，以及它既然和絕對全部不相等，它是怎麼能夠**作為**一個較小的量而被設定起來的。

現在，兩者的關聯根據是活動。無論全部活動還是非全部活動，兩者都是活動。

但是，也有活動被設定於非我之中，而且被設定於非我之中的同樣是一個與全部活動不相等的，被限制了的活動。那

麼，這就發生了以下的問題：自我的一個有限制的活動透過什麼和非我的一個有限制的活動相區別呢？這恰恰等於說，在這種條件下，自我與非我一般地說怎麼還能區別開呢？因為自我因之成為活動的而非我因之成為受動的那個自我與非我的關係根據已經沒有了（我們請讀者千萬不可忽視這點）。

如果這樣一種區別是不可能的，前面所要求的相互規定也就不可能了，而且一切推演出來的規定就一般地都不可能了。非我的活動透過自我的受動而受到規定；而自我的受動則透過**它自己**的活動在減少之後餘留下來的那個量而受到規定。在這裡，顯然為了與**自我**的絕對全部的活動有可能發生關係而作了這種預先設定，即減少了的活動就是**自我的**活動，就是絕對全部的活動被設定於其中的那同一個**自我的**活動。──減少了的活動是與全部的活動相對立的，而全部的活動**是**被設定於自我之中的，因此，根據前面的規則，全部活動的對方，或者說減少了的活動，就應當被設定於非我之中。可是，假如減少了的活動被設定到非我中去了，它就不會透過任何關係根據與絕對全部的活動連結起來了；相互規定就不會發生，而至今所推演出來的一切就都被揚棄了。

這樣一來，減少了的活動，既然作為**一般的活動**不可能與全部活動發生關係，也就必定沒有特性了；而減少了的活動的這種特性應當能夠指明關係根據，並使減少了的活動成為自我的活動，而絕對不能成為非我的活動。但是，自我的這種特性是非我根本不可能得到的，這種特性就是**絕對沒有任何根據地**

設定和被設定（參見§1）。因而那種減少了的活動必定是**絕對的**。

但是，絕對的和無根據的，就是完全無限制的（參見§3）；可是，自我的那種本源行動畢竟是有限制的。這個疑難可以這樣解答：只要這個行動是一個一般的行動而不是更多的什麼，那它就是沒有受任何根據、任何條件所限制；行動可以被採取，也可以不被採取；行動自在地透過絕對自發性而發生。但是，一旦它涉及一個對象，它就是被限制了的；也可以不採取行動（雖然受著非我的影響，如果我們願意設想不經自我的參與而透過反省就可能有這樣一種非我的影響的話）；但是，一旦採取了行動，這行動就必定恰恰涉及這個對象，而不能涉及任何別的對象。

於是，透過上面列舉的相互規定，一種獨立的活動就**被設定**起來。也就是說，正在交互作用的活動，其本身是獨立的，但是，這並不是因為它**正在交互作用**，而是因為它是**活動**。既然它有交互作用，它就是有限制的，並且因此是一種受動。它是從雙重觀點上看待問題的。

另外，這種獨立的活動，特別在純粹的反省裡還受著交互作用的規定。為了可能有交互作用，活動必須被認為是絕對的；因此，建立起來的不是一般的**絕對活動**，而是**規定著一個交互作用的絕對活動**（這種絕對活動叫做想像力，這是將來會看到的）。但是，這樣一種絕對活動，只是在交互作用需要加以規定的情況下才設定起來的；因此，它的範圍將由這種交互

作用的範圍本身來加以規定。

II

透過一種獨立的活動，互動的活動和受動得到了規定，這是我們要討論的第二個命題。我們必須對這個命題作一般地闡明。

1. 並且把它的含義與前面的命題的含義嚴格地加以區別。

在前一個命題裡，我們是從交互作用開始的；它被作為已經發生了的東西預先設定起來，因而我們根本沒有談到作為一個純粹的交替作用（一個從一方到另一方的過渡）的交替作用的**形式**，而只談了交替作用的**實質**，只談了正在交替著的成員。如果一個交替作用已現成地在那裡——這是前面得出的結論——，那麼，成員就必定已現成地在那裡，這樣它們才能進行交替。它們怎麼可能是這樣交替的呢？我們曾提出一種獨立的活動作為它們的根據。

但是，我們現在不從交替作用出發，而從使交替可能成為交替，並根據交替的形式而使交替可能成為一種由一方到另一方的**過渡**的那個東西出發，向前進行。那裡談的是交替的**實質**的根據，這裡要說的是交替的形式的根據。而交替的這個形式根據也應當是一種獨立活動；這裡，我們要對這個主張加以證明。

我們還可以更明確地指出交替的形式所以不同於交替的實質的區別根據，如果我們仔細地對我們自己的反省進行反省的話。

在第一種情況下，交替被當作已經發生了的東西而設定起來的，因而關於它如何發生的方式就被撇開了而沒有考慮，只考慮了正在進行交替的成員是如何可能的問題。──磁石吸引鐵，鐵被磁石吸引，這是兩個彼此交替的命題，即，其中一個命題是透過另一個命題被設定起來的。這是預先設定起來的，而且**作為有限的根據**而預先設定的事實；因而沒有問是**誰**透過一個命題而設定另一個命題的，並且，透過一個命題去設定另一個命題究竟是何種情況？而毋寧只是問在其中的一個可以透過另一個而被設定起來的這兩個命題的範圍內，為什麼恰恰**包含這樣兩個命題**？在兩個命題中必定包含某種使它們兩者有條件能夠互相交替作用的東西。這個東西也就是使它們成為交替命題的實質，而這是應該找出來的。

在第二種情況下，反省是指向交替過程本身的。互相交替的命題則完全被撇開不管。這不再是根據什麼權利去和**那些**命題進行交替的問題，而是一般地**怎麼**進行交替的問題。而且，在這個時候出現了這樣的情況：必須在磁石和鐵之外有一個有智慧的本質現成存在著，他觀察磁石和鐵兩者，把兩者的概念在他的意識裡統一起來，並且必然提供給一方一個與對方的受詞相對立的受詞（吸引和被吸引）。

在第一種情況下發生的是對於現象的一種簡單的反省，即觀察者的反省；在第二種情況下發生的是對於前一種反省的反省，即哲學家對於觀察的方式的反省。

一旦明確了我們所尋找的那種獨立活動應該規定著交替的

形式而不是規定交替的單純的實質這一點之後，就沒有什麼東西阻礙我們不去以新的方法在我們的反省中從交替出發進行探討了，因為探討工作因此而得到了極大的方便。

2. 現在我們把剛才一般性解釋的命題應用到它們所包含的個別情況上來。

(a) 在**效用性**的交替裡，透過自我中的一個受動，在非我中設定了一個活動，也就是說，一定的活動沒有被設定於自我中，或者說，一定的**活動**被從自我中剝奪了，反而**被設定**於非我中。為了純粹地得到這種交替的單純形式，我們必須既把被設定的東西即活動撤開，又把設定於其中的與不設定於其中的兩個成員即自我與非我抽掉，這樣一來，我們作為純粹的形式而保留下來的就是一種**因為不設定而設定**，或者說，**一種讓渡**。這可以說就是效用性的綜合裡交替的形式特性，因而就是進行交替的活動（在積極的含義上，是它實現了的交替）的實質特性。

這種活動是不依存於因它而可能並由它而實現的那個交替的，它並不是透過交替才成為可能的。

這種活動並不依存於交替的兩個成員本身，因為透過活動，兩個交替著的成員才是交替的成員，正是活動使兩個成員進行交替的。沒有它，兩個成員仍然可以是兩個成員，然而它們是孤立的，沒有互相連繫起來。

然而，任何設定都出於自我，都是自我的特性，因而上述

那種讓渡活動，即為了透過效用性概念而使一種規定成為可能的那種讓渡活動是屬於自我的。自我把活動從自我那裡讓渡給非我，從而把它自身中的活動揚棄掉。如上所述，這就是自我透過活動把一個受動設定於自身之中。只要自我在讓渡活動給非我時是活動的，那麼，在這個意義上，非我就是受動的：活動是被讓渡到它這裡來的。

（請大家暫時不要因為這個命題在它被建立起來的意義上與第一公理相矛盾而受到干擾，因為在前面討論最後一個命題時，曾經從第一公理推論出非我的一種不依存於任何交替而獨立的實在性。認識到這點就行了。然而這個命題和跟它相矛盾的命題一樣是從證明了的前提中透過正確的推論得到的。兩者統一的根據，不用我們進行任何有意的干預，到時就會顯現出來。）

請大家不要忽略前面說過的一句話：這種活動是不依存於**透過它才成為可能的那種**交替而獨立的。因為畢竟還可能有另一種不必透過它才可能的交替。

儘管已建立起來的命題受到各種各樣的限制，至少我們透過它已經贏得了這樣的結論：自我甚至當它是受動的時候，也必定是活動的，即並不**單**是活動的。而且這個結論很可能是使我們的探討所花費的精力得到豐富的報酬的一個非常重要的收穫。

(b) 藉助於絕對全部的活動，在**實體性**的交替裡，活動應當被設定為是受了限制的，也就是說，絕對全部的活動中透過

限制而被排除的那一部分活動被設定爲沒有被有限制的活動的設定所設定的，被設定爲有限制的活動中所缺少的；因而這種交替的單純形式的特性乃是設定中的一個**不設定**。在絕對全部的活動中，缺少的東西被設定起來了。它不是在有限制的活動中被設定起來的，它被設定爲是在交替中被設定的，這是絕對地從設定出發，即從對絕對全部活動的設定出發，根據前面建立的實體性概念出發。

因此，設定這種交替本身的那個行動，其實質特性必定同樣是一個透過一個設定的不設定，而且是透過一個絕對設定的不設定。受到限制的活動（它此時被當作給定了的來看待）中的**沒有被設定**是從哪裡來的，以及這個沒有被設定的根據可能是個什麼東西，在這裡都完全被撇開沒去管它。受到限制的活動已經存在在那裡，這是事先設定爲前提的，所以我們不去追問它怎麼會自在地存在在那裡，我們只問它怎麼會與沒受限制的活動相交替。

一般來說，所有設定，特別是絕對設定，都屬於自我。設定現在這種交替本身的那個行動，是從絕對設定來的，所以是自我的一種行動。

自我的這種行動或活動，是完全不依存於透過它才被設定起來的那個交替的。這種行動本身無條件地設定了交替的一個成員、絕對全部的活動，並且透過這個設定，它才把交替的另一個成員設定成爲**被減小了的**活動，即比全部活動小一點的活動。活動作爲活動，是從哪裡來的，這並不是問題，因爲作爲

活動，活動不是交替的成員，僅僅作為**被減小了的**活動，活動才是交替的成員，而且它是先透過絕對全部活動的設定並透過與絕對全部活動發生關係才成為交替的成員的。

上述的獨立活動來自設定，但就其真正表現出來的說，它是**不設定**，因而從這個意義說，我們可以稱為**脫離**。絕對全部活動的某個定量為那個被設定為減小了的活動所排除出去，被認為不存在於絕對全部活動之內，而毋寧是存在於它之外。

請大家不要忽視這種**脫離**與前面提出來的**讓渡**之間的區別的特徵。在讓渡那裡，誠然也有某種東西從自我中被揚棄掉，但是，我們在反省時是撇開這個東西不管的，而只考慮它被設定到對立的東西中去了。相反，在脫離這裡，僅僅表示有某種東西被排除出去了，至於這種被排除出去的東西是否被設定到某個別的東西中去了，以及這某個別的東西是什麼，至少在這裡是與問題無關的。

相對於已指出的外化活動，必定有一個受動與之對立，而且實際上當然就是這樣，即絕對全部的活動的一部分被外化了，被設定為被設定的了。活動有一個對象，全部的一部分就是這個對象。至於這種活動的減少，或者說，這種受動，究竟屬於哪一個實在性基礎，究竟屬於自我還是非我，在這裡不是問題。重要的是大家不要進一步去推論除了從已經建立的命題裡可以推論到的東西之外的別的什麼東西，而是在交替的完全純粹的狀態下去理解交替的形式。

〔每一事物都是它所是的那種東西，每一事物都有當它被設定起來時被設定的那些實在性。A = A（參見 §1）。說某種東西是這個事物的偶態，這主要是說，這個某種東西不是透過該事物的設定而被設定起來的，它不屬於該事物的本質，而是可以從該事物的原初概念中排除出去的。偶態的這個規定正是我們現在必須加以說明的。但是，在另外一定的意義上，偶態又被歸屬於事物，並被設定於事物之中。這到底是怎麼回事，到時候我們同樣會看到。〕

III

交替和不依存於它的獨立活動，兩者應該互相規定自己。像過去一樣，我們必須首先探討這個命題的普遍含義是什麼，然後把它們應用到它本身所包含的特殊事例上去。

1. 在獨立的活動中，同樣也在交替中，我們必須重新一分為二。我們必須區別交替的形式和交替的實質，而且根據這個區別標準，我們應當分清一種規定交替形式的獨立活動和另一種在反省中被交替實質所規定的獨立活動。因此，人們不能就現有的這個樣子直接地把要討論的命題拿來分析研究。因為如果我們現在說交替，那就模稜兩可。究竟我們指的是交替的形式，還是它的實質，就不明確。對於獨立活動，情況也是這樣。因而在交替和獨立活動這兩者之中，首先必須把區別開來的兩個方面統一起來，而要實現這一點，除了透過交互規定的綜合之外沒有別的辦法。因此，上面列舉的那個命題必定包含下列三個命題：

(a) 不依存於交替的形式而獨立的活動規定著不依存於交替的實質而獨立的活動，反之，不依存於交替的實質的獨立活動規定著不依存於交替的形式而獨立的活動，也就是說，雙方互相規定著，是綜合統一了的。

(b) 交替的形式規定著交替的實質，反之，交替的實質規定著交替的形式，也就是說，雙方互相規定著，是綜合統一的。而這樣的命題才可以理解，才可以討論。

(c) 交替（作爲綜合的統一體）規定著獨立的活動（作爲綜合的統一體），反過來也一樣，獨立的活動規定著交替，也就是說，兩者互相規定著，本身就是綜合統一的。

(α) 規定著交替的形式，或者說，規定著作爲交替的交替，但又絕對不依存於交替而獨立的那種活動，乃是一種**過渡**，一種從正在交替著的一個成員向另一個成員的過渡，這是**作爲**過渡（不是作爲什麼一般行動）的過渡。規定著交替的**實質**的那種活動，乃是這樣一種活動，這種活動把能使一個成員向另一個成員過渡成爲可能的那種東西設定於（兩個）成員中去。──這後一種活動提供了前面（第 24 頁）所尋求的 X，而這個 X 是包含於兩個交替成員中的，並且只能是包含在**兩個**成員中的，而不能包含在單獨一個成員中。它使我們不可能滿足於設定一個成員（實在性的或否定性的），而是使我們不得不同時設定另一個成員，因爲沒有另一個成員則單獨一個成員的不完全性就顯露出來了。──這個 X 就是意識的統一性賴以延續下去的那個東西，而且如果意識裡沒有發生**矛盾**，則意

識的統一性必須賴以延續下去的那個東西，就好比是意識的**領導者**。至於前一種活動，在下述情況下乃是意識本身，也就是說，如果意識到兩個交替成員的那個意識是依賴這個 X 而得以延續的，是統一的（雖然意識交替著它的對象，交替著這些成員，並且如果它是一個統一體，它就必然地交替著兩個交替成員），則前一種活動就是意識本身。

前一種過渡規定著後一種過渡，意思是：過渡本身充當在其中進行過渡的那個東西的根據。透過單純的過渡，過渡才成為可能（一種理想主義的主張）。後一種過渡規定著前一種過渡，意思是：在其中進行過渡的那個東西充當著作為行動的那個過渡的根據，透過前一種過渡，過渡本身被直接設定起來（一種獨斷主義的主張）。兩者互相規定著，因此這意味著：透過單純的過渡，那種依賴單純過渡才能被過渡的東西就被設定於交替的成員之中了。並且由於交替的成員作為交替的成員被設定起來，它們之間就直接發生了交替。過渡之所以成為可能，是由於過渡發生了，它只在它實際發生了的情況下才是可能的。它是自己透過自己奠立了根據的，它是絕對地發生的，因為它發生了，而且它是一種沒有任何規定根據和沒有任何自身之外的條件的絕對行動。——它從一個成員過渡到另一個成員的根據就在意識本身之中，並不在意識之外。意識之所以必須過渡，僅僅因為它是意識，而且如果它不過渡，它的內部就要發生矛盾，而其所以如此，僅僅因為不這樣它就不是意識了。

(β) 交替的形式與交替的實質應當互相規定。

正如我們不久前提到的那樣，交替之所以不同於**因它而預先設定的活動**，就在於人們把這種活動（比如，一位理智的觀察者在自己的理智中把交替成員設定為可交替東西的那種活動）抽掉了。人們自己把交替成員思維為正在交替著的，人們把那種也許只存在於我們自身之中的東西讓渡給外物。這種抽象的方法究竟在什麼程度上有效或無效，將來到時候就會看到。

從這個角度來看，成員自己交替。兩個成員的互相**干預**乃是交替的**形式**。直接出現於兩者的這種干預與被干預中的活動與受動乃是交替的實質。為了方便起見，我們把交替的實質叫做交替成員的相互**關係**。前面說的那種干預應該規定成員的關係，也就是說，關係應當直接地透過單純的干預，透過干預本身，無任何其他規定而被規定著；反之，交替成員的關係應當規定它們的干預，也就是說，透過它們的單純關係，無須任何更進一步的規定，它們的互相干預就設定了。透過它們的單純關係（單純關係在這裡是被當作在交替之前就起規定作用的），它們的干預就已經被設定了（干涉不是它們的一個什麼偶態，好像沒有這個干預它們也能照常存在似的），反之，透過它們的干預，干預在這裡是被當作在關係之前就起規定作用的，它們的關係也同時就已經被設定了。它們的干預與它們的關係就是一回事。(1) 它們彼此發生關係，就是它們進行交替，而且除了這種交替之外，它們根本沒有任何相互關係。如果它們不是被設定為交替的，它們就根本沒有被設定。(2) **按照**單純**形式**來說，在它們之間**根本上**是設定了一個交替的。透

過這一點，這個交替的實質，即交替的方式，因交替而設定了的行動和受動的**量**以及其他等等，也就無須其他任何進一步的條件而完全被規定了。——它們必然交替，而且它們以唯一可能的（直接由於它們的交替）規定了的方式而交替。——只要**它們**是設定了的，一個特定的交替也就被設定了，而且只要一個特定的交替是設定了，**它們**也就設定了。它們和一個特定的，或者說被規定了的交替，是同一回事。

（γ）獨立的活動（作為綜合的統一體）規定著交替（作為綜合的統一體），反之，交替規定著獨立活動，也就是說，兩者互相規定著，本身是綜合統一了的。

活動，作為綜合的統一體，是一種絕對的**過渡**；交替則是一種絕對的完全由自身規定了的**干預**。活動規定著干預，意思應該是：只要發生了過渡，交替成員的干預就被設定了；交替規定著活動，意思應該是：只要兩個成員發生干預，活動就必然從一個成員過渡到另一個成員。兩者互相規定著，意思是說：只要一方是設定了，另一方也就設定了，反之亦然。人們可以而且必須從一個對比成員向另一個對比成員過渡。所有的一切，都是同一回事。——但是，整體是絕對地設定了的，它以自己本身為根據。

為了更容易理解這個命題，為了表明它的重要性，我們把它應用到它所包含的一些命題上去。

規定著交替形式的那個活動，規定著在交替中發生的一

切,反之,在交替中發生的一切規定著上面說的那個活動。就其形式而言,單純的交替即成員的互相干預,如果沒有過渡行動那是不可能的;有了過渡,交替成員的干預就同樣被設定起來;反之,有了交替成員的干預,過渡也同樣被設定起來。只要交替成員被設定為有干預作用的,那就必然發生過渡。沒有干預,就沒有過渡,沒有過渡,就沒有干預,兩者是一回事。它們只在反省裡才能加以區別。另外,同樣的活動也規定著交替的實質。透過必然的過渡,各交替成員作為成員才被設定起來,而且正是由於它們僅僅是作為成員而設定的,所以它們才被設定起來。因此,人們可以從不同的環節中的任何一個出發,只要你願意。只要其中的一個設定了,其餘的三個也就設定了。規定著交替實質的那個活動規定著整個的交替。它設定在其中可以發生過渡並因而必定發生過渡的那種東西,也就是說,它設定形式的活動,並且透過形式活動而設定其餘的一切。

因此可以說,活動藉助於交替而返回到自己本身,而交替則藉助活動而返回自己本身。一切都在生產自己本身,在這裡不可能有任何矛盾。從任何一個成員出發,人們都將被推進到其餘一切成員那裡去。形式的活動規定著實質的活動,實質的活動規定著交替的實質,交替的實質規定著交替的形式,交替的形式規定著形式的活動,如此等等。它們統統是同一個綜合狀態。行動經歷一個循環而重返自身。但是,整個的循環是絕對地設定了的。它是存在著的,因為它是存在著的,不可能指出它的任何更高的根據。

下面才是這個命題的應用。

2. 交替與至今還被視為是不依存於交替的獨立的活動應當彼此互相規定，這個命題現在可以被應用到它本身內所包含的各特殊事例上了。

(a) 首先可以應用到**效用性的概念上**。——我們根據前面建立的程序來研究由效用性概念所假設的綜合：(α) 在效用性的交替裡，形式的活動規定著實質的活動，反之亦然。(β) 在效用性的交替裡，交替的形式規定著交替的實質，反之亦然。(γ) 綜合統一的活動規定著綜合統一的交替，反之亦然，也就是說，活動與交替本身是綜合統一的。

(α) 為了在效用性的概念裡有可能假設交替而設定之為前提的活動，按照單純的形式來說，是一種讓渡。**透過一個不設定的設定**，（從一定的方面說）沒有被設定（從另一方面說）而被設定了。交替的實質活動應當透過這種形式的活動而被規定。交替的實質活動當初是**非我**的一個獨立活動，透過這個活動，作為交替的起點的那個成員亦即自我中的受動才是可能的。交替的實質活動透過交替形式的活動而被規定著、被奠立著、被設定著，這顯然也就是說，非我的這種活動本身乃是這樣的活動，它是透過交替的形式的活動，藉助於它的設定作用而被設定起來的。而且它之所以被設定，僅僅因為有某種東西**沒有**被設定（這個沒有被設定的東西會是個什麼，我們現在必須加以探討）。——非我的活動因而被劃定了一個局部的範圍，而形式的活動就是這個範圍。非我只在這個意義上是活

動的,即它是由於一個不設定而被自我(形式的活動屬於這個自我)設定為活動的。──沒有一個由於一個不設定而來的設定,就沒有非我的活動。反之,我們說實質的活動,也就是說非我的獨立活動,奠立著和規定著形式的活動,也就是過渡,由於一個不設定而來的設定。根據上面的一切說法,這話顯然等於說它應當把過渡規定為一個過渡,它應當設定一個 X,這個 X 指明某一個成員的不完全性,從而不得不把這個成員設定為**交替**的成員,並透過這個交替成員而另設定一個與之交替的第二個成員。這第二個成員就是作為受動的**受動**。因此,非我作為根據奠立著**不設定**,並且因而制約著和規定著形式的活動。形式的活動透過一個不設定,根本不設定什麼他物,但是,不設定是以有一個非我的活動為條件的,因而整個假設的行動也是以有一個非我的活動為條件的。透過一個不設定的設定被封閉在非我的活動範圍之內。──沒有非我的活動──就沒有透過一個不設定的設定。

(現在我們已經非常接近前面接觸過的那個爭論,只是稍微緩和了一點。第一種反省的結果建立了一種獨斷的唯心主義,非我的**一切實在性都只不過是一種從自我讓渡過來的實在性**。第二種反省的結果建立了一種獨斷的實在主義:**如果不是已經預先設定一個非我的獨立的實在性、一個自在之物為前提的話,那麼,實在性就不可能被讓渡**。因此,現在要建立的綜合,必須完全負責來解決爭論,指出唯心主義與實在主義之間的中間道路。)

兩個命題可以綜合地統一起來，也就是說，它們可以被認為是同一的。這就要在下述意義上才能實現：在非我中是活動，在自我中就是受動（利用設立對立面的命題），因此我們可以設定**自我的受動**代替非我的活動。這樣，利用假設的綜合，在效用性概念裡，自我的受動與自我的活動，不設定與設定就完全是同一個東西。在效用性概念裡，兩個命題所說的是，自我在自身中不設定某種東西和自我設定某種東西於非我中完全是一回事：它們並不表示不同的行動，而是表示了同一個行動。沒有哪一個是對方的根據，也沒有哪一個以對方為根據，因為兩者是同一個東西。

我們進一步來反省這個命題。它本身包含著下列命題：(a) 自我不設定某種東西於自身，也就是說，它設定某種東西於非我。(b) 因此在非我中被設定的東西，恰恰就是這樣的東西：不設定，或者說否定那在自我中沒有被設定的東西。行動回到了自己本身：只要自我不設定某種東西於自身，那它本身就是非我。但是，由於它畢竟是自我，所以它必須設定：而且由於它不在自我中設定，所以在非我中設定。但是，儘管這個命題現在已經經過如此嚴格的證明，常識畢竟還在繼續反對它。我們想找出這種反對的理由，以便使常識方面的論斷至少暫時平息下來，等到我們能夠指出它們的統轄領域之後，才能使它們真正滿意。

在前面列舉的那兩個命題裡，**設定**這個詞的意義明顯地有雙重含義。常識感覺到了這一點，所以堅持不同意。——非我

在自我中不設定什麼東西，或者否定什麼東西，意思是說：對於自我而言，非我根本不進行設定，而只是從事揚棄，因此，非我是在這個意義上與自我在質上相對立，並且是自我的一個規定的**實在根據**。——但是，自我不在自我中設定什麼東西，並不是說自我根本不進行設定，它當然是進行設定的，因為它不設定被它設定為否定性的那種東西，——自我不在自我中設定什麼東西，而只是說，自我只**部分地**是不進行設定的。因此，自我不在質上而只在量上與自己本身相對立。因而它只是自己本身中的一個規定的**理想根據**。——它**不**設定什麼東西於自身，與它設定這個東西於非我乃是同一回事。因此，自我是非我的實在性的根據，並不表示其他什麼，只不過是說，它是自己本身中的規定，即它的受動的根據，它僅僅是**理想根據**。

非我中這種單純**理想地**設定起來的東西應當**實在地**就是自我中的一個受動的根據。理想根據應當變成實在根據，而這一點是人們的獨斷癖性所不能理解的。——我們可以使這種獨斷癖性陷於極大的困惑，如果我們讓非我像獨斷癖性所樂意那樣作為實在根據，在自我不採取任何行動的情況下，對自我施加作用，提供有待創造的材料給自我，那麼我們可以問：實在的根據怎麼會變成理想根據的呢？——如果自我中的受動應當被設定並且透過表象而進入意識，那麼，實在根據畢竟是非變成一個理想根據不可的。上述問題的解答，像前面的解答一樣，恰恰是以預先設定自我與非我的直接會合為前提的，而具有獨斷癖性的人及其所有的追隨者們都將永遠不會為我們提出對這

個問題的澈底解答。而且它們只有透過一個綜合，也就是說，這一個透過另一個，另一個透過這一個，才能得到解答。

因此，上述綜合的更深含義是：**理想根據與實在根據在效用性概念裡**（因而在任何情況下，只有在實在性概念裡才出現一個實在根據）**是統一的，而且是同一個東西**。這個命題為批判的唯心主義奠定了基礎，並且透過批判的唯心主義把唯心主義和實在主義統一起來，而人們是不願意深究這個命題的。人們所以不願意深究它，乃在於缺乏抽象力。

也就是說，如果在我們之外的不同事物透過效用性概念而連繫起來，那麼，在多大程度上這是對的或是不對，屆時我們就會看到。不同事物的可連繫性的實在根據與這個可連繫性的理想根據之間是有區別的。在不同的事物裡應該自在地存在著某種不依賴我們的表象而獨立的東西。藉助於這種東西，它們不用我們的干預就連結起來了。但是，**我們**把它們連繫在一起，其根據應當存在於我們身上，比如說存在於我們的感覺裡。這樣一來，我們就把我們的自我也設定到我們之外，設定到設定者之外了，使之成為一個**自在的我**，成為一個不用我們參與（誰也不知道怎麼樣的）存在著的事物了。而在這個時候，就應該不用我們的干預而另外有某種東西對它們發生作用，比如像磁力對一塊鐵發生作用那樣[2]。

---

[2] 下面的注釋，與其說是為我的聽眾寫的，不如說更多地是為這部著作也許會落到他們手裡的那些學者和哲學讀者寫的。對於大多數人來說，要他們把自己當成一塊口裡的火山石比當成一個**自我**更容易。因

但是,自我不是在自我之外的什麼東西,它本身就是自我。如果說自我的本質僅僅在於它設定自己本身,那麼對於自我來說,**設定自己**與存在就是統一的,是同一回事。反之,**不設定自己與不存在**,對於自我來說,也是同一個東西。而且否定性的實在根據與理想根據也是同一個東西。如果這些話一部分一部分地說,那就是這樣一些命題:自我**不**在自身中**設定**任何東西,以及自我不是任何東西,而這兩個命題又是統一的和同一個東西。

因此,在自我中某種東西並沒有被(實在地)設定起來,這顯然是說,自我不在自身設定它(理想地),反之,自我在自身中不設定某種東西,也就是說,在自我中它並沒有被設定起來。

非我應當作用於自我,它應當在自我中揚棄某種東西,顯然是說,它應當揚棄在自我中的設定,它應當使自我不在自身

此,他們沒有理解康德,一點也不懂他的精神。因而他們也不會理解我的論述,雖然進行一切哲學思維的條件在這個論述中占據突出的地位。誰如果在這個問題上面還沒有達到自身的統一,誰就不理解澈底的哲學,而且他根本就不需要它。他是自然的機器,自然將在他要實行的一切事務中無需他自己做出任何努力而引導他前進。進行哲學思維需要獨立自主,獨立思考的能力只有人們自己賦予自己。我們不應該希望不用眼睛看東西,但我們也不應當主張眼睛看東西(第一版注)。

這個注解第一次發表後,遭到作者的朋友中個別感到被言中的人的各種各樣的嘲笑。我曾想暫時把這段刪去,但我認為不幸這句話仍然還是有效的(C版新注)。

中設定某種東西。如果對其起作用的那個東西實際上只是一個**自我**，那麼，對自我所起的效用就不可能是別的，只能是使它在自身中作為一個非我的那種效用。

反過來說，自我對自我來說應當是一個非我，這句話不能有別的意思，只能是說，自我應當設定實在性於非我中，因為對於自我來說，除了透過自我本身所設定的實在性之外，沒有也不可能有別的實在性。

自我的活動與非我的活動是同一個東西，這句話意思是：自我只能透過它設定某種東西於非我中才能**不**設定這個東西於自我中。而且它只透過它不設定某種東西於非我中才能設定這種東西於自身。但是，自我一般地必須設定，所以它必定是自我，只不過並沒有正好設定**在自身之中**。——自我的受動與非我的受動也是同一個東西。自我在自身中不設定某種東西，意思是，這個東西被設定在非我中。自我的活動與受動是同一個東西，因為只要它**不**設定某種東西於自身中，它就設定這個東西於非我中。非我的活動與受動是同一個東西，只要非我應當對自我起效用，把自我中的某種東西揚棄掉，那麼，這個東西就透過自我而被設定於非我中。這樣一來，完全的綜合統一就明確地表示出來了。上述所有環節沒有任何一個是其他環節的根據，它們毋寧說統統是同一個東西。

因此，就有了這樣的問題：自我中的受動的根據是什麼呢？這根本無法回答，至少不能透過預先設定一種非我的活動作為自在之物這種辦法來解答。因為自我中本來就沒有單純的

受動。但是，另一個問題卻繼續存在，那就是剛才列舉的那整個交替，它以什麼為根據呢？可以回答說，那個交替一般是絕對沒有任何根據地設定，而認定那個交替已是現成地存在了的那個判斷，是一個正題判斷，是不許可的。因為只有自我才是絕對地設定的。而在單純的自我中根本就沒有這樣的交替。但是，我們立即清楚地看到，這樣一種根據在知識學的理論部分裡是不可理解的。因為根據並不包含在知識學的公理裡。自我設定自己為被非我所規定的，毋寧是由上述公理預先設定為前提的。因此，如果這樣一種根據終究應該被指出來，那麼，它也一定是存在於知識學的理論部分的範圍之外。

這樣一來，在我們理論中起主導作用的批判的唯心主義就建立起來了。它堅決反對獨斷的唯心主義和獨斷的實在主義，因為它證明自我的純粹活動不是非我的實在性的根據，同樣，非我的純粹活動也不是自我受動的根據。但是，在要求它回答這個問題方面，即在已被承認的兩者之間的交替以什麼為根據的問題上，它滿足於顯示自己的無知，並且指出關於這個問題的探討超出了知識學理論的範圍。它在說明表象的時候，既不從自我的一個絕對活動出發，也不從非我的一個絕對活動出發，而是從一個被規定出發，這個被規定同時是一個規定，因為沒有也不可能有任何別的東西直接包含在意識中。至於這個規定會進一步規定什麼東西，知識學理論完全沒有表示確定的意見。而正是由於它的這種不完全性，我們才不得不超出理論範圍而進入知識學的實踐部分。

同時，我們經常使用的術語：自我的**減少的**、**局部的**、**有限制的**活動的意思也就完全清楚了。這個術語所指的是這樣一種活動，它涉及非我裡的某種東西，涉及一個**客體**。因而它是一個客觀的行動。自我的一般行動，或者說，自我的設定是絕對沒有並且絕不可能受限制的。但是，自我的設定自我的那個設定則受到了限制，並且因此它必然設定一個非我。

(β) 在效用性概念裡的純粹交替的形式與該交替的實質彼此互相規定著。

我們在上述效用性概念裡，只是憑藉反省才一般地認為純粹的交替可以和不依存於它而獨立的活動區別開來。如果交替本身被設定為交替的一個成員，那麼，活動就被撤開了，而且交替就被純粹地、自在地作為交替看待。究竟哪一種處理方式是正確的方式，或者說，是否單獨地運用起來的兩種方式也許都正確，這要到時候才會予以指明。

在交替裡，作為交替本身，我們可以再把交替的形式與交替的實質區別開來。交替的形式就是交替成員之間單純的互相連接本身。而交替的實質則是兩個成員裡面使兩者能夠並且必定彼此互相連結的那個東西。在效用性中交替的典型形式乃是因為消滅而發生的（由於消滅而生成的）（在這裡，我們應該認真地注意這個由於消滅而發生，應該完全撤開發生效用的那個實體，完全撤開消滅的基礎，從而完全抽掉一切**時間**條件。如果透過消滅而發生被設定了，那麼，和這點有關的是正發生著的東西當然就被設定到時間裡了。但是，不管想像力會

感到多麼難以辦到，時間還是必須被抽掉，因為實體並不進入交替，而僅僅那**出現於**實體中的東西和那由於這個出現而排擠掉及被揚棄掉的東西進入交替。這裡僅僅談論那進入交替的東西，如果它真正進入交替的話。比如說，X 消滅一個 -X：-X 當然在它被消滅**之前**預先就存在了。假如它是被當作存在著的，它當然就必須被設定在先前的時間裡，而 X 則相反，必須被設定在隨後的時間裡。但是，它恰恰不應當被當作是存在著的，而應當被當作非存在著的予以思維。但是，X 的存在與 -X 的非存在根本不是在不同的時間裡，它毋寧是在**同一個瞬間裡**。因此，如果另外沒有什麼東西迫使我們非把瞬間排列成一個瞬間的**系列**不可，那麼，X 和 -X 就根本不在時間裡）。這裡討論的這種交替的實質乃是**本質上的對立性**（質的方面的不相容性）。

這種交替的形式規定著它的實質，意思是：因為而且既然交替的成員彼此互相揚棄，所以它們本質上是對立的。（實際上）互相揚棄規定著本質上的對立性的範圍。如果它們並不揚棄自己，那麼，它們就不是本質上互相對立的。——這是一種似是而非的怪論，它會重新引起我們剛才提到的誤解。也就是說，人們初看起來就會相信這是從一個偶然的東西推論出一個本質性的東西。人們誠然可以從當前的揚棄推論出本質上的對立，但不能反過來從本質上的對立推論出當前的揚棄。要做出後面這種推論就還必須添加上一個條件，即兩者的直接互相影響（比如就兩個物體來說，它們出現在同一個空間裡）。

兩個本質上對立的東西，儘管可以是孤立的，沒有任何連繫的，在這種情況下，它們也絲毫不對立，而且因此並不互相揚棄。——這種誤解，其產生的根源和消除的方法，我們馬上就要指出來。

這種交替的實質規定著它的形式，意思是說，本質上的對立性規定著互相揚棄。它的條件僅僅是兩個成員本質上是對立的，並且只要它們是對立的，它就能夠彼此互相揚棄。——如果現在的揚棄確實被設定到一般對立性的範圍之內，但是，比如說並不去填充這個對立性的整個範圍，而只是去填充這個範圍中的一個較小的範圍，那麼，每個人就都將不假思索地同意這個命題。而這裡面的似是而非的怪論只能是我們直到那時才明確地提出的這個命題。

但是，交替的實質及其形式彼此互相規定，意思是從單純的對立性推論出相互揚棄，從而也就推論出連結、直接影響，以及從相互揚棄推論出對立性。對立性與相互揚棄兩者是同一個東西。它們自在地是對立的，或者說，它們彼此互相揚棄。它們的影響與它們的本質對立性是同一回事，同一個東西。

讓我們再進一步反思這個結果。真正因為採取了綜合而在交替成員之間被設定起來的東西，乃是兩個成員彼此連結的必然性，乃是指明兩者中的任何一個的不完全性本身只能同時包含在兩者之中的那個 X。從一個在交替中的存在那裡區別出一個自在的存在，這種可能性被否定了。因為兩者都是作為交替成員而被設定的，在交替之外它們根本沒有被設定。——或者

從實在的對立性推論出設立對立面的行動或理論的獨立性，或者反過來，從樹立對立面行動或理論的對立性推論出實在的對立性。實在的對立性與理論的對立性是同一個東西。——交替的一個成員是自我，而除了自我給自己樹立對立面之外，沒有任何東西是與自我相對立的。並且自我本身和任何它沒有把自己樹立為對立面而與之相對立的東西不相對立。只要我們想到這一層，普通常識在這方面所遇到的阻礙就消失了。因此，現在得出來的結果恰恰就是以前的那個結果，只是換了另一個形式。

(γ) 在效用性裡，作為綜合統一體的活動與作為綜合統一體的交替彼此互相規定著，並且共同構成一個綜合統一體。

作為綜合統一體的活動，我們可以稱之為**間接設定**（一個經過中介了的附加物）（後面這個詞是在肯定的意義上使用的——由於對實在性的一個不設定而來的一個對實在性的設定）。純粹的交替，作為綜合體是由**本質上的對立性與實在性的揚棄兩者的同一性構成的**。

1. 純粹的交替透過活動而被規定，意思是說，設定的間接性（這是這裡真正要討論的問題）是本質上的對立與實在的揚棄兩者之所以是完全同一個東西的條件與根據。而且因為如果設定是一個間接的設定，則對立與揚棄就是同一的。——(a) 假如**直接地**設定了兩個互相交替的成員，那麼對立與揚棄是兩個不同的東西。假設交替的成員是 A 與 B，再假設首先 A = A，而且 B = B，隨後是，就一定的量而言，A 又等於一

B，B 等於 −A，那麼，根據 A 與 B 的第一個意義來說，它們完全可以被設定起來而不必因此而彼此揚棄。它們在其中成為對立物的那個東西被撇開了。因而它們就沒有被設定為本質上是互相對立的、彼此互相揚棄的。但是，在這種情況下，它們也就不會被設定為單純的交替成員，而是被設定為自在的實在（A＝A，§1）。交替成員只能被間接地設定，A 等於 −B，就再也沒有別的什麼了。B＝−A，也再沒有別的什麼。於是從設定的這個間接性中就推論出兩者本質上的對立、互相揚棄及互相同一。這是因為 (b) 如果 A 只被設定為 B 的對立面，不能另有任何別的受詞，而 B 只被設定為 A 的對立面，不能另有任何別的受詞（也不能具有**一個事物**的受詞，事物是經常準備混進對於嚴格抽象還不習慣的想像力之中的），既然 A 只能在 B 被設定的情況下被設定為實在的，B 只能在 A 被設定的情況下被設定為現實的，那麼顯而易見的是 A 與 B 的共同本質就在於一方是由於另一方的被設定而被設定，也就是說，在於它們的對立性，而且──如果撇開一個進行設定的活動的理智不管，而單純去反思兩個交替成員──在於它們彼此互相揚棄。因此它們的本質對立性與它們的互相揚棄之所以是同一的是因為每一個成員的設定都只不過是由於另一個成員的不設定，而絕對不是由於別的什麼。

現在，根據上面的論述，這正是自我與非我的情況，自我（在這裡作為絕對的活動來理解）只能由於它不設定實在性於自身中，才能把實在性讓渡給非我，反過來說，它只由於不

設定實在性於非我中,才能把實在性讓渡給自己(後面這點與前面建立起來的自我的絕對實在性為什麼不矛盾,在我們更詳細地規定這一點的時候就會明白,而且現在也可以部分地看清了。這裡說的是一種**讓渡了的**實在性,而絕不是絕對的實在性)。因此,就自我與非我的本質彼此互相交替這一點而言,它們僅僅是對立的,是彼此互相揚棄的。

因此,它們是設定的間接性(正如將要證明的那樣,意識的法則是**沒有主體就沒有客體,沒有客體就沒有主體**),而且單單是設定的間接性提供了根據給自我與非我的本質對立性,從而既給非我的一切實在性又給自我的一切實在性提供了根據——如果實在性在這裡是指一種僅僅作為被設定的東西而設定起來的實在性,亦即如果它是一種理想的實在性的話。因為在這種情況下絕對的實在性仍舊不失其為絕對實在性,它存在於設定者那裡。絕對的實在性不應當再反過來以它自己充當其根據的那個東西為自己的根據。按照根據命題的法定程序,它也是不能那樣做的。因此,在已經建立起來的東西裡,在非我的實在性裡,以及在自我的理想的實在性裡,是找不出設定的間接性的根據的。因此這個間接性的根據必定是在絕對自我裡,而且這個間接性本身必定是絕對的,是透過自身並在自身中建立起來的,是必定以自己本身為根據的。

在這裡,這個完全正確的推論過程引導出了一個新的比以前的唯心主義更加抽象的唯心主義。在以前的那個唯心主義裡,一種自在地設定起來的活動由於自我的本性和本質而被揚

棄，它完全是自在地可能的活動，沒有任何進一步的理由而絕對地被揚棄。從而一個客體和一個主體等等，都成為可能的了。在那個唯心主義裡，種種表象作為表象都以一種來自自我的，我們完全不知道也無可奈何的方式發展著，好像是在一種融會貫通的，也就是說在一種單純的唯心主義的預定和諧中發展著。

在現在這種唯心主義裡，一般活動直接在它自己本身中有其自己的法則：它是一種間接的活動，而絕對不是別的什麼活動，唯一的理由是因為它就是這個樣。因此，在自我裡根本沒有活動被揚棄：間接的活動是現成的，而直接的活動根本就不應當有。但是，透過這種活動的間接性，因而自我的否定性，自我的實在性，就完全可以得到充分說明。現在，各種表象都按照自我的一條特定的和可以知道的法則從自我中發展出來。對於**這些表象**，可以指出一個根據，只是對於法則不能指出它的根據。

這後一種唯心主義必然揚棄前一種唯心主義，因為它真正以一個更高的根據解釋說明了前一種唯心主義所不能說明的東西。前一種唯心主義從這種唯心主義角度看完全可以被它駁倒。這樣一種體系的原理應該是：**自我是有限的，絕對地因為它是有限的。**

可是，儘管這樣一種唯心主義上升的也算比較高了，它畢竟沒有上升到人們應當上升到的那種高度，沒有提高成為直截了當設定的和無條件的唯心主義。誠然應該有一個有限性被絕

對地設定起來，但是，任何有限的東西按照它的概念來說都是受它的對立物限制的。因此，絕對的有限性是一個自相矛盾的概念。

為了便於區別，我把前一種唯心主義，即揚棄某種自在地設定起來的東西的那一種唯心主義稱為**質的**唯心主義，把後一種唯心主義，即從一開始就為自己設定一個限量的那種唯心主義稱為**量的**唯心主義。

2. 設定的間接性由於交替成員的本質在於單純的對立性而得到了規定。設定的間接性只在第一種唯心主義的條件下才是可能的。如果交替成員的本質除了在於單純的對立性之外還在於某種別的東西，那麼，下面的這點就立即明確了：僅僅由於一個成員（就其整個本質來說）的不設定，另一個成員（就其整個本質來說）還根本沒有完全設定起來，反之亦然。但是，如果它們被設定了，它們就只能是被間接地設定起來的，這一點我們已經作了說明。

但是，在這裡，本質對立性，自在的對立性是被提出來作為設定的間接性的根據的。前者在這個體系裡是絕對的，不能進一步加以說明。後者是以前者為根據的。

正如前一種推論過程建立了一種量的唯心主義那樣，這後一種推論過程建立了一種質的實在主義。在質的實在主義那裡，透過一個不依存於自我的、自己本身具有實在性的非我，自我產生出一種印象，而由於這種印象，自我的活動就部分地

受到了壓抑。單純的量的實在主義者在這一點上承認自己的無知，並且承認對於自我來說，設定實在性於非我乃是依據根據法則而產生的。但是，它主張無需自我本身進行任何干預就**實在地現成存在著一種自我的侷限性**。既不像質的唯心主義所主張的那樣，這種侷限性的出現是由於絕對的活動，也不像量的唯心主義主張的那樣，這種侷限性的出現是按照一條完全包含在自我本性中的法則。質的實在主義主張一種屬於規定者的不依存於自我的實在性；量的實在主義者主張存在著一種單純規定的不依存於自我的實在性。這樣一種規定存在於自我那裡，而它的根據則不應當設定於自我之中。在量的實在主義看來，這是一個它根本無法去追究其根據的現成的事實，換句話說，對於它來說，這種規定是無需任何根據而絕對地在那裡的。它當然不得不按照存在於它本身中的根據法則把這種規定連繫到非我中的作為實在根據的某種東西上去。但是，它知道這種法則只存在於它那裡，並不因此而自欺欺人。於是任何人都一見即知這種實在主義不是別的什麼，只不過是前面以批判的名稱提出來的那種唯心主義。即使康德也沒有提出批判的唯心主義以外的別的什麼東西，他當時既不能也不願意在他所達到的那個反思的水準上提出一個別的唯心主義。[3]

---

[3] 康德用預先設定的時間和空間的觀念性來證明客體的客觀性，我們反過來用經過證明的客體的客觀性來證明時間和空間的觀念性。他需要觀念的客體來充實時空，我們需要時空以便能建立起觀念的客體。因此，我們的唯心主義——但是它絕不是獨斷的，而是一種批判的唯心主義——就比康德的唯心主義更加進步。

現在提到的實在主義之所以不同於剛才闡述的那種量的唯心主義，就在於兩者雖然都承認自我的有限性，但是，量的唯心主義承認一個絕對地設定起來的有限性，而量的實在主義則承認一個偶然的有限性，雖然這偶然的有限性也是不能再進一步加以說明的。量的實在主義所以揚棄質的實在主義，認為它既無根據又是多餘的，是因為它無需質的實在主義也能完全說明它應當說明的問題，當然犯有同樣的錯誤。這個要說明的問題是：意識裡現成地存在著一個客體的問題。我說犯有同樣的錯誤，也就是說它不能絕對地說明為什麼一個實在的規定會變成一個觀念的規定，為什麼一個自在地存在的規定會變成一個**對於進行設定的自我**而存在的規定。——現在，設定的間接性是透過本質對立性而被規定的，而被賦予根據的這一點自然已經指明，但是，**設定**本身又是透過什麼而取得根據的呢？如果被設定，當然就只能是間接地被設定。但是，設定畢竟自在地是在這個作用中絕對未經規定並且不可規定的自我的那個絕對行動。因而這個體系總是由於已經常常提到的那個從受限制的東西向無限制的東西過渡的不可能而感到壓抑和苦惱。量的唯

這裡既不是讓我們指出康德可能已經知道他沒有說的東西的證據確鑿事實的適當地方，也不是提出他為什麼不能也願意把他所知道的一切都說出來的原因的適當的地方。我們在這裡提出和將要提出的原理都顯然是他的原理的根據，這是每一個願意了解他的哲學（它畢竟需要精神）精神的人都能深信無疑的。關於他在他的幾個批判裡不想提及關於科學本身的問題而只想提出它的導論，他已講過多次，而難以理解的是為什麼他的後繼者們一直不願意相信他所說的話。

心主義無須去克服這層困難，因為它已經根本揚棄了過渡。另一方面，它卻被它絕對地設定一個有限的東西這一明顯的矛盾破壞了。可以指望的是，我們的探討將來要採取的道路恰恰是上面所採取的道路，而且有一種批判的量的唯心主義將作為兩種說明方式之間的中間道路而出現。

3. 設定的間接性與本質上的對立性彼此互相規定。兩者占有同一個領域並且是同一個東西。這就使人立即看清如何不得不作這樣的考慮以便使下面這一點能夠被認為是可能的，即**存在**與**被設定**，觀念關係與實在關係，樹立對立面與對立面必定都是同一個東西。另外，還可以立即看出，在哪種條件下才有可能被設定於關係中的東西與進行設定的東西是同一個東西，也就是說，在哪種條件下才有可能被設定於關係中的東西就是自我。── 自我應當與某一個 X 發生關係，而這個 X 只在這種情況下才必然是一個非我，即它只是由於另外一方被設定而被設定，以及另外一方只是由於它沒被設定而設定。那麼，現在自我既然確實是一個自我，它就只當它設定自己是具有某種關係的情況下才具有該種關係。因此，無論人們說它**被設**定於這種關係中，或者說，它**設定自己**於這種關係中，這兩個說法應用到自我身上都是完全相同的說法。只在它設定自己於其中的情況下，它才能被設定於其中，只在它被設定於其中的情況下，它才能設定自己於其中。因為透過單純的無條件被設定的自我，這種關係是設定不起來的，而是與那種自我相矛盾的。

讓我們把我們合題的重要內容闡述得更清楚些。——只能間接地設定自我，也只能間接地設定非我，或者說，由於不設定非我而設定自我，由於不設定自我而設定非我，據我看，這乃是——在永遠要在本書開始時提出來的，我們從中發展出上述一切的那條主要命題的前提之下——對於自我來說的一條法則（自我在任何情況下，因而絕對地是進行著設定的，不過這一點在我們現在的探討中被抽去了。自我只在下列條件下，即非我被設定為被設定的，或者它被否定的條件下，才是**被設定的**）。——用通俗的話來說，自我就它在這裡被考慮的情況來說，僅僅是非我的對立面，而不是任何別的東西。沒有你，就沒有我，沒有我，就沒有你。為了清楚的緣故，我們想從現在起，就這一方面，而不是任何別的方面，把非我稱為客體，把自我稱為主體。雖然我現在還不能指明這種名稱何以恰當。與這個交替獨立無關的非我不應當被稱為客體，與這個交替獨立無關的自我，不應當被稱為主體。——因此可以說主體就是那不是客體的東西，除此而外至今它沒有別的受詞。客體就是那不是主體的東西，除此而外它至今也沒有別的受詞。

如果人們以這條法則（不再追問根據）作為說明表象的根據，那麼，人們首先就不需要質的唯心主義為了解釋自我的受動而假定的那種非我的干預，隨之人們也就不需要量的唯心主義為了自己說明的便利所假定的那種受動。如果我們假定自我由於它的本質的緣故根本不得不設定，這是我們在隨後的主要綜合裡將要證明的一個命題，那麼，自我就只能或者設定主

體，或者設定客體，並且只能間接地設定兩者。如果它設定客體，那麼，它就必然揚棄主體，而它那裡就出現受動，它就必然把這種受動連繫到非我中的一個實在根據上，從而就出現了有關非我的一個與自我獨立無關的實在性的表象。或者，如果它設定主體，它就必然揚棄設定了的客體，而這就再次出現一個受動，不過這個受動被連繫到主體的一活動上，從而就出現了有關自我的一個與非我獨立無關的實在性的表象（有關自我的一個自由的表象，當然這個自由在我們目前的推論過程中乃是一個**純屬想像的**自由）。──這樣，正如由於綜合法則的緣故而理所當然要如此進行那樣從中項出發，自我的（觀念的）受動以及自我和非我的（觀念的）獨立活動，就得到了完全的說明和根據。

但是，建立起來的法則既然明顯地是自我活動本身的一個**規定**，它就必定有一個**根據**，而知識學就不能不指明它的根據。可是如果我們不利用一個新的綜合而插進去一個中項，其實是應當這麼做的，那麼，根據就只能到**直接限制著這個規定的**那些環節中去尋找，即要從自我的**設定**或**受動**中尋找。量的唯心主義者認為前者即設定就是規定的根據，把上述法則當成一般的設定法則。量的實在主義者認為後者即受動是規定的根據，從自我的受動中引申出上述法則。按照量的唯心主義者的看法，上述法則是一種主觀的和觀念的法則，其根據只在自我之中；依據量的實在主義者的看法，它是一種客觀的和實在的法則，其根據不在自我之中。──根據究竟在什麼地方，或者

究竟有沒有根據，對於這些問題，他們就再也沒有去研究了。當然，被建起來作為不可說明的那種自我的受動必須與非我裡對該受動發生影響的實在性連繫起來，但這種連繫只是從自我裡的一條可以說明的並且恰恰透過受動而說明了的法則中推演出來的結果。

我們剛才建立起來的綜合結果表明兩者都是不對的，上述法則既不是一種單純主觀的和觀念的，也不是一種單純客觀的和實在的法則，它的根據毋寧必須同時在主體客體兩者之中，目前已停止沒有再探討了。對於這個問題，我們滿足於承認我們不知道。我們在前面承諾要去建立的是批判的量的唯心主義。不過，既然前面提出的任務還沒有完全解決，而且我們面前還有許多綜合需要處理，那麼，將來在提供根據的這種論證方式方面也許還有某些更詳盡的情況可說。

(b) 正如我們已經討論過效用性概念那樣，現在我們來討論實體性概念。我們綜合地統一形式的活動與實質的活動，然後統一單純的交替的形式及其實質，最後再將由此產生的兩個綜合統一體綜合地統一起來。

(α) 首先，形式的活動與實質的活動（這兩個詞在什麼意義上使用的問題，我們假定透過前面的討論是知道了的）。

在這個環節上，以及在隨後的所有環節上，真正與問題有關的主要任務是正確地和確切地理解實體性的特性（由於與效用性相對立）。

根據前面的論述，這種特殊交替的形式活動乃是透過一個絕對設定的不設定。由於設定某物的對方為**被設定了**的從而設定該物為**沒有被設定的**：由於肯定而否定。——這樣，沒被設定的東西畢竟應該說是被設定了的，應當說它被設定為沒被設定的。因此它不應當像在效用性的交替中那樣一般地被取消，而只應當**被排除**於一定的領域之外。因此它不是被一般的設定所否定，而只是被一定的設定所否定。這種設定就它的這種否定作用而言，是被規定了的，同時作為客觀的活動，它也是進行規定的。而由於這樣一種設定，（作為被設定了的）**被設定者**必定同樣被設定為有了規定的，也就是說，必定同樣被設定在一個有規定的領域之中，作為充實這個領域的東西。而現在我們認識到，怎麼由於這樣一個設定而另外一個東西可以被設定為**沒有**被設定的了。它僅僅被設定為**在這個領域裡**，而且它之所以沒被設定在這個領域裡，或者說，它之所以被這個領域排除在外，恰恰因為被設定在這個領域裡的東西應當把這個領域充實起來。——可是，透過這個行動，那被排除在外的東西還完全沒有被設定到一個特定的領域裡去，它的領域透過這個行動所得到的絕對不是別的什麼受詞，只不過是一個否定性的受詞。那**不是這個**領域。究竟是一個什麼領域，或者根本是不是一個特定的領域，仍舊統統是懸而未決的問題。——因而可以說**由於實體性而來的交替規定方面的形式活動的特性乃是一種排除，即把一個特定的、充實了的，因而占有著**（其中所包含的東西的）**全部的領域排除在外。**

這裡困難顯然是在這一點上：被排除的＝B 當然是被設定了的，它只不過在 A 的領域裡沒有被設定起來。但是，A 的領域是應該被設定為絕對全部的，那麼 B 就可能根本沒有被設定，這話從何而來呢？因而 A 的領域必定是同時被設定為既是全部又是非全部。連繫到 A，它被設定為全部，連繫到被排除的 B，它是被設定為非全部。但是，現在 B 的領域本身沒有受到規定，它只是被否定地規定為非 A 領域。因此，如果考慮到所有的方面，則 A 就該被設定為一個無規定而不完全的整體的一個有規定因而完全的部分。設定這樣一種**包括著有規定的與無規定的兩個領域於自身中的較高的領域**的〔設定〕活動應該是使剛才提出來的形式的活動成為可能的那種活動，而這就是我們正在尋求的實質的活動。

（假定你們已經有了特定的鐵塊 C，它是不斷運動的。你根據 §1 中的命題 A＝A，透過它的單純概念絕對地設定鐵塊 A 作為絕對全部，並且你會發現在 A 的領域裡沒有運動＝B。因此你透過對 A 的設定而把 B 排除在 A 的領域之外。可是你並不揚棄鐵塊 C 的運動，你根本不想絕對地否認這個運動的可能性：於是你把它設定到 A 的領域之外的一個**無規定**的領域裡，因為你根本**不知道鐵塊 C 在什麼條件下和出於什麼原因而運動**。領域 A 是鐵的全部，卻又不是全部，因為 C 畢竟也是鐵，而 C 的運動卻沒有包括在它裡面。於是你就不得不在兩個領域的外面再畫一個較高的領域，以包括運動的和沒運動的兩種鐵。由於鐵充實了這個較高的領域，並不像人們通常所

誤解的那樣是由於它充實了 A 本身的領域。在這個意義上，它是一個由它的單純概念所規定的自為之物，它就是**實體**。運動和不運動都是它的偶體。關於不運動是在不同於運動的另一種意義上歸屬於鐵的，以及其所以能夠如此的根據何在等等，我們到時候就會看到。）

形式的活動規定實質的活動意味著：只有當某物被排除於絕對全部之外並且被設定為不包於絕對全部之內，只有在這種情況下，一個更概括的〔更廣泛的〕卻又無規定的領域才能被設定起來。只有在現實地排除這個條件之下，一個更高的領域才有可能；沒有排除，就沒有更廣泛的領域，也就是說，沒有自我裡面的偶體，就沒有非我。這個命題的含義是顯而易見的，我們現在只就它的應用再補充幾點說明。—— 自我本來就是被設定為**設定著自身的**，因此設定自身就充滿自我的絕對實在性的全部領域。如果自我設定一個客體，那麼，這個客觀的設定就應該被排除於上述絕對實在性的領域之外而被設定於**不設定它自身**的對立領域裡。設定一個客體與不設定自身的含義是完全相同的。現在的推論從這個行動出發。它主張自我之所以設定一個客體，或者說，自我之所以排除某物於自身之外，絕對地是因為它排除，而絕無更高的根據。正是由於這個排除，包括著更高領域的**一般設定**（不管設定的是自我還是非我）才成為可能。—— 這種推論方式很清楚是唯心主義的，並且與上面建立起來的量的唯心主義絕對地互相吻合，因為它設定某物。根據這種量的唯心主義的看法，自我設定某物為非

我。因此，在這樣一種體系裡，實體性概念不得不像它剛才說明的那樣加以說明。——另外，從普遍的意義來說，這一點也是清楚的：**設定自身**具有雙重量的關係。一方面是作為量的絕對全部，一方面是作為一個無規定分量的一個有規定的部分。這個命題將來會帶來極其重要的結論。——另外，還有一點是清楚的：即實體所指的不是**持續的東西**，而是指**無所不包的東西**。指出持續的東西的那種標誌在實體性裡只具有一種衍生的意義。

實質的活動規定著並制約著形式的活動，意思是：作為一個比較概括領域的比較概括的領域（連同隸屬於它之下的自我的領域與非我的領域）是絕對地設定的；而且正是由於這樣，作為自我的現實行動的排除（在一個還要附加上的條件下）才成為可能。——於是，這個推論方式引導出一個實在主義，而且引導出一個量的實在主義就很清楚了。自我與非我是作為對立的東西設定的：自我根本是進行設定的，自我在一定條件下，即當它**不設定非我時才設定自身**，它是偶然的並且是受那不包含於自我之中的一般設定的根據所規定的。——在這個推論過程中，自我是一種進行著想像的本質，它所指向的必定是自在之物的狀態。

但是，兩種推論過程都不應當是有效的。它們毋寧都應當透過對方而互相修正。因為自我應當排除一些東西於自身之外，所以一個更高的領域應當存在並且應當被設定，而且因為一個更高的領域存在著，並且是設定起來了，所以自我必定排

除一些東西於自身之外。簡單地說，自我是一個非我，因為自我樹立對立面以與自己對立，而且自我樹立對立面以與自己對立，是因為一個自我是存在著，被設定著。沒有任何一方能充當對方的根據，毋寧兩者是同一個行動，只在反思裡才能有所區別。——於是這一點就很清楚了：這個結果與上面建立的那個命題即理想根據與實在根據都是同一個東西是等同的，並且可以從這個命題中得到說明。因此，批判的唯心主義，正如透過上述命題那樣，也能透過現在的結果建立起來。

(β) 實體性中的交替形式與交替實質應當彼此互相規定。

交替的形式存在於交替成員的互相排除與被排除。如果 A 被設定為絕對全部，那麼，B 就被排除於絕對全部的領域之外，並被設定於無規定的卻又可規定的領域 B 之中。——反之如果 B 被設定了（即把 B 當成被設定了的加以反思），那麼，A 就被排除於**絕對全部之外**，即不再包括於絕對全部的概念之內，領域 A 現在不再是絕對全部，而是與 B 同時是一個無規定的卻又可規定的領域的一部分。——後面這種情況應當認真注意和正確理解，因為它是一切的關鍵所在。——因此可以說，交替的形式就是交替成員互相把對方排除於絕對全部之外。

（假如你設定一般的和自在的鐵，你就有了一個特定的完全的概念，它充滿著鐵自己的領域。假如你設定鐵本身是不斷運動著的，那麼，你就有了一個不包含在上述鐵的概念之內因而被排除於該概念之外的標誌。但是，如果你終究還是把這種

運動賦予鐵,那麼,以前那個有規定的鐵的概念就不再是有規定的了,而只是可規定的了。鐵的概念中就少了一個規定,即少了你將要把它規定為對磁的可吸引性的那個規定。)

交替的實質方面,有一點是立即就清楚的,即在交替的形式中,正如剛才闡述的那樣,哪一個是真正的全部,始終還沒有確定下來。如果 B 被排除了,則 A 的領域就把全部領域充滿起來;反之,如果 B 被設定了,則兩個領域 A 和 B 就共同把當然無規定卻又可規定的全部領域都充滿起來(這裡暫且撇開不管 A 和 B 的領域也還有待於規定這點)。這種無規定性不能保持下去。在兩種情況下,全部就是全部。可是,如果不是每一個全部都在這個標誌之外還有一個標誌以便彼此可以互相區別,那麼,假設的整個交替就是不可能的了。因為在這種情況下,全部就是一個全部,並且只存在著一個交替成員,因而根本不存在交替(請稍安勿躁!——請你們作為這種相互排除的旁觀者想一想。假如你們對於交替徘徊於其間的那個雙重的全部還不能加以區別,那麼對你們來說就沒有交替。但是,如果在除了作為全部就什麼再也不是的兩個全部之外,不存在著某一個 X,使你們有所依據,你們就不能對兩者加以區別)。因此,為了使假設的交替成為可能,就預先設定全部本身具有可能性以作為前提,以便人們能夠依據任何一種什麼東西來區別兩種全部,而這個可規定性就是**交替的實質**,就是交替得以進行和得以確立的唯一根據。

(如果你們把鐵就像它在沒有自然科學知識的人的普通

經驗裡所顯現的那樣當成自在的東西,也就是說,當成與它自身以外的某種東西沒有任何連繫的孤立的東西,此外還當成**固定在它的原來位置上的**東西,那麼,運動就不屬於鐵的概念。而且即使你們看到它表現出了運動的現象,如果你們把這個運動連繫到它以外的某種東西上,那麼,你們也完全是對的。但是,如果你們竟然把這個運動歸屬於鐵,而你們仍然還是對的,那麼,上述那個鐵的概念就不再是完全的了。而從這個意義上說,你們就必須把那個概念進一步加以規定。比如設定它具有對其周圍的磁的可吸引性。——這就構成一個區別。如果你們從第一個概念出發,則對於原來位置的固定性對於鐵來說就是本質性的東西,而只有運動在它那裡是**偶然性**的。但是,如果你們從第二個概念出發,則**固定性**就像運動那樣**也**是偶然性的。因為固定不動是以沒有磁的存在為條件,恰恰與運動是以有磁的存在為條件一樣。因此,如果你們不能拿出一個根據說明為什麼你們一定要從第一個概念出發而不從第二個概念出發,那麼你們就會迷失方向,反之亦然。也就是說,就普通意義來說,如果無法以某種方式規定下來,那麼,人們應該對哪一種全體進行反省呢?是對絕對地設定的和有規定的全體,還是對透過這種被排除了的全部而產生的可規定的全體,還是對兩種全體都進行反省呢?)

交替的形式規定著交替的實質,意思是,相互排除乃是這樣的東西:它在上述意義下規定著全部,換句話說,它指明兩個可能的全部中哪一個是絕對全部,應該從哪一個出發。

把對方排除全部之外的那一方，由於它進行了排除，它就是全部，反之亦然。除此之外根本沒有全部的規定根據。——如果 B 被絕對地設定的 A 所排除，那麼，**正是由於這一點** A 就是全部。如果對 B 進行反省，而不把 B 當成全部，那麼，**正是由於這一點**本來無規定的 A + B 就是可規定的全部。有規定的是全部，還是可規定的是全部，這取決於人們怎麼看這個問題。——誠然，這個結果好像沒有說出什麼新東西，說出的只不過是在綜合之前我們預先就知道的東西，但是，先前我們畢竟曾抱有能找出某種規定根據的希望。而現在透過這個結果，這種希望就完全打消了。結果的含義是消極的，它告訴我們除了透過關係之外，根本不可能有什麼規定根據。

（就上述的例子來說，人們可以從無條件地設定鐵的概念出發，這樣，固定在原位置上不動，對鐵來說就是它的**本質**，或者人們從鐵的可規定的概念出發，則這種固定不動性對鐵來說就是**偶然性的**。兩種看法都對，全看人們怎麼去做，而且在這方面絕對不能有什麼起規定作用的規則。區別只是相對的。）

交替的實質規定著交替的形式，意思是，全部的可規定性，在已經說明的意義上，即在它由於規定某種別的東西而因此是被設定的意義上（換言之，規定實際上是可能的，而且存在著據以進行規定的某個 X，但我們在這裡不是在尋找這個 X），規定著相互排除。兩種全部之一，或者有規定的全部，或者可規定的全部，當其中一個是絕對的全部時，那另外一個

全部就不是絕對全部了。因此，就有一種絕對被排除的東西，而這種東西是透過上述全部而被排除的。舉例說，如果有規定的全部是絕對的全部，則因此而被排除的東西就是絕對被排除的東西。──因此可以說──這就是現在的綜合的結果──全部有它的一個絕對的根據，這種區別不完全是相對的。

（就上面的例子來說──究竟人們是從有規定的鐵的概念出發，還是從可規定的鐵的概念出發，究竟人們把在原位置上固定不動當成鐵的一種本質性的東西，還是把它當成某種偶然性的東西，這並不是毫不相干的問題。假定出於某種理由必須從有規定的鐵的概念出發，那麼，只有運動才是一種絕對偶然的東西，而固定不動就不是了。）

交替的形式與實質**兩者任何一方都不規定對方，而應當是兩者彼此互相規定**，意思是，（直截了當地說）全部規定的絕對根據與相對根據應當是同一個東西；關係應當是絕對的，而絕對的東西應當只是關係，不是任何別的什麼。

讓我們盡力把這個極其重要的結論表述得更清楚些。──由於有了全部的規定，要去排除的東西同時也就被規定了，或者反過來說，由於有了要去排除的東西的規定，全部同時也就被規定了。這就是一種關係，對於這種關係是沒有什麼好疑問的。問題是：應當採取和確定兩個可能的規定方式中的哪一個呢？在第一個交替成員裡，答案是：不應確定兩者中的任何一個。這裡根本沒有確定的規則，只不過是如果採取了其中的一個，就因此而不能採取另一個，反之亦然。但是人們應當採取

兩者中的**哪一個**問題,是無從確定的。在第二個交替成員裡答案是:可以採取兩者中的一個,而且這方面必定有一個規則。但是,這條規則到底是何種規則,自然不得不懸而不決,因為要加以排除的東西的規定,據說是**可規定性**,而不是**規定**。

兩個命題透過現在這個命題被統一起來。因此,由於現在這個命題而可以主張:規則確實是有的,但不是建立兩個規定程序中的某一個規則,而是建立作為彼此互相規定的兩個規定程序的規則。── 在至今被當作全部看待的各種全部中沒有任何一種全部是我們所尋求的那種全部,而毋寧是只有彼此互相規定的兩種全部才構成這種全部。因此,可以說這裡所談的是**兩種** ── 一種透過關係的,一種絕對的 ── **規定程序之間的關係**。而且透過這種關係,我們所尋求的那種全部才彼此建立起來。這種絕對的全部不應當是 A,也不應當是 A + B,而應當是由 A + B 所規定的 A。可規定的東西應當被有規定的東西規定,有規定的東西應當被可規定的東西規定。由此產生的統一體才是我們所尋求的那種全部。── 非常清楚,這一定就是我們的綜合結果。然而透過這個結果究竟說明了什麼,實在是更難理解的了。

有規定的東西與可規定的東西應當彼此互相規定著,顯然是說,要去加以規定的那個東西,它的規定恰恰就是這麼一點:它是一個可規定的東西。它是**一個可規定的東西**,除此之外什麼也不是。這一點就是它的全部本質之所在。── 現在,這個可規定性是一種有規定的限量,它有它的界限,超出這個

界限之外就不再發生任何規定，而在這個界限之內存在著一切可規定性的可能性。

現在，我們把這個結果應用到我們的事例上來，而一切情況就立即變得清楚了。——自我**設定自身**。在自身中存在著絕對地設定起來的自我的實在性。這個實在性的領域**窮盡**了，因此包含著絕對設定自我的實在性的絕對全部。自我設定**一個客體**。這個客體的設定必然被排除於自我的自我設定的領域之外，可是這個客觀的設定卻應當被賦予自我，因此，我們就得到了（至今仍然是無限的）自我行動的全部領域 A＋B。——根據現在的綜合，A 和 B 兩個領域應當彼此互相規定：A 提供它所有的絕對界限，A＋B 提供它所有的內容。現在，自我是一個客體，而不是主體，或者自我是主體，而不是客體，——如果按照這條規則設定自身為正在進行設定的話。這樣一來，兩個領域就重疊在一起，開始共同填充一個單一的**有限**領域。在這種情況下，自我的規定就在於它的可規定性，在於可以由主體和客體來加以規定的可規定性。

有規定的可規定性就是我們曾經尋找的那個全部，這樣一個全部我們稱之為一個**實體**。——如果實體不是首先從絕對地被設定起來的東西那裡，不是從僅僅設定**自身**的那個自我那裡推演出來的，換言之，如果不是有某種東西（在這裡就是指一個設定起來的非我，或一個客體）從自我那裡被排除出來，那麼，作為這樣一種實體的實體就是不可能的。——但是，實體既然本身只不過應當是單純的可規定性，卻畢竟又應當是一個

有規定的、固定的、確定的可規定性，那麼，如果它不曾重新由無條件被設定的東西即**自身設定**所規定的話，那麼它仍然還沒有受到規定，它就不是**實體**（不是無所不包的東西）。自我由於自己排除了非我而**設定自身**為**正在設定自身的**，或者說，它由於自己排除了自身而**設定自身**為**正在設定非我的**。——**設定自身**在這裡出現了兩次，但意義非常不同。前一次所指的是一種**無條件的**設定，後一次所指的是一種**有條件的**，因為排除了非我而產生的可規定的設定。

（如果說，**固定在原處**是自在的鐵的規定，那麼，位置的變動就因此而被排除了。在這種意義上，鐵就**不是實體**，因為它**不是可規定的**。但是，現在位置的變動應該歸屬於鐵。要做到這一點，依靠把固定不動完全揚棄掉是不可能的，因為揚棄了固定不動，就像鐵當初被設定的那樣，它本身也就隨之被揚棄了。位置的變動因而也就歸屬不到鐵身上了，而這是與所要求的互相矛盾的。於是，固定不動只能部分地被揚棄，而且位置變動就受到固定不動的規定和限制，也就是說，位置變動只發生在一定條件（比如有磁的情況下）的領域裡，而不發生在這個領域之外。在這個領域之外發生的還是固定不動。——固定不動在這裡是在兩個非常不同的意義上出現的，一次無條件地出現，另一次**以有磁存在為條件**而出現，這種情況誰都看得出來。）

讓我們在應用上述原理方面繼續前進。由於 A + B 是受 A 規定的，B 本身也就有規定了，因為 B 屬於從今以後有規定的

可規定的東西的範圍。A本身現在就像剛才表示的那樣是一個可規定的東西。現在，既然B本身是有規定的，那麼透過B，A＋B也就可以被規定，而且既然應當發生一種絕對關係，既然這種關係應當充滿我們所尋求的那個全部，那麼，它必定由此而受到規定。因此，如果A＋B是被設定了的，而且在這個意義上A是被設定於可規定的領域之內的，A＋B就重新被B規定著。

如果我們把這個命題應用到原來的事例上，其含義立刻就清楚了。──自我應當從自身中排除某物：這是至今被認為是我們所探討的整個交替的第一環節的那個行動。我們繼續推演──因為我現在是在根據的範圍內，所以我有權繼續推演──如果自我從自身中排除那個某物，則那個某物必定早在排除之前，也就是說，與排除獨立無關地在自我中設定起來的，因此可以說它是無條件地設定起來的，因為我們提不出更高的根據。如果我們從這點出發，則**自我的排除**就不是在無條件地設定的東西中（如果它是無條件地設定起來的話）的某種被設定了的東西，而且必定被排除於這個無條件地設定起來的東西的領域之外。並且自我的排除對於無條件地設定的東西來說就不是本質性的（對於客體來說，儘管客體應當以某種我們完全不能理解的方式在自身中設定起來的，並且因此而當然應該是一個客體，但是，對於一個客體來說，它自己之所以被排除出去，這乃是偶然的，並且──像以後會看出來的那樣，**被想像**為這種排除的後果，客體，自在地說，即沒有這種排除之

前，應是並非存在於自我之外而是存在於自我之中的。一般的客體〔這裡指 B〕是有規定的東西：被主體排除出去的東西〔這裡指 A+B〕是可規定的東西。客體是可以被排除的，也可以是不能被排除的，無論如何，在上述意義上，它始終還是客體。——在這裡，客體的被設定出現兩次，但含義很不同，一次是無條件地、絕對地，一次是以被自我排除出去為條件的，有誰看不出這點呢）。

（運動應當從被設定為原地不動的鐵那裡排除出去。按照鐵的概念，運動不曾被設定在鐵的裡面，它應當現在從鐵那裡被排除出去；因此，它必須是被設定為與這個排除獨立無關的，而且考慮到它不是被鐵設定起來的，所以它必定是絕對地被設定起來的〔這就意味著——稍安毋躁——如果人們以運動與鐵對立，那麼，運動就必定是已經被認識了的。但是它應當不是**透過鐵**而被了解的。因為它是**透過別的途徑**而被知道的。可是既然我們在這裡除了鐵與運動之外沒有和任何別的東西打交道，它就是絕對地被知道的〕。如果我們從運動**這個**概念出發，那麼，就可以看出運動概念除了屬於別的東西之外也屬於鐵，對於運動概念來說這是偶然的。運動概念是本質的東西，對於它來說，**鐵**是偶然的東西，運動是絕對地設定起來的。作為原地不動的鐵被排除於運動的領域之外。現在，原地不動被揚棄了，運動屬於鐵了。——在這裡，運動的概念出現了兩次，一次是無條件地，另一次是以揚棄鐵的固定不動為條件的。）

因此——其實這本來是前面提出過的綜合命題——全部僅僅是由完全的關係構成的，根本沒有什麼自在的固定的東西來規定全部。全部構成一種**關係**的完全性，而不構成實在性。

（關係的成員，從個體來看，都是**偶體**，它們的全部就是**實體**，這是我們前面已經說過了的。——這裡只還需要對於那些自己不能進行這樣簡易推論的人明確地指出這一點，那就是，在實體裡根本不能設想有什麼固定的東西，有的只不過是純粹的關係。——如果一個實體被設想為是有規定的——這是已經一再論述的令人討厭的問題——或者說，如果某個**有規定的東西被設想為實體**，則交替當然必須**從任何一個成員**出發，而只要交替被規定了，這個成員也就因此而是固定了的。但是，它不是**絕對地**固定了的，因為我同樣可以從和它對立的成員出發，而且這樣一來，恰恰原來被確定和固定為本質的那個成員就成了偶然性的了。這是從前面的例子中可以看明白的。綜合地統一起來的諸偶體提供著實體，而在實體中除了包含這些偶體而外再也沒有任何東西；實體經過分析，提供著偶體，而在對實體進行澈底分析之後除了偶體之外就再也沒有剩下任何別的東西了。不能設想偶體會有一個連續的基礎，有一個負荷者。任何一個偶體，隨便你選哪一個總是**它自己的**和**與它對立的**偶體的負荷者，它並不另外再有一個負荷者。——進行設定的那個自我，透過我們將來要詳盡論述的那種最神奇的能力，把正在消逝中的偶體保持住，直到它將這個偶體和排斥它的那個偶體進行了比較為止。——這種幾乎永遠被人忽

視的能力乃是這樣一種東西，它把頑固的對立面結合成一個統一體，——它出現於必然相互揚棄的環節之間，從而保存兩者。——它是這樣一種東西，只有它才使生命和意識，特別使作為連續的時間序列的那種意識成為可能。而且它之所以能夠做到這一切，僅僅因為它以自己作為導體，讓那些沒有共同的負荷者的偶體在它自身內彼此傳導，它們也不可能有共同的負荷者，因為它們彼此會互相摧毀。）

(γ) 作為綜合的統一體的活動與作為綜合的統一體的交替，應當彼此互相規定，並且它們本身也構成一個綜合統一體。

作為綜合統一體的活動，我們可以最簡潔地描述為：將對立的東西（主觀的東西和客觀的東西）在可規定性的概念裡（在這裡儘管它們也還是對立的）**予以絕對地概括和保存**（為闡明和提出一個更概括的觀點，請大家把這裡所說的綜合和上面〔§3〕引用的那個由量而使自我與非我達成的聯合加以比較。在那裡，自我從**質**的方面曾首先被絕對地設定為絕對實在性，同樣，在這裡，某種東西，也就是說，某種由量規定了的東西被絕對地設定於自我之中，或者說，自我被絕對地設定為**有規定的量**。某種主觀的東西被設定為一種絕對主觀的東西，而這種做法就是一個正題，而且是一種量的正題，不同於前面的質的正題。但是，自我的各種行動都必須從一種正題的做法出發〔在知識學的理論部分裡，在我們依照我們的原則為自己劃定限界之內，這種做法是一種正題，因為為了尊重界限的緣故，我們不能繼續向前走得更遠，雖然我們一旦突破這個界

限，就會看到這種做法其實同樣是一種可以追溯到一個最高的正題的合題（綜合）〕。前面曾經有一個作為對立的**質**的非我相對於一般的自我被樹立為對立面，同樣，在這裡有一個客觀的東西僅僅由於它被排除於主觀的東西之外也被相對於主觀的東西而樹立為對立面。由於它被排除於主觀的東西之外，也可以說僅僅是由於量〔由於界限，由於規定〕。而這種處理方法乃是一種量的反題，正如前面的做法是一種質的反題一樣。但是，正如前面一般自我不應當被非我所揚棄和非我不應當被自我所揚棄那樣，現在既不應當主觀被客觀摧毀，也不應當客觀被主觀摧毀，而毋寧是兩者應當同時並存。因此，兩者必須綜合地統一起來，並且統一要透過在其中兩者彼此相同的第三者，透過可規定性。兩者——不是指自在的主體和客體，而是指透過正題與反題而被設定起來的主體與客體——都是可以互相規定的，並且僅僅因為它們是可規定的，它們才能被概括到一起，才能透過自我在綜合中的活動能力〔想像力〕被固定起來，被確定起來。——但是，正如前面一樣，如果沒有正題，反題是不可能的，因為只有相對於設定起來的東西才能樹立對立面。但是，如果沒有反題的實質，那麼，就實質方面來說，即使這裡主張的那種正題也是不可能的，因為在某種東西被規定之前，換句話說，在量的概念能夠應用到某種東西上之前，就質的方面說該東西必定先就存在了。也就是說，必須一般地先有某種東西存在著，活動的自我才能在那裡替主觀的東西畫一條界線，把剩下的部分留給客觀的東西。——但是，正如前面那樣，就形式而言，如果沒有合題，反題是不可能的，因

為如果沒有合題,則正題設定起來的東西就被反題揚棄了,因而反題也就不成其為反題,毋寧本身就是一個正題了。由此可見,所有的三種行動只是一種行動而且是同一種行動。這同一種行動的各別環節只在對它們進行的反省中才能有所區別)。

關於單純的交替——如果交替的形式,即交替的成員的相互排除,與交替的實質,即將兩個互相排除的交替成員包括在自身之中的那個概括的領域,綜合地統一起來,則互相排除本身就是概括的領域,而概括的領域本身就是互相排除,換句話說,交替就是單純的關係。在單純的關係中,除了互相排除,除了所謂的可規定性,就再也沒有任何東西了。——要看出這個互相排除一定就是綜合的中項並不難。但是,進行下面的想像就比較難,即要在一個單純的可規定性那裡,在一個沒有某種東西發生關係的單純關係那裡(這樣的某種東西我們在這裡以及在整個知識學理論部分裡都完全撇開不管),想像並非絕對地是虛無的某種東西,那就比較難了。讓我們竭盡所能地發揮想像力。——A 與 B(實際上 A＋B 是透過 A 規定,還是同樣地透過 B 來規定,是已知的。但是我們有我們的目的,我們可以撇開不管,直接稱它們為 A 和 B),可以說 A 與 B 是對立的,當一個設定了的時候,另一個就不能是設定了的。可是它們卻應當同時並存,而且不是像前面所要求的那樣**部分地**,而是整個地,並且**作為**對立的東西同時並存,而並不互相揚棄。我們的任務就是去考察這種情況。但是,**由於它們互相揚棄**,它們不能以任何方式,不能在任何可能的受詞下被一

起思維。不是要思維 A，也不是要去思維 B，而是要去思維 A 和 B 兩者的**結合**、**連結**，而恰恰這個東西是它們的統一點。

（如果你們在物理點 X 上於時刻 A 放置光明，並且在緊接著隨後的時間 B 裡放置黑暗，那兒，光明與黑暗就彼此截然分開了，這是理所當然的。但是，時刻 A 與時刻 B 直接交界，它們之間沒有任何縫隙。你們可以把兩個時刻之間的嚴格界限設想為 = Z，那麼，Z 上的是什麼呢？不是光明，因為光明只在時刻 A 上，而 Z≠A；同樣也不是黑暗，因為黑暗在時刻 B 上。因而既不是光明也不是黑暗。但我們同樣可以有理由認為在 Z 點上既是光明又是黑暗，因為在 A 與 B 之間沒有縫隙，所以在光明與黑暗之間也沒有縫隙，因而光明與黑暗是彼此直接接觸的。──有人會說我在第二種推論中依靠想像力本身已把原來只應當是界限的 Z 擴展成為一段時間了。是的，**確實就是這樣**〔如果不依靠想像力來作這種擴展，時刻 A 與時刻 B 就再也沒有別的辦法分別出現了〕。因此，我**能夠**依靠單純的想像力擴展 Z，而且如果我要設想時刻 A 與 B 的直接交界，我就必須這樣──而這就是對我們創造性的想像力的奇妙能力所做的一個實驗。這種能力，我們不久就要說明它，而沒有它，人類精神裡的任何東西都不能說明上面的問題──人類精神的整個機制也許根本是建立在它上面的。）

(a) 剛才說明的那種活動規定著我們已經說明了的交替，這意思是說，交替成員本身的會合須以自我的絕對活動為條件，依靠這種活動自我把一個主觀的東西和客觀的東西樹立為

對立面，並把兩者統一起來。現在，它們兩者在自我中並且僅僅藉助於自我的這種行動成了交替的成員。只在自我中，只藉助於自我的這種行動，它們兩者才會聚集一起。

顯然，這樣建立起來的命題是唯心主義的。如果這裡建立起來的活動就像它在一些限制條件下應該被當成的那樣被當成是**窮盡**了自我本質（如果這個自我是一個有理智的人）的活動，則想像就是這樣構成的：自我設定一個主觀的東西，並在這個主觀東西的對立面設立一個客觀的東西等等。這樣我們就看到經驗意識裡的一系列表象的開端了。前面我們曾建立過一個設定間接性法則，按照那個法則，正如它在這裡仍然還有效那樣，如果沒有一個主觀的東西被揚棄掉就沒有客觀的東西能夠被設定起來，而且如果一個客觀的東西沒有揚棄掉就沒有主觀的東西能被設定起來。而憑藉這條法則，表象之間的交替就是可以說明的了。這裡增加的一個規定是：它們兩者應當被綜合地統一起來，它們兩者應當由於自我的同一個行動而被設定。而憑藉這個規定，本身包含著交替的那個東西（雖然交替成員是互相對立的）的統一性就是可以說明的了。這種說明當初憑藉單純的中介法則是不可能的。這樣一來，大家彷彿僅僅透過絕對自發性就成了具備著自己一切可能規定的一個理智的人了。自我好像天生地就是**像**它設定、像它設定自身的那個樣子，並且**因為**它設定自身成為這個樣子。──但是，人們假如沿著系列盡可能走得遠些，最後就一定遇到這樣一個已經現成存在於自我之中的東西。在這個現成的東西那裡，一部分被規

定為主觀的，另一部分被設定為客觀的與主觀相對立。應當是主觀的那個東西，它的現成存在雖然能夠由自我的設定來加以說明，但是，應該是客觀的那個東西，它的現成存在，可就不能由自我的設定來說明了。因為這樣一種東西透過自我的設定是絕對設定不起來的。——因此，建立起來的命題並不能完全說明應當予以說明的東西。

(b) 交替規定著活動，這意思是說，由自我的活動所進行的設定對立面的活動與概括，即使不因對立物的實際存在而成為可能，卻因剛才說明過的對立物在意識裡的單純的會合或接觸而成為可能：這種會合是這種活動的條件。問題只在於正確地理解這一點。

剛才在反駁新建立的唯心主義的說明方法時曾提醒過：如果在自我裡有某種東西被規定為一種主觀的東西，而另外一種東西作為客觀的就被這個規定排除於自我之外，那就必須說明，要排除的客觀的東西怎麼會是現成存在於自我裡的，而這一點上述那種推論方式是無法說明的。這個辯駁透過現在的命題作了辯護。據說要被排除出去的客觀的東西根本不需要是現成存在的。用我的話來說，現成存在著也許僅僅是對自我的一種障礙，換句話說，不管出於哪一種來自自我活動以外的理由，主觀的東西必須不再繼續擴展。繼續擴展的這種不可能性構成我們所描述的那種單純交替或單純連結。單純交替並不作為活動著的東西限制自我，但是提出一個限制自己的任務給自我。但是，一切限制都產生於對立，因此，正是為了完成這項

任務，自我必須相對於要加以限制的那個主觀的東西設定某種客觀的東西作為對立面，然後像我們剛才指明的那樣把兩者綜合地統一起來。於是一整套的表象就可以推演出來了。顯而易見，這種說明是實在主義的，不過在這種實在主義的背後存在著一種比以前所建立的一切實在主義更抽象的實在主義。也就是說，更抽象的實在主義承認有一個在自我之中現成存在著的非我，直至承認有一個在自我之中現成存在著的規定，但只承認自我自己要在自身中進行規定的任務，或者說，只承認自我的**單純的可規定性**。

乍看起來，人們也許會以為這種規定任務本身就是一種規定，現在的推論和前面所建立的承認有一種規定現成存在著的那種量的實在主義沒有什麼區別。但是，我們可以非常清楚地指出這種區別來。在那裡，規定是給定了的，在這裡，規定要透過活動的自我自發性才得以實現（如果允許我們再向前看看，則區別就可以更加確切地指出來。因為在知識學的實踐部分裡看得很清楚，這裡所談的可規定性乃是一種感覺。當然，一種感覺就是自我的一種規定，然而不是作為理智的自我規定，也就是說，不是設定自身為受非我所規定的那種自我的規定。而這裡所談的自我恰恰就是設定自身為受非我規定的那種自我。因而這種規定任務並不是規定本身）。

現在的推論有一切實在主義所有的那種錯誤，錯在它把自我看成一個非我，從而沒有說明非我向自我過渡這個本該說明的問題。假如我們同意人們的主張，那麼，自我的可規定性，

或者說自我應該受到規定這個任務雖然設定了，但是，這裡沒有自我的任何參與。而且由此雖然可以說明自我怎麼會透過和**為了某種在自我之外的東西而是可規定的**，但是，並沒有說明自我怎麼會**透過和為了自我而是可規定的**（那種規定任務怎麼會成為自我的知識，以至於自我會本著這種知識按照任務來自己規定自己）。做出後面這種說明畢竟是需要的。自我，只有當它設定自己為可規定的時，才由於它的本質的緣故而是可規定的，並且只有在這種情況下它才能夠規定自己。但是，這點是如何可能的呢，建立起來的那種推論並沒有說明。

(c) 兩種推論應當被綜合地統一起來；活動與交替應當彼此互相規定。

交替，或者說，一個沒有經過進行設定自我的任何參與的單純障礙，給自我提出限制自己的任務，這種說法是不能承認的，因為要去說明的東西沒有在說明的根據裡。因此，不得不承認，那種障礙不是沒有自我的參與而存在，毋寧它是在自我對自己的設定中發生的，毋寧是好像由於自我繼續向外伸展的活動被反射到自己本身，這才非常自然地產生出自我的限制，並從這自我限制中產生出所要求的其餘的一切。

這樣一來，像我們的探討過程所要求的那樣，交替與活動似乎彼此規定並綜合地統一起來了。當自我是活動的時候（那不是由進行設定的自我所設定的），障礙涉及到自我，因此障礙只有當著自我是活動的時才是一個障礙。障礙發生的可能性受自我的活動所制約：沒有自我的活動，就沒有障礙。假如反

過來說，自我出於自己本身的規定活動就應該是受障礙制約的：沒有障礙，就沒有自身規定。——再進一步說，沒有自身規定，就沒有客觀的東西等等。

讓我們設法把我們在這裡取得的最重要的和最終的結果掌握得更熟悉些。在對立物的結合中，自我的活動與這些對立物（自在的和抽去自我活動的狀態下）的會合應當統一起來，它們應當是同一個東西。——這裡主要的區別存在於結合與會合。因此，我們要探討使這兩者統一的可能性，我們就要最深入地領會已建立的命題的精神實質。

會合怎麼樣自在地必須以一個結合為條件，是顯而易見的。對立的東西自在地是完全對立的，它們沒有任何共同之處。如果一方設定了，對方就不能是設定了的：它們只有在它們之間的界限被設定時才是會合的東西。而這個界限既不是由於一方的設定而被設定的，也不是由另一方的設定而被設定的。——但是，界限又不是什麼，只是雙方共同的東西。因而說設定它們的界限，也就是說結合它們，但雙方的這種結合除了透過設定它們的界限之外是再也不可能的。它們僅僅是在結合的條件下，為了結合和透過結合才會合在一起的。

結合，或者用我們現在所能用的更確切的話來說，界限的設定，是以會合為條件的，換言之，是以會合者的活動所遇到的障礙為條件的，因為按照以上所說的，受限制的活動者，而且只作為活動者，應當是會合者的一方。這種情況之所以可能，只能在這樣的條件下：會合者的活動是自在自為地並且自

覺自願地向著無限制無規定並且不可規定的即無限的方面走去。假如它不是向著無限方面走去，那就根本不會從會合者的受限制中得出結論，說障礙是在會合者的活動中出現的。那麼限制，比如說，就可以是由障礙的單純概念設定起來的概念（如同在一個絕對地建立一種有限自我的體系裡所不得不認為的那樣）。這樣一來，在會合者的概念給會合者設定的框框之內就可以完全有一些新的足以推論出外來障礙的限制，而這就不得不由別的什麼來加以規定了。但是，正如這裡所推論的那樣，從一般的限制中根本不能夠得出這樣一種結論。

（這裡所談的對立物，應當是絕對對立的。在它們之間絕不應有任何統一點。但是，一切限物，它們彼此之間並不是絕對對立的：它們在可規定性的概念上是彼此等同的，它們都是澈底地互相規定的。這是一切有限物的共同規定。同樣，一切無限物，如果可以有許多無限物的話，在不可規定性的概念上是彼此等同的。因此，根本不存在像有限與無限這樣截然對立的，在任何標誌上都不相同的東西，因而有限與無限必定就是我們這裡所說的那種對立物。）

兩者應當是同一個東西。這個命題更簡單地說就是：**沒有無限就沒有限制，沒有限制就沒有無限，無限與限制是在一個東西中綜合地統一起來的。**——假如自我的活動不進入無限，自我本身就不能限制自己的活動，它就不能像它應當做的那樣設定活動的界限。自我的活動構成於無限制的自身設定，而在自我的活動之前就出現了一個障礙。假如它屈服於這個障礙，

那麼，超出障礙之外的那種活動就應該被完全取消和揚棄。自我在這種情況下，就應該根本不進行設定。但是，自我當然應該即使在這條界限之外也進行設定。自我應當限定自己，也就是說，它應當在這種情況下把自己設定為不設定自己的。它應當在這個範圍內設定無規定的、無限制的、無限的界限（參見上面 β 段）。如果它應當這樣，那它就必定是無限的。——再者，如果自我不限制自己，那它就將不是無限的。——自我只是它設定自己為那個東西。它是無限的，意思是說，它設定自己是無限的：它透過無限性的受詞規定自己。因此，它限制自己本身，使自我成為無限的基礎。它將自己和它的無限活動區別開來（自在地說，這兩者是同一個東西）。如果自我應當是無限的，它就不能不這樣。——自我將自己與之區別開來的這種趨向無限的活動，應當是它的活動。這種活動應當屬於自我。因此，自我必須同時在一個和同一個沒有分割和不可區分的自我活動中把這種活動再次收回於自身（透過 A 來規定 A＋B）。可是，如果自我把這種活動收回於自身，那麼，這種活動就是有規定的，因而就不是無限的了。但是，這種活動畢竟應當是無限的，這樣它就必定被設定於自我之外。

由於自我設定自己同時既是有限的又是無限的，因而自我在自身中和自己本身進行這種交替。就是這種交替，它好像是正在自己和自己爭執，從而自己再度產生自己。因為自我想把不可統一的東西統一起來，然後試圖把無限吸收到有限的形式中，之後又把它退回去，重新設定到有限的形式之外，並且在

同一個時刻再次試圖把它吸進有限的形式裡。——自我本身的這種交替，就是**想像力**的力量。

這樣一來，會合與結合就被完全統一起來。會合，或者說界限，本身就是正在和要去把握（想像力的絕對正題，因而它絕對是生產性的）的把握者的一個產物。由於自我與它的活動的這種產物是被設立為對立的，所以會合的雙方被設立為對立，而在界限上雙方都沒有被設定（想像力的反題）。但是，既然雙方重新被統一起來——自我的上述生產性活動應當歸屬於自我——進行限制的雙方本身就在界限上被結合起來（想像力的合題，它在想像力的這種反題與合題的活動中是再生產性的，這些我們到時就會看得更清楚）。

對立雙方應當在單純的**可規定性**的概念裡（而不是在規定的概念裡）被結合起來。這曾經是我們所要求的那種統一的一個主要環節。我們對於這一點也還必須加以反思，看看我們剛才所說的將透過哪一種反思而得到充分的規定和闡發。因為如果那被設定於對立雙方（一方是製造對立的設定對立面的東西本身，而按照其特定存在來說，另一方就完全存在於意識之外，僅僅為了必要的界限才被設定起來的）之間的界限被設定為固定的、確定的、不可移動的界限，那麼，對立雙方就是由規定統一的，而不是由**可規定性**統一的。但是，假如這樣的話，那麼，在實體性交替中所要求的那個全部就應該是沒有被充滿的了（A＋B 就應該是僅僅由有規定的 A，而不是同時由無規定的 B 所規定的了）。因此，那條界限必須不被認為

是固定的界限。而且,就我們剛才對想像力在這個限制中的活動作用所作的探討來看,情況也確實就是這樣。為了要給主體一個規定,想像力的活動能力設定一個無限的界限以作為它自己的趨向無限活動的產物。它試圖把這種活動歸給自己(由 A 規定 A + B)。但是,假如它真這麼做了,那它就不再是這種無限的活動了。這種活動作為被設定於一個有規定的主體中的活動,本身就是有規定的,而且可以說它就不是無限的了。因此,想像力就被重新逐回到無限中去了(對它來說,由 B 規定 A + B 這一層就被放棄了)。因此,現在存在著的就只是可規定性,只是沿著這條道路永遠不能達到的規定的觀念,而不是規定本身。——想像力一般地並不設定固定的界限,因為它自身就沒有固定的立足點,只有理性才設定某種固定的東西,因為只有理性才把想像力固定起來。想像力是這樣一種能力,它翱翔於規定與不規定、有限與無限之間的中間地帶。因此,由於想像力的緣故,A + B 確實是**同時**既受有規定的 A 又受無規定的 B 的規定。想像力的這種翱翔就是我們剛才所談的那種想像力的合題。——想像力恰恰透過它自己的產物表示這種翱翔。想像力彷彿是在它自己的翱翔期間並透過它的翱翔而把它的產物製造出來的。

(想像力在不可統一的東西之間的這種翱翔,想像力與自己本身的這種抗爭,如將來會指明的那樣,乃是這樣一種爭執:它把自我的狀態在其本身中擴展為一段時間〔對於單純的理性來說,一切都是同時的,只有對想像力來說,才有時

間〕。想像力不能把這段時間保持得太久,也就是說,不能保持得比一瞬間更長些〔除了在高尚的感情中,在那裡,對於變幻無常的驚訝是在時間中引起的〕。理性出來居中斡旋〔依靠反思的出現〕,規定想像力要把 B 接納到有規定的 A〔主體〕裡。但是,現在那作為有規定的而被設定起來的 A 必定再次被一個無限的 B 所限制,正如在上面想像力受無限的 B 的限制那樣。這樣前進不已,直至在想像力中不再需要有理性以外的任何起限制作用的 B 時止,即直到出現理性〔這裡指理論的理性〕完全靠自己來規定自己,也就是說,**直到**在實踐領域裡出現**表象者**的表象。想像力繼續向無限前進,直到它達到絕對不可規定的最高統一性的觀念,這個觀念只在完成了一個無限之後才會可能,它本身是不可能的。)

1. 沒有自我的無限性——沒有自我的一個絕對的、走向無限制和不可限制的東西的生產性能力,甚至表象的可能性都不能說明。自我設定自己為受非我所規定的這個命題包含應當有一種表象作用這一假設。透過這個假設,這種絕對的生產性能力才被綜合地引申出來和證明出來。然而事先就可以看出,在我們的知識學的實踐部分裡,這種能力將回溯到一種還高些的能力。

2. 我們所碰到的一切困難都已經令人滿意地被克服了。我們的任務曾經是去統一對立物,統一自我與非我。透過想像力,它是統一矛盾雙方的東西,自我與非我現在可以被完全統一起來了。——非我本身就是設定自己的那個自我的一個產

物，而根本不是什麼絕對的和被設定於自我之外的東西。沒有一個按照我們所敘述的方式製造出來的客體，一個把自身設定為自身設定者的自我，或者說，一個**主體**，是不可能的（自我的這種規定，即自我把自己反思成一個有規定的東西這一規定，只有在自我透過一個對立物而對自己加以限制的條件下，才是可能的）。—— 在這裡，只有一個問題：為了說明表象作用而必須承認的那個對自我的障礙是怎麼和由於什麼而發生的問題，還沒有提出解答。因為這個問題超出知識學的理論部分的界限了。

3. 整個知識學理論部分中首要的命題是：**自我設定自己為受非我所規定的**，它是完全窮盡了的，其中包含的一切矛盾都已經消除了。自我只能把自己設定為這樣的：它是受非我所規定的（沒有客體，就沒有主體）。因為這個原因，它設定自己為被規定的。同時它又設定自己為從事於規定的。因為規定者在非我中就是它自己的產物（沒有主體，就沒有客體）。——不僅推論所需要的交替作用是**可能的**，而且如果沒有這樣一種交替作用，已經建立的假設所需要的那種東西就根本是不可思議的。以前曾經僅僅以有待證明的身分出現的東西，現在已成了毋庸置疑的確定的真理。—— 這樣，知識學的理論部分就完全結束了。這也就同時證明任何一門學科，當它的原理已經詳盡探討了的時候，它本身就結束了。而當人們在探討過程中重新回到某一原理的時候，那條原理就是詳盡探討過了。

4. 如果說知識學的理論部分已經詳盡探討了，那麼，說

明表象所需要的一切環節必定都已建立並已論證了。因此，我們從現在起要做的就只是把全部已經證明了的東西聯合起來，應用起來，此外就再沒有什麼可做的了。

但是，在我們開始走上這條道路之前，先對這條道路本身進行一次反思，不僅是有用的，而且對於澈底理解全部知識學也有重要的意義。

5. 我們的任務曾經是分析研究那個未經證明而建立的命題：即自我設定自己為受非我所規定的，看看它是否以及在何種情況下才是可能的。我們已經試驗了它透過系統的演繹受到詳盡探討的一切可能規定。我們已經透過對不允許的和不可能的東西的分離把可能的東西收縮到一個越來越小的圓圈裡，並且一步一步地越來越接近真理，直到我們終於找到了對應該思維的東西進行思維的唯一可能的思維方式。因此，如果那個命題一般地說是真的，也就是說，無需它現在所有的特殊規定，而就是真的——說它是真的，乃是一個以最高的原理為基礎的假設——如果它由於現在的演繹，只有在這個唯一的方式下，才是真的話，那麼，我們建立的東西也就同時是**一個本來就出現於我們精神之中的**事實。——我可以說得更明白些，既然我們當時是在進行哲學思維，我們在探討過程中所建立的一切思維的可能性，也就是凡是我們思維過的，凡是我們以我們的思維的意識思維過的，它們當時也都是我們的意識事實。但是，它們當時都是我們的反思能力的自發性按照反思的規則**人為地**製造出來的事實。現在建立起來的、淘汰了一切被證明為錯誤

的東西之後唯一留下來的這個思維可能性，首先也是這樣一種由哲學反思的自發性人為地製造出來的事實。它所以是這樣，就是因為它是透過反思而被提升到哲學家的意識裡來的。或者更確切地說，對那個事實的**意識**乃是一種人為地製造出來的事實。但是，居於我們的探討之首位的那個命題應當是真的，也就是說，在我們的精神裡應當有某種東西與這個命題相對應。而這個命題只應當在**唯一地**被建立起來的方式下，才是真的，因此，在我們的精神中必定有某種原始的，跟我們的反思獨立無關地現成存在的東西與我們的這種思想相對立。而我們是在事實這個詞的更高的意義上，即在我們提出的其餘一切的思維可能性在其中都不能算是事實的那種更高的意義上，把我們建立起來的這個思維可能性稱之為事實的（比如說，表象的材料是表象從外面得來的這個實在主義的假定，在我們的探討過程裡也曾經是進行反省的意識的一個事實。但是，一經仔細探究，我們就發現這種假定和我們建立的原理相矛盾，因為從外面取得材料的那種東西絕不會是一個自我，其實按照要求它不應該是自我，而毋寧是非我。我們還發現，這樣一種思想因此不能在它自身之外有什麼與它相對應的東西，它是完全的，應當作為屬於超驗的──但不是作為先驗的──體系的思想而予以拋棄）。

還有一點順便也要提請注意，那就是，在一種知識學裡當然有些被建立起來的事實，知識學作為實在思維的體系就是因此而與一切空洞的形式主義哲學區別開來。但是，知識學不

允許直接假設某種東西為事實,而是必須進行論證,就像現在所進行的論證這樣,以證明某種東西是一事實。如果引證的事實屬於沒有經哲學反思推論的普通意識的範圍之內的事實,那麼,儘管人們的論證也還嚴密,只要他所得到的結論不是原來就現成存在著的,他就只能炮製出一種騙人的通俗哲學,那其實不是哲學。但是,如果建立起來的事實屬於普通意識的範圍之外,人們就必須確切知道他是怎麼能夠確信它們都是現成存在著的事實。並且人們就必須能夠把他達到這個確信的過程告訴別人,而把他的確信告訴別人,實際上就是對這些事實之為事實的論證。

6. 我們完全可以期望這種事實一定會在我們的意識裡產生結果。如果它應當是在一個自我的意識中的一個事實,那麼,自我必定首先把這個事實設定**為**現成存在於它自己的意識中的事實。然而,由於自我可能會遇到困難,它只能在一定的方式下才能做出這種設定,因此自我如何把這種事實設定於自身的那種方式,也許就會自己顯現出來。——讓我說得更明白一些——自我必須向自己證明這種事實。但是,它向自己說明這種事實只能按照出自它的本質的那些法則,也就是至今進行反思時所同樣使用的那些法則。從現在起,自我在自身中對這種事實進行加工改造,它處理這種事實所規定的方法和全部活動情況,就是我們的哲學反思的對象。——顯而易見,從這裡開始,整個反思就達到了一個完全不同的階段,具有一種完全不同的意義。

7. 過去的一系列反思和將來的反思首先是它們的對象不同。在過去的反思裡，被反思的是種種思維的可能性。當時是由人的精神自發性活動現製造出反思的對象——即那時的思維的可能性是按照一個詳盡探討過的綜合體系的規則製造的——反思的形式和反思行動本身。我們已經看到，被反思的東西裡固然包含有某些實在的東西，但其中混雜著的空洞的附加物是必須逐步加以清除的，直到對我們的目的即對理論知識學來說完全眞的東西單獨剩下來爲止。——在將來的一系列反思裡，是對事實進行反思。這種反思的對象本身就是一種反思，也就是說人的精神對提供給它的資料（當然，資料只有作爲心靈對其進行這種反思的對象，才可以稱爲資料，因爲不這樣的話，它就是事實）所進行的那種反思。因此，在將來的一系列反思中，反思的對象不是由這同一個反思自己**製造出來的**，而僅僅是由它**提升到意識裡的**。——由此可見，我們從現在起不再和那些必須首先從其空洞的附加物中把少量眞的內容挑選出來的單純假設打交道，而是說，凡是現在建立起來的，都有充分權利主張自己具有實在性。——知識學應當是人的精神的一部實用的歷史。我們以上所做的一切工作，只不過是爲了首先得到一個通往這部實用歷史的入口，只不過是爲了首先能夠指出一種毋庸置疑的事實。我們現在有了這種事實。從現在起，我們雖然並不盲目卻在試探著前進的知覺可以從容不迫地探討種種已經發生的事件的進程了。

8. 兩種系列的反思在它們的方向上也是不同的。——大家

暫時可以把人為的哲學反思完全撇開，停下來看看人的精神對上述事實所進行的那種原始必要的反思（這種反思從現在起將成為更高的哲學反思的對象）。非常清楚，人的精神不能根據任何別的法則，只能根據發現給定的事實時所使用的那些法則對事實進行反思，也就是說，根據我們過去進行反思時所依據的那些法則。我們過去的反思曾經從自我設定自己為受非我所規定的這個命題出發，並沿著自己的道路運行直至達到事實為止。現在這個自然的將被建立為必然事實的反思則從事實出發。而且由於在上述命題證實自己即證實自己是事實之前，那些已經建立的原理絕不能停止自己的應用，所以這種反思就繼續前進，直到達到命題為止。因此，它所經歷的整個路程正是前一種反思所走過的道路，只是方向相反。因此，哲學的反思既然只能跟隨著後一種反思前進，而又不能提供法則給它，所以它就必然地採取與後一種反思相同的方向。

9. 從現在起，反思採取了相反的方向，因而已經建立的事實就同時成了哲學反思回歸點。在這個回歸點上，兩個完全不同的反思系列結合在一起，在這個回歸點上，一系列的結尾與另一系列的開端相連結。因而在這個回歸點上，必定存在著過去的推論程序之所以不同於今後進行的推論程序的區別根據。——過去的做法是綜合的，它貫徹始終，所以建立的事實自身就是一個合題。在這個合題中首先被統一起來的就是出自第一個反思系列的兩個對立物，因而它應該是這種合題對第一個反思系列的關係。——然後在這同一個綜合中，為了第二個

反思系列進行可能的分析和因此而產生的綜合，又必定存在著兩個對立物。由於在綜合中不能再有作為兩個對立物的東西被統一起來，所以其中作為第一個反思系列的結尾而被統一起來的兩個東西也就是為了第二個反思系列的開端而應當予以重新分開的那兩個東西。但是，如果情況完全就是這樣的話，第二個反思系列就根本不是第二個，而只是倒過來的第一個反思系列。而我們的處理就是一種單純重複的分解，它毫無用處，不能增加我們的知識，不能使我們前進一步。因而如果它們是第二個反思系列的成員的話，就必定與第一個反思系列的成員，如果它們也是的話，在某一個方面有所不同。而它們就只有藉助於綜合（好像經歷了這個綜合），才能獲得這種差別。——如果對立的成員是第一個系列或第二個系列的成員，那麼，正確認識這些成員的上述差別就是值得花費氣力，並且能夠澈底闡明當前的體系的最重要的最具特徵之處。

10. 在這兩種情況下，對立雙方都是一個主觀的東西和一個客觀的東西。但是，在綜合**之前**它們是這樣的，在綜合**之後**它們在人的心靈中就非常不同了。在綜合**之前**，它們僅僅是對立的雙方，不是別的什麼。這一方不是另一方，另一方也不是這一方。它們表示一種單純的關係，此外什麼也不表示。它們是消極的東西，絕對不是什麼積極的東西（正如在前面的例子中 Z 上面的光明與黑暗那樣，如果 Z 被認為是單純**想像中的**界限的話）。它們只是一種沒有實在性的單純思維，而且只是關於一種單純關係的思維。——當一方出現時，另一方就消

失了。但是，由於這一方只能在另一方的反面受詞之下出現，因此另一方的概念也隨著這一方的概念同時出現並把這一方取消，所以這一方甚至根本不能出現。因此，根本沒有什麼東西存在，也不可能有什麼東西存在。我們的意識不是被充實起來的，在它那裡絕對沒有任何東西存在著（確實，如果沒有那種無意識地給這些空洞的對立物奠定基礎的想像力的善意欺騙，我們也就根本不可能進行過去那一切的探討。我們不能對它們進行思維，因為它們是絕對的無，對於無人們不能進行反思。這種想像力的善意欺騙當時是捨棄不掉的，也不應當被捨棄，只是應當把欺騙的產物從我們推論的總數中扣除和丟棄，就像實際上所做的那樣）。在綜合之後，它們是某種可以在意識中摸得著抓得住的東西，並且彷彿在充實著意識（它們現在恰恰就是它們本來也就是的那個東西，不過它們現在這樣，是**為了反思**並在反思的慫恿和允許之下，而以前則是不知不覺地並且經常受著反思的抵制）。正如前面所說的，在**被想像力擴展為一段**時間的那個界限 Z 上的光明與黑暗確實曾經是自己沒有把自己絕對取消掉的某種東西。

它們發生了這樣的變化，好像是由於它們經歷了綜合，而必須指明的是綜合究竟怎樣並以何種方式能夠提供給它們以前所沒有的某種東西。——綜合能力的任務在於把對立雙方統一起來作為一個東西去**思維**（因為正如以前那樣，要求首先涉及思維能力）。綜合能力做不到這一點，而任務卻又擺在那裡。因此，在無能為力與要求之間就發生了矛盾。精神就棲身於這

種矛盾之中,翱翔於矛盾雙方之間,游移於要求和無能為力之間。並且在這種狀態中,而且只在這種狀態中,精神同時抓住矛盾雙方,或者換個說法也一樣,精神使雙方同時成為可以捉摸的東西,也就是說,它由於接觸它們雙方又被它們驅逐,然後再次接觸它們,從而在它們**與自己的關係**中給它們一定的內容和一定的範圍(這種內容到時就會表現為時間和空間中的諸物)。這種狀態就叫做直觀狀態。在這種直觀狀態中的活動能力前面已經稱之為生產性的想像力。

11. 我們看到,正是包含著使人類知識學成為不可能的危險的那種環境,現在卻成了我們能夠據以建立這種學說的條件。我們過去不敢設想我們怎麼竟能夠把絕對對立的東西統一起來。現在我們看到如果沒有絕對對立的東西,要想一般地說明我們精神中的那些外界賦予的東西就將是完全不可能的。因為如果不是出現了絕對對立的東西,不可統一的東西對於自我的理解力來說顯然就是完全不適應的東西,則上述一切外界賦予的東西所依據的那種能力,即生產性的想像力就是根本不可能的了。而有了這種能力同時也就清楚地證明我們的體系是正確的,證明我們的體系詳盡澈底地說明了一切需要說明的東西。預設的東西只能透過找到的東西來說明,找到的東西只能透過預設的東西來說明。正是從絕對對立中推論出了人類精神的整個結構。而人的整個精神結構沒有別的途徑,只能透過一個絕對對立性來加以說明。

12. 同時,我們現在已將前面雖然已經提出卻沒有充分發

揮的一個說法完全闡明了。也就是說，我們現在認識到觀念與實在怎樣就是同一個東西，看清它們兩者怎樣只在不同的觀察方式下才是不同的，以及其中的一個如何只能從另一個中推論出來。——絕對對立的東西（有限的主觀與無限的客觀），在綜合之前只是某種純粹思維的東西，如果用我們這裡經常使用的詞彙來說，只是某種觀念的東西。由於絕對對立的東西應當透過思維能力被統一起來卻又不能統一起來，於是它們就透過心靈（起這種作用時就叫想像力）的翱翔而獲得實在性，因為它們這樣一來就變成可以直觀的東西了，也就是說，它們獲得了一般的實在性。這是因為除了憑藉直觀的實在性之外，沒有別的實在性，而且不可能有其他的實在性。由於人們重新把這種直觀抽掉，這並不是說人們能為一般意識而把它抽掉，但是，為了單純的思維能力，當然能夠抽掉它。於是那種憑藉直觀的實在性又重新成為某種純粹觀念的東西。這種純粹觀念的東西，根據表象能力的法則，它只有一種衍生出來的存在。

13. 因此，這裡教導我們：一切實在——就它**對於我們來說**的那樣而言，而在一個超驗哲學體系裡，它不能不被這樣理解——都僅僅是由想像力產生出來的。據我所知，我們當代最偉大的思想家之一，曾作過同樣的教導，他把這種東西叫做想像力的一種**錯覺**。但是，每個錯覺都必定設立自身與真理相對立，每個錯覺都必定使自己被迴避開來。但是，現在既然像在目前這個體系裡得到了證明的那樣，證明我們的意識、我們的生命、我們為我們的存在，即我們的作為自我的存在之所以可

能，是以想像力的這種活動為根據的，那麼，我們如果不想抽掉自我，也就不能丟掉這種想像力的行動。抽掉自我是一件自相矛盾的事情，因為抽掉者不可能抽掉自己本身。因此，想像力並不騙人，它提供真理，提供唯一可能的真理。承認想像力在騙人，就意味著替一種懷疑主義作論證，而這種懷疑主義教人懷疑自己的存在。

表象的演繹

I

我們首先把我們自己相當牢固地設定在我們已經達到的論點上。

自我向著無限前進不已的活動（由於它是趨向無限的，所以在它之內沒有什麼可以加以區別的東西），碰到了一個障礙。它儘管碰到障礙，卻絕不應該被消滅，所以它被折返回來，被迫轉而向內前進，它採取了一個正好相反的方向。

人們可以把不停地向無限前進的活動想像為一條直線，一條從 A 出發經過 B 向 C 等等前進的直線。它既可以在 C 之內就遇到了障礙，也可以超過 C 而繼續前進。但是，人們假定它正好在 C 點受到了阻礙，那麼，根據前面所說的，碰到障礙的根據就不在自我之中，而在非我之中。

在已設定的條件下，自我的活動由向 C 前進的方向被折返而成為由 C 向 A 前進的方向。

但是，如果自我確實只是一個自我，那麼，除非自我也發生反作用，否則對自我就根本不能發生什麼作用。在自我中的任何東西都不能被揚棄掉，從而自我的活動方向也不能被揚棄掉。因此，由 C 向 A 的折返活動，**當它被折返的時候**，必定同時產生反作用，產生直達到 C 的活動。

這樣一來，我們就在 A 與 C 之間有了一個雙重的、自己與自己相反的自我活動的方向，其中由 C 到 A 的可以被認為是一個受動，由 A 到 C 的可以被認為是一個純粹的活動。它們兩者都是自我的同一個狀態。

這種把兩個完全對立的方向統一起來的狀態，正是想像力的活動，而且我們現在完全肯定地已經找到了我們前面所尋找的東西，即一種活動，一種只有透過受動才有可能的活動，以及找到一種受動，一種只有透過活動才有可能的受動。——存在於 A 與 C 之間的自我活動，是一種彼此對抗著的活動，但是，這種活動，如果沒有自我活動的一種被折返，是不可能的。因為一切對抗都預先設定與之對抗的某種東西作為先決條件。自我的這種活動是一種受動，因為自我的活動的原始方向被折返了；但是，沒有任何方向可以被折返，除非它作為這個方向（而且在這個方向的一切點上）是事先就存在著的。兩個方向，由 C 到 A 和由 A 到 C，必須是同時存在著的，而正是因為它們的同時存在解決了上面提出的任務。

當自我的活動存在於 A 與 C 之間時，自我的狀態是一種直觀。因為直觀是一種沒有受動就不可能的活動，也是一種沒

有活動就不可能的受動。——現在，對於哲學的反思來說，直觀只就它是直觀本身而言是得到規定了，但是，在主體看來，它作為自我的偶體，則還是完全沒有規定的。因為如果它是有了規定的，則它就必定能把自己和自我的其他規定區別開來，而這是直到現在為止還不可能的。同樣，在客體看來，也是完全沒有規定的，因為如果它是有規定的，則一個被直觀的東西本身就必定能把自己和一個沒有被直觀的東西區別開來，而這是直到現在為止還不可能的。

（顯而易見，與原始的第一個方向相反的自我活動也超越了 C 點。但是，由於它超越到 C 點以外，它就不是在進行對抗，因為在 C 點以外不存在障礙，因而它也就不是在直觀。因此，在 C 點上，直觀受到了限制，而且被直觀的東西也受到限制。超越 C 點之外的活動不是直觀，活動的客體不是被直觀的東西。兩者到底是什麼東西，我們到時候就會知道。這裡我們只不過提醒讀者注意，我們把將來還要重新提到的東西現在暫且放下。）

II

自我應當直觀，而如果直觀者實際上只應當是一個自我，那麼，這就意味著**自我應當設定自己為正在進行直觀的**。因為除了自我賦予自己的那種東西外，任何東西都不會從外面加之於自我。

自我設定自己為正在進行直觀的，這句話首先意味著：它設定自己為在直觀中**活動著的**。另外還有什麼含義，將在隨後

的探討中得出來。而既然它設定自己為在直觀中活動著的，它就給自己設定了對立的某種東西，這種東西在直觀中不是活動的，而是受動的。

為了使我們在這個研究中有個線索可以遵循，我們只要提醒一下前面對實體性概念中的交替所說的話就夠了。對立雙方，活動與受動不應當互相消滅和揚棄，它們應當同時並存：它們只應當互相排除。

顯而易見，相對於直觀者必須有一個被直觀的東西作為對立面設定起來。問題只在於這樣一個被直觀的東西是怎麼被設定起來的。

相對於自我，相對於進行直觀的自我而被作為對立面設定起來的那個被直觀的東西，必然是一個非我。首先可以從這裡推論出：設定這樣一種被直觀的東西的自我行動，**不是反思**，不是向內進行的活動，而是一種向外進行的活動。因而就我們到目前為止所理解的來說，它乃是一種生產。被直觀的東西作為被直觀的東西是被生產出來的。

此外顯而易見的是，自我不能對於它自己在生產這個被直觀的東西時的活動有所意識，因為這種活動沒有被反思，因而沒有被給予自我（只有在我們現在所用的哲學反思中，這種活動才被給予自我。而我們始終需要把哲學反思和一般必需的反思加以仔細地區別）。

創造性的能力總是想像力。因而對於被直觀的東西的設

定,乃是因為有想像力才出現的,這種設定本身就是一種直觀(是對某種無規定的東西的一種〔肯定意義上的〕**注視**)。

這種直觀應當和自我給予自己的那種直觀中的活動相對立。在同一個行動中應當同時存在著兩種直觀活動,一種是自我藉助於反思而賦予自己的,另一種是自我沒有賦予自己的。後一種直觀活動是一種純粹的直觀,前一種直觀活動固然也應當是一種直觀,但它是被反思了的。問題在於這是怎麼發生的,從中會推出什麼來。

直觀作為活動,其方向本來是向 C 去的,只在它和向 A 的相反方向對抗著時,它才是一個直觀。如果它不抵抗,它就不再是直觀,而只是一個活動。

這種直觀活動,應當被反思,也就是說,自我向 C 去的活動(它永遠是同一個活動),作為與一個相反對抗著的東西(因為否則它就不是**這種**活動,不是直觀的活動了),應當被扭轉而向 A 去。

這裡出現了下面的困難:自我的活動本來已經由於外界障礙而一度向 A 折返了,現在又由於絕對的自發性(因為,自我應當設定自己為進行直觀的,這絕對地因為它是自我)而再次向同一個方向返回。如果這兩次的方向不能彼此區別,則根本沒有直觀被折返,而毋寧只是以同一個方式重複地兩次被直觀而已。因為活動是相同的活動,是自我的同一個活動。而方向是由 C 到 A 的相同的方向。因此,如果要想使我們所需要

的反思（折返）能夠出現，則它們必須能夠彼此區別。而在我們能夠繼續前進之前，我們必須解決這樣的課題：即它們怎麼樣和透過什麼彼此區別。

III

讓我們把這個課題規定的更確切些。──其實在探討之前，我們就能大概地看出，自我活動的第一個向 A 的方向怎麼可以和第二個向 A 的方向區別開來。因為，第一個是由於純粹的外界阻礙而被折返的，第二個則是由於絕對的自發性而被折返回來的。這一點，我們只要從哲學的反思這個層次出發就能看清楚，而我們在開始探討的時候就武斷地把我們自己置身於這個層次上的。但是，問題恰恰在於說明一切哲學反思之所以可能的這種前提，在於證明這個前提是自然意識的原始事實。問題是：人的精神最初怎麼會在一個外部引起的活動折返與一個內部引起的活動折返之間做出上述那種區別的呢？這種區別是這樣一種區別，它作為事實應該是被推演出來的，而恰恰又是透過這個推演而得到證明。

自我應該透過受詞**直觀者**來加以規定，並由此而與被直觀者區別開來。這是我們當初不得不作為出發點的那個要求。自我作為直觀的主體，應該與直觀的客體對立，並因此而首先與非我區別開來。顯而易見，我們在進行這種區別時，並沒有一個固定點。如果直觀自身不首先固定下來，則我們毋寧是在一個永恆的圓圈裡打轉。只有直觀被固定下來之後，自我與直觀的關係以及非我與直觀的關係才能加以規定。因此，解決上

述課題的可能性就取決於對作為直觀的直觀本身加以固定的可能性。

這後一課題（即把直觀固定下來）等同於前面提出的課題，即等於使第一個向 A 的方向可以與第二個向 A 的方向區別的那個課題。而且一個課題解決了，另一個課題也就跟著解決了。一旦直觀本身固定了，則第一個向 A 的折返就已經包含在直觀裡了，並且，不必擔心發生彼此混淆和相互揚棄，不但第一個向 A 的方向，而且一般直觀就向 A 折返了。

直觀作為直觀應該被固定下來，以便它能夠被當成同一個東西來理解。但是，直觀自身根本不是什麼固定的東西，而是想像力在兩個相反的方向之間的一種擺動。如果說直觀應當被固定下來，那就等於說，想像力應當不再擺動，從而直觀就完全被取消、被揚棄了。但是，這種情況不應當發生。因此，至少直觀的狀態的產物必須保存下來，也就是說，兩個相反方向的遺跡必須保存下來。而這種遺跡不是單純兩個相反方向的，而是由兩個相反方向結合而成的某種東西。

只有透過這樣一種固定之後，直觀才成為一個直觀，而直觀的這種固定，包括三個方面。首先是固定的或確定的行動。整個的固定是因為起於**自發性**的反思而出現的，而固定是因反思本身的這種自發性而出現，我們隨後就可以看到這點。因此，固定的行動屬於自我中進行絕對地設定的那種能力，或者說，屬於理性。—— 其次是有規定的東西或者正在被規定的東西，—— 大家都知道這就是其活動被設定了界限的想像

力。——最後，因規定而產生出來的東西，即處於擺動中的想像力的產物。顯然，如果我們所要求的固定是可能的，那就必須有一種從事這種固定的能力。而這種能力既不是從事規定的理性，也不是從事生產的想像力，因此，它是理性與想像力兩者之間的一種中間能力。這種能力既然能使一種變動的東西保持不變（好像使之得到理解，好像是使之成為確定不移的），那麼，我們就有理由稱它為理解力。理解力之所以為理解力，只是因為有某種東西在它那裡被固定下來。而凡是被固定下來的東西，都只是在理解力中被固定下來的。理解力可以說是理性固定下來的想像力，或者說是由想像力配備了客體的那種理性。——知性乃是一種靜止不動的精神能力，是由想像力產生出來並由理性規定下來而且正在進一步予以規定的那種東西的純粹保存，儘管人們常常談起它有什麼行為。

（只在知性裡才**有**實在性〔當然首先要透過想像力的作用〕。知性乃是**現實化**的能力。在它那裡，理想的東西才成為實在的東西〔因而**知性**也表示一種和某物的關係，這種東西是不經我們的干預而從外界來的，但是，只不過是完全應該加以了解和知悉的〕：想像力產生實在性。但是，在想像力裡沒有實在性，經過知性的了解和把握，想像力的產品才變成某種實在的東西。——我們認為是想像力的一種產品的那種東西，我們並不賦予它實在性。但是，我們所碰到的包含在知性裡的那種東西我們卻賦予它實在性，至於知性，我們認為它根本沒有生產的能力，而只有保存的能力。——由此可見，人們在自然

的、與人為的先驗哲學的反思相對立的反思中，由於反思的規律的緣故，只能回溯到知性，然後在知性中遇到被給予反思的某種東西，遇到表象的質料。但是，這種東西是以何種方式進入知性的，人們是不知道的。因此，我們確信事物的實在性在我們之外，是沒有經我們任何干預的，因為我們並不知道有產生實在性的能力。假如我們在普通反思裡知道，如同我們在哲學反思能夠知道的那樣，實在性是透過想像力進入知性的，那就等於我們想重新把一切解釋為幻覺，而且透過後者正如透過前者一樣毫無道理。）

IV

我們現在把我們的推論的線索重新撿起來，這是我們以前由於不可能進一步推論下去而暫時放下的。

自我反思它在直觀中向 C 行進的那個活動。向 C 行進的活動作為同一個由 C 向 A 行進的反方向活動背道而馳的活動，根據上述的理由，是不能被反思的。但是，它也不能被當作一種一般向外行進的活動來反思，因為如果那樣的話，它就是自我的完全無限的活動了，而完全無限的活動是不能加以反思的。但是，在直觀中正在出現的活動則不是這樣，毋寧正是要加以反思的。因此，在直觀中呈現著的活動必須被反思為行進到 C 為止的活動，被反思為在 C 點上受到限制和規定了的活動。這是第一個線索。

因此，在 C 點上，自我的直觀活動受到在反思中進行的絕對活動的限制。──但是，由於這種活動只是有反思作用

的，而除了在我們現在這個哲學反思中之外並不是被反思的，所以在 C 點上的限制，是與自我相對立的，是屬於非我的。絕對創造性的想像力的產品被一種不明確的、沒有被反思的而且沒有進入確定意識的直觀所設定，而且被這種直觀設定為超越 C 點而向無限進展。這就限制了被反思的直觀的能力。而它所根據的規則和理由，就是第一種無規定的產品一般被設定時所根據的那個理由。這是第二條線索。——這種產品乃是非我，透過和這個非我的對立，自我一般才被規定**為**自我——然後，「自我是進行直觀的」這個命題的邏輯主詞才是可能的。

進行直觀的自我的這種規定了的活動，至少按照它的規定被確定下來並被理解為在知性中可以進一步加以規定。因為如果沒有這種確定和理解，自我的彼此矛盾的活動就會彼此相撞以至互相抵消。

這種活動是從 A 向 C 進展，並在這個從 A 向 C 進展的方向上被自我的反思，亦即從 C 向 A 進展的活動所理解。——顯而易見，在這種理解中，必然出現互相反對的方向，而且這種理解必然是透過那種相反方向的能力即想像力而產生的。因而它本身就必然是一種直觀。這應該是第三個線索。想像力在其目前的作用中並不創造什麼，而毋寧只是理解（以便在知性中設定，而不是保存）那已經產生了並在知性中被理解了的東西，因此它被認為是再生產性的。

直觀者必須被規定為直觀者，也就是說，被規定為活動。它還必須有一個活動和它**對立**。這個活動**不是它自己**，而是另

外一個活動。但是，活動總是活動，到現在為止在它那裡能夠加以辨別的只有它的方向。但是，這種相反的方向是透過外來的反思作用而產生並且在知性中保存下來的那個從 C 到 A 的方向。這應該是第四個線索。

這種相反的方向，既然那出現於直觀中的方向由它而被規定，它本身就必須受到直觀。這樣一來，隨著直觀者的規定同時就出現了一種**被直觀者**的直觀（但又不是反射回來的直觀）。

但是，被直觀者本身，如果說它是與直觀者對立的，它就必須被規定為一個被直觀者。而這就只有透過反思才是可能的。問題僅僅是：被反思的究竟是哪一個向外進展的活動。因為被反思的必然是一個向外進展的活動，但是，在直觀中從 C 向 A 進展的活動構成直觀者的直觀。

前面已經提醒過，為了對 C 點上一般的直觀加以限制的緣故，自我的生產性活動必須超越 C 點向無限進展。這種活動被從無限那裡反射回來，經過 C 向 A 進展。但是，從 C 向 A 卻存在著一個根據其遺跡而在知性中保存下來的前一個方向，即一個與那歸屬於自我的從 A 向 C 的直觀活動相反的方向。而在與這一直觀活動的連繫中，它必定歸屬於和自我相反的東西，即必定歸屬於非我。這個相反的活動被直觀為一個相反的〔直觀〕，這應是第五個線索。

這個被直觀者必須被規定為被直觀者，並且被規定為與直觀者相反的被直觀者。因此它是透過一個非被直觀者所規定

的，而這個非被直觀者卻是一個非我。但是，這個非我作為自我活動的絕對產物，存在於 C 點以外（自在自為的事物，是本體。因此是表象與在表象中呈現的事物之間的自然區別）。但在 C 與 A 之內存在著這樣一個被直觀者，按照它的規定來說，它是作為某種實在的東西在知性中被把握的，這應該是第六個線索。

它們相互之間的關係就如同活動與受動（實在性與否定性）的關係一樣，因而是由交互規定聯合統一起來的。沒有被直觀者，就沒有直觀者，反之，沒有直觀者，就沒有被直觀者。此外，當一個被直觀者被設定起來時，一個直觀者也就被設定了，反之亦然。

兩者都必須被規定，因為自我應當設定自己為直觀者，從而將自己和非我設定為對立的。但是，因此在直觀者與被直觀者之間就需要有一個堅實的區別根據，可是，根據上面的論述，交互規定並不提供這樣一種區別根據。

當兩者**之一**被進一步加以規定時，其**另一個**也就因此而被進一步規定了，這恰恰是因為它們處於交互規定之中。──但是，由於同樣的理由，兩者之一必須**由自己本身**而不由另一個來規定，因為，否則的話，我們就無法從交互規定的循環中擺脫出來。

V

直觀者，就其自在〔的狀態〕而言，也就是說，就其是

活動而言，由於它處於交互規定之中，已經得到了規定。它是一種在對立者中有一個受動與之相對應的活動，一種**客觀的**活動。這種活動透過一種非客觀的因而是純粹的活動──一般的和絕對的活動──得到了進一步的規定。

兩者是對立的，兩者又必須綜合統一起來，也就是說，必須透過對方而被互相規定著：(1) 客觀的活動透過絕對的活動而被規定。一般的活動是一切客觀活動的條件，它是客觀活動的實在根據。(2) 一般的活動是根本不能透過客觀的活動加以規定的，除非是透過它的對立面即受動，才能加以規定，因此也就是，透過活動的一個客體，而這就是透過客觀的活動，才能加以規定。客觀的活動是一般活動的規定根據或理想根據。(3) 兩者必須透過對方而交互設定，也就是說，兩者之間的界限必須設定下來。界限是從純粹活動向客觀活動以及反過來從客觀活動向純粹活動的過渡。界限是可以由此而折返或從它們兩者那裡抽離出來的條件。

作為條件的這個條件，也就是說，作為純粹活動與客觀活動的界限，被想像力所直觀，被固定在知性中。這兩者都以上述的方式進行。

直觀是在一定**條件**下的客觀活動。假如沒有條件，它就不會是客觀活動而是純粹的活動了。

由於要透過交互作用來規定的緣故，被直觀者也只在一定條件下才是一個被直觀者。假如沒有條件，被直觀者就不會是

被直觀者，而是一個絕對的被設定者，一個自在之物：一個作為絕對活動的反面的絕對的受動。

VI

無論對於直觀者還是對於被直觀者，直觀總是某種有條件的東西。因此，透過這個標誌直觀者與被直觀者還不能被區別開來，我們現在必須對它們作進一步的規定。——我們試圖為兩者規定直觀的**條件**，看看它們究竟能否透過所規定的條件加以區別。

絕對活動透過條件而變成一種客觀活動，這顯然意味著：絕對活動就其為絕對活動而言，已被揚棄和消除了。就其現在狀態而言，已經是一種**受動**。因此，一切客觀活動的條件乃是受動。

這種受動必須被直觀。但是，一種受動只能被直觀為相反活動的一種不可能性，被直觀為要採取想像力可能做的那種確定性行為時出現的那樣一種強制感覺。這種被固定在知性中的強制就是**必然性**。

這種由於一個受動而產生的活動，其反面乃是一種自由的活動。自由活動被想像力直觀為想像力本身對某一行為的實行與不實行之間的一種擺動，對某一客體在知性中把握與不把握之間的一種擺動。這種被把握在知性中的擺動就是**可能性**。

兩種本身相反的活動得到了綜合統一。(1) 強制為自由所規定。自由活動自己把自己規定為確定的行動（這是自身作

用）。(2) 自由為強制所規定。只有存在著一個現成的規定這個條件下，透過一個受動，那個在自身規定中一直還是自由的自身活動才把自己規定為一種確定的行為（自發性只有在存在著一個因外來的障礙而發生了折返這個條件下，才能折返，但是，它在這個條件下又**必定**不折返）。(3) 兩者在直觀中互相規定。直觀者的自身作用與外來作用之間的交互影響是直觀者之所以成為直觀者的條件。

被直觀者因此也就同時受到了規定。自在自為之物在交互影響的條件下是直觀的對象。當直觀者是活動的時候，被直觀者是受動的；當被直觀者作為一個自在之物是活動的時候，直觀者是受動的。而且，當直觀者是活動的時候，它不是受動的，反之，當直觀者是受動的時候，它不是活動的，被直觀者的情況也是這樣。但是，這並不提供什麼確切的規定，我們並不能因此從我們的圓圈中走出來。因此，必須進一步有所規定。因此，我們在規定兩者之一究竟在上述的交互影響中各自起什麼作用時，必須設法透過其自身來進行規定。

VII

在客體中有一個與之相對應的受動，因而其本身即包括在上述交互影響之中的那種直觀者的活動，具有這樣一個活動和自己對立：這種活動在客體中並沒有與之對應的受動，因而它是本身與直觀者有關的（它是在自身作用中的）活動。因此，前一種活動必須透過這後一種活動來規定。

這樣一種起規定作用的活動，必須是被想像力所直觀的，

必須被固定在知性中，正如至今所列舉的那些類型的活動一樣。

顯而易見，即使直觀者的客觀活動，也不能有什麼別的根據，其唯一可能的根據就是自身規定的活動。因此，假如這種自身規定的活動是可以規定的，那麼，前一種活動，以及直觀者在交互影響中的作用，就都得到了規定，甚至被直觀者在交互影響中的作用也透過直觀者的作用而被規定下來了。

兩類活動必須互相規定：(1) **返回於自己本身的**活動必須規定**客觀的**活動，這是上面已經指明了的；(2) 客觀的活動必須規定返回於其自身的活動。客觀的活動對於客體的規定起多大作用，返回於自身的活動對於客體的規定也起多大作用。但是，客觀的活動可以透過客體的規定來規定，因而在自身規定中出現的那種活動可以透過它來規定。(3) 正如剛才表明的那樣，兩者處於交互規定之中。於是我們再次失去了固定的規定根據。

在交互影響中，被直觀者的活動，就其對直觀者的影響而言，同樣也是由一種返回於自身的活動所規定的。透過返回於自身的活動，被直觀者規定自己對直觀者發生影響。

根據上面的討論，進行自身規定的活動乃是理性對想像力在知性中固定下來的產品的規定，因此是一種思維。直觀者把自己規定為對客體的思維。

既然客體被思維所規定，客體就是一個被思維者。

於是，它既是被規定了的，又是自己**規定自己的**，對直觀

者發生影響的。但是，這個規定只在下述情況下，即只當一個受動在相對立的直觀者中被規定了時，才成為可能的。沒有思維者中的受動，就沒有客體原初的和返回自身的活動，即被思維的活動。沒有客體中被思維的活動，就沒有直觀者的受動。但是，這種交互規定，按照以上所述，乃是透過有效性的交互規定。因而客體被思維成直觀者的受動的**原因**，受動被思維為它的**實效**。——客體因此而得以規定自己為有效性的那種內在活動，乃是一種純粹的被思維者，一種**本體**，如果人們就像必須做的那樣透過想像力給這種活動提供一個基礎的話。

VIII

對一個**確定的客體**進行規定的那種自身規定的活動，必須再進一步加以規定，因為我們還沒有取得固定的據點。但這種自身規定的活動受直觀者的這樣一種活動所規定：直觀者的這種活動不把任何客體規定為一個確定的東西（＝A）。它不對任何確定的客體發生影響（因而它是對作為純粹客體的一般客體發生影響）。

這樣一種活動應該一定能透過自身規定 A 或 –A 而使自己與客體發生關係。因此它對 A 或 –A 而言，是完全不確定的，或者說是自由的，自由地折向 A，或者自由地**脫離** A。

這樣一種活動必定首先透過想像力來加以直觀。但是，它既然擺動於對立的東西之間，擺動於對 A 的把握與不把握之間，它就必定也被直觀為想像力，被直觀為在兩者之間有擺動的自由（彷彿人們看待一條規律那樣，對這條規律我們

此時誠然除了知道它是心靈對自己的一項建議外,還一無所知)。——可是,既然透過這種活動,兩者之一,無論是 A 還是 –A,必定得到了理解(A 被設定爲一種可以被折返的東西,或者說,被設定爲一種可以抽象的東西),那麼,這種活動就因此而必定被直觀爲知性。——兩者透過一種新的直觀重新被統一起來,並在知性中確定下來,這就叫判斷力。判斷力至今還是自由的能力,它是對已經在知性中設定的客體進行反思式抽象,並且按照這種反思或抽象使這些客體帶著進一步的規定在知性中設定下來的那種能力。

兩種活動,純粹的知性本身和判斷力自身,又必須互相規定。(1) 知性規定判斷力。知性在自身中就已經包含判斷力對其進行抽象或反思的那些客體,因而是一般判斷力之所以可能的條件。(2) 判斷力規定知性。判斷力把一般客體規定爲知性的客體。沒有判斷力就根本沒有反思,沒有判斷力就沒有在知性中被固定下來的東西(這種東西是透過反思並且爲了反思而被設定下來的),從而也就根本沒有知性。這樣一來,判斷力又是知性之所以可能的條件。兩者因此是互相規定的。知性裡沒有東西,就沒有判斷力,沒有判斷力,則知性裡就沒有屬於判斷力的東西,就沒有被思維者作爲被思維者的思維。

現在,客體由於交互規定而被規定了。作爲思維的客體的被思維者,因而作爲受動的,被一個非被思維者,從而被一個純粹的可思維者所規定(可思維者的可思維性的根據就在可思維者自己本身中,而不在思維者之中,因而可思維者是活動

的，並且就這一點看，思維者應該是受動的）。被思維者與可思維者兩者現在相互被對方所規定：(1) 一切被思維者都是可思維的；(2) 一切可思維者都被思維為可思維的，而且它們之所以是可思維的，僅僅因為它們被思維為可思維的。沒有可思維者，就沒有被思維者；沒有被思維者，就沒有可思維者。——可思維者與可思維性自身都是判斷力的對象。

只有那被判斷為可以思維的東西，才能被思維為直觀的原因。

思維者應當規定自己去把某種東西思維為可思維的，這樣一來，可思維者就應該是受動的。但是，可思維者又應當規定自己是一種可思維的東西，這樣一來，思維者就應該是受動的了。這種情況再次造成思維裡的思維者與被思維者的交互作用，因此，我們沒有固定的規定據點，我們必須更進一步對判斷者加以規定。

IX

規定客體的那種活動要被一種根本沒有客體的、一種根本非客觀的和客觀活動相反的活動所規定。這裡的問題只是，這樣一種活動是如何設定起來，以及它如何能和客觀活動對立地設定起來的呢？

正如抽象出任何**確定的**客體＝A 這種能力剛才被推演出來那樣，現在抽象出**任何一般客體**的這種能力也被設定起來了。如果要使我們所要求的規定成為可能的話，這種抽象能力非有

不可。如果要使一個自我意識，一個表象的意識成為可能的話，這種規定非是可能的不可。

這種能力應該首先能夠加以直觀。——想像力，由於它的本質的緣故，一般地擺動於客體與非客體之間。它被固定為沒有客體的，也就是說，（被反思的）想像力被完全消滅了，而想像力的消滅，非存在，本身被（沒有被反思的，因而沒有進入清晰的意識的）想像力所直觀（這是現存於我們之中的模糊的表象，如果我們為了純粹思維的緣故想把一切都摻雜進行的想像力抽掉，則這種模糊的表象就是經常出現在思維著的人那裡的直觀）。——這種（沒有被反思的）直觀的產品應該被固定在知性中，但是，這種產品應該不是什麼東西，應該根本不是客體，因而它無法被固定下來（這種東西有點像是對這種思想的模糊的表象，這種思想所思維的是沒有關係者的單純關係）。這樣，有待我們抽取的已不是其他的東西，只是理性的單純的規則，只是（為了明確的意識而由想像力和知性所進行的）一種不能實現的規定的單純規律。——因此，上述那種絕對抽象的能力，本身就是理性（它就是理論意義上的、沒有想像力的**純粹**理性，就是**康德**在《純粹理性批判》裡當成他的批判對象的那個純粹理性）。

如果說一切客觀的東西都被消除了，那麼，至少還剩下自己規定自己的並且自己被自己規定的那個東西，這就是自我，或者說主體。主體和客體以絕對地彼此排斥的方式而互相規定。自我如果只規定自己，它就不規定自己以外的任何東西，

而如果它規定自己以外的某種東西，它就不僅僅規定自己。但是，自我現在是被規定為絕對抽象能力把一切客體都消除之後所剩餘的那種東西。非我是被規定為絕對抽象力所能抽除掉的那種東西。這樣一來，我們現在就有了客體與主體之間的一個固定的區別點。

（其實，這也就是一切自我意識的一目了然的，一旦顯現了特徵就再也不能無視的那個源泉。任何東西，凡是我能抽去的，我能思維掉的〔即使不是一次完成，至少也是這樣：我隨後抽除我現在所遺留下的東西，然後遺留下我現在所抽除的東西〕，就不是我的自我。而且我之所以把它和我的自我對立起來，只是由於我把它視為一種我能思維掉的東西。任何一個特定的個人，從第一次離開自己的搖籃學會把搖籃與自己區別開的兒童起，直到還承認物質性的觀念印象並探求靈魂基礎的普通哲學家，再到至少在思維並證明那思維純粹自我的思維規則的先驗哲學家，他能思維掉的東西越多，他的經驗的自我意識向純粹的自我意識就越靠攏。）

X

這種透過抽除一切可以被抽除的東西來對自我進行規定的活動，本身又必須加以規定。但是，既然在自我裡沒有任何東西可以進一步加以規定，因為自我本身是不能被抽除而且它身上也沒有任何東西能夠被抽除的一種東西（因此，自我被判斷為是單一的），那麼，這種對自我進行規定的活動就只能透過一種根本不進行規定的活動來加以規定。——而且，這種活

動所規定的東西，就只能透過一種根本無規定的東西來加以規定。

根本無規定的東西（作為一切有規定的東西的條件）的這種能力，誠然是在想像力上由推論證明了的，但是，它作為這種能力卻絕不能提升為意識，——因為一旦進入意識，它就必定被反思，從而必定被知性所規定，從而它就再不會是無規定的和無限的了。

剛才已經就自我自身規定的角度考察了自我，它同時既是進行規定的又是被規定的。如果以現在這個較高級的規定回顧下面兩點：(1) 對絕對地被規定了的東西進行規定的那個東西一定是一個絕對無規定者；(2) 自我與非我是絕對對立的，那麼，當自我被認為是被規定了的時候，則進行規定的那個無規定者就是非我，反之，當自我被認為是**進行規定的**時，則自我本身就是無規定者，而由這個無規定者規定了的東西就是非我，由此就產生了下面的矛盾。

如果自我反思自身並因此而規定自身，則非我就是無限的，反之，如果自我反思一般非我（反思普遍）並因此而規定非我，則自我本身是無限的。因此，在表象裡自我與非我是互相作用的。這一個是有限的，另一個就是無限的，反之，另一個是有限的，這一個就是無限的。但是，兩者之中總有一個是無限的。——（這就是康德提出的**二律背反**的根據。）

XI

　　如果在一個更高級的反思中反思這樣一點：自我本身既然是絕對的規定者，因而也是絕對地規定上述矛盾所依賴的那個反思的東西，那麼，非我無論在任何情況下都重新成了一種被自我規定了的東西，不論它對反思而言是明確規定了的也好，還是對自我的自身規定而言是被作為無規定的、遺留在反思中的也好。這樣一來，自我既然可以是有限的，也可以是無限的，就只與自己本身產生互動：在這種互動中，自我與它自身是完全統一的，任何理論的哲學都超越不了自我的這種自身統一的互動。

第三部分 實踐知識學的基礎

§5. 第二定理

全部知識學的三條公理所推論出來的結果是這樣一個命題：**自我與非我互相規定**，而這個命題又包含著下述兩個命題：**自我設定自己是被非我所規定的**，這一定理我們已經討論過，並且表明，不論我們精神裡的哪一種事實，都必定與它相對應；另一個命題是：**自我設定自己是規定非我的**。

我們在上一節開頭的時候還不能確切知道是否我們在某個時候可以賦予上述第二個命題一種含義，因為在那個命題裡，非我的**可規定性**，從而它的**實在性**，是被當作前提而假設下來的。當時我們還提不出什麼根據來確認它。但是，現在，由於有了上述那個作為假設的事實，並在這個事實的前提下，非我的實在性同時也已作為假設（當然，這個非我的實在性，是為自我而假設下來的，這正如整個知識學作為先驗科學既不能也不該超越自我那樣）。而且原來妨礙我們確認上述第二個命題的困難也已消除了。如果非我具有對自我而言的實在性，或者換言之也一樣，如果自我設定非我是實在的，從而這個非我的可能性和方式都被展現出來，即，如果第二個命題的其他規定是什麼，雖然我們還不知道，卻是可以思維的，則自我當然也就能夠設定自己是規定著（限制著、限定著）上述那個設定了的實在性的了。

這裡提出的命題是：自我設定自己是規定著非我的。在探討這個命題時，我們可以採取我們當初探討前一個命題即自我

設定自己被非我所規定時所採用的同樣的辦法。正如在前一個命題裡包含有許多對立那樣,在這個命題裡也包含許多對立。我們本來可以把這些對立找出來,然後加以綜合地連結。如果從這種綜合中產生出來的概念彼此又有互相對立的情況,那就再次把它們加以綜合地連結,如此等等。而且我們確信按照一個簡單而澈底的方法一定會把我們的命題充分地探討到底。但是,還有一個比較簡單而又並非不澈底不詳盡的方法去探討它。

因為這個命題裡包含有一個主要的反題,而這個反題則包含了作為認知能力的從而是被限制了的本質的那個自我與作為直接被設定從而不受限制的本質的那個自我之間的全部矛盾,並且使我們不得不承認有一種自我的實踐能力而以之作為聯合的手段。我們將首先找出這個主要反題,並把它的對立環節聯合起來,然後其他的反題就會自己呈現出來,而且也就比較容易聯合了。

I

我們採取最短的道路來尋找這個反題。在這條道路上,從一個較高的觀點出發,我們同時也就使**自我設定自己是規定著非我的**這個一切實踐知識學的主要命題得到證明,成為可以確認的,並且使之從一開始就獲得一種比單純提出的問題的有效性更高的有效性。

自我一般地就是自我。自我由於它是它自己所設定的(參見 §1),所以它絕對地就是同一個自我。

那麼，特殊地說，自我既然是進行表象的東西，或者說，既然是一種認識能力，那麼，它**作為這種東西**當然也就是同一個自我。但是，它既然是一種具有必然規律的表象能力，那它與絕對的、直接由自己本身設定起來的自我就根本不是同一個東西。

因為，自我作為一種認知能力，就它是這個東西而言，按照它的種種特殊規定，在這個領域之內，它當然是由自己本身所規定的。它既然是由自己本身所規定的，就這個意義而言，它在其自身中也就不是別的什麼，只不過是它設定到自身中的那種東西。而這在我們的理論中就明顯地出現了矛盾，違背下述的一種見解：即如果有任何東西進入自我，自我都只是被動地對待之。但是，對自我來說，這個領域自身，如果一般地和自在地考察起來，卻不是由自我自己所設定，而是由它以外的某種東西設定的。表象活動的方式一般誠然是由自我設定的，但是，關於自我是進行表象的東西這一點，則如我們已經看到的那樣不是由自我所規定，而是由自我之外的某種東西規定的。因為我們當初不能以任何別的方式去思維表象，只可能透過這樣一個前提來假定，即假定向著未加規定的和無限的東西前進的自我活動遇到了阻力。這樣一來，作為一般認知能力的自我，就是**依存於**未加規定的並且至今無法規定的非我的。而且只有透過和藉助這種非我，自我才是認識 [1]。

---

[1] 誰要是在這個名詞裡隱約地意識到了深刻的意義和廣泛的推論結果，誰就是我非常歡迎的一位讀者。但願他從這個名詞出發，永遠按照

但是，按照自我的一切規定來說，它卻應該是絕對地由自己本身所設定的，因而應該是完全不依存於任何可能的非我而獨立的。

因此，絕對的自我與認知的自我（如果這個說法是允許的話，則兩者好像說的是兩種自我，而其實應該說它們只是同一個東西）就不是同一個東西，而毋寧是兩個互相對立的東西了。這是與自我的絕對同一性矛盾的。

這個矛盾必須排除。它只能以下面的方式來排除：造成矛盾的自我的認知能力本身是完全不能排除的，除非自我再次陷入與自己本身的另一種新的矛盾中。因為，只要有一個自我被設定，又有一個非我被設定與自我相對立，則根據整個理論知識學，也就有一個連同其一切規定的表象能力被設定起來；而且就自我已經被設定為認知能力而言，也就僅僅是為自己本身所規定的，正如我們剛才提到並在理論部分證明了的那樣。但是，自我作為認知能力，其**依存性**應該消除，而要消除自我的依存性則幾乎是不可思議的，除非先有這樣一個前提：即**自**

他自己的方式自由自在地推論下去。一個有限的本質，只有作為認知能力，才是有限的。這種有限本質，認為應與無限的東西有共同之處，他的這種立法實踐活動，除了依存於他之外，不能依存於任何別的。

還有，那就是，掌握了技巧，能夠從一個他們不能予以忽視的全新體系的少數基本路線出發，推論出即使不是更多的東西，卻至少是無神論的那些人。讀者如果隨時牢記這個說明，就能從這裡搞出點東西來。

我由自己本身規定著的至今未被認知的而且自我因它的阻力才成為認知能力的**那個非我**。這樣一來，有待於表象的非我好像被規定為**直接的**，而從事於表象的自我卻好像成了**間接的**，即成為藉助於上述規定而由絕對自我所規定的了。自我好像變成了僅僅是依存於自己本身的，也就是說，它好像是完全由自己本身所規定的了。它好像僅僅是它自己所設定的那個東西，此外就一無所是了，而矛盾好像也就順理成章地揚棄了。並且這樣一來，我們至少暫時地好像已把我們提出的主要命題的後半段，即自我規定著非我（也就是說，自我是從事規定的東西，非我是受規定的東西）加以證明了。

　　作為認知能力的自我曾經是與可以給予假設的阻力的那個非我處於因果關係之中。自我曾經是由作為它的原因的非我所產生的結果。因為因果關係就是：由於在一方中的活動受到限制（或者說由於在一方中的一定量的被動），就有一個與揚棄了的活動等量的活動根據交互規定的規則被設定到對方中去。但是，如果自我是認知能力，那麼，它向無限前進的活動的一部分就必定被揚棄掉，而這時被揚棄了的那一部分活動，按照已經提到的規律就被設定到非我中去。但是，因為絕對自我絕不能是被動的東西，而應該是絕對的活動，而且除了是活動之外不能是任何別的東西，所以，正像剛才所說的，我們就必須承認上述那個假設的非我也必須是被規定的，而且也必須是被動的。而與這個被動相反的活動也就必須被設定到自我中去，並且不是被設定到有認知能力的自我中去（因為有認知能力的

自我本身是受那個非我所規定的），而是被設定到絕對的自我中去。可是，因此而被承認的這種關係，就是因果關係。因此，絕對自我應該是非我的**原因**，因為絕對自我是一切表象的最終根據，而非我因此就應是絕對自我的**產物**。

1. 自我絕對是活動的，並且單純是活動的。——這一條是絕對的前提。從這個前提首先推論出非我的受動，因為據說是非我把自我規定為認知能力的。與這個受動相對立的活動被設定到絕對自我中去，成為一種**規定了的**活動，成為恰恰非我因此而被規定的那種活動。因此，從**自我的絕對活動**裡就推論出自我的特定**活動**。

2. 剛才提到的一切同時還可以用來闡明上述那個推論方式，使之更加有說服力。表象本身一般（這裡不是說表象的各種特殊規定）毫無疑義地是非我的產物。但是，在自我裡根本不能有任何本身是產物的東西存在，因為自我就是自我給自己設定的那種東西，在它那裡根本沒有設定在自身中的東西。因此，上述非我本身必定是自我的一種產物，並且必定是絕對自我的一種產物：——可是，這樣一來，我們就會根本不能說有從自我以外對自我施加的作用，而只能說有自我對自己本身所施加的作用（這種作用當然是透過一條迂迴的道路，其所以採取迂迴的道路的種種根據，我們至今仍然還不知道，但是，將來也許會真相大白）。

這樣，絕對自我就應該是自在而又自為的非我的原因，也就是說，應該僅僅是我們抽除了一切可證明的表象形式之後在

非我中剩下來的那種東西的原因，應該是被我們認為是自我向無限前進的活動之所以遭到阻力的那種東西的原因。因為，根據表象作用的必然規律是被表象的東西本身種種特殊規定的原因，關於這一點，我們已在理論知識學裡闡述了。

依照同一個方式，即透過絕對設定，自我就不能是非我的原因。

自我是直接地沒有任何其他條件地設定自己本身，而且，如果它想設定任何別的東西，它就**必須**設定自己：因為不存在的東西不能設定任何東西。但是，自我之所以對自我而言是存在的，是絕對地和完全地由於它自己對於自身的設定作用。

如果不限制自己本身，自我就不能設定非我。因為非我是與自我完全對立的。非我是什麼東西，自我就不是那個東西。因此，只要非我是被設定了的（「被設定」成了非我的受詞），自我就不是被設定的。假如非我（不具有任何量）被設定為未受限制的或者無限的，則自我應該完全沒有被設定，它的實在性應是完全被否定了的。而這就與上面的論述發生了矛盾。——因此，看來非我不得不在某個量中被設定〔亦即非我不得不設定為具有一定的量〕，因而自我的實在性也就不得不受到一定量的限制，即受到已被設定給非我的實在性的那個量的限制。——所以，**設定非我和限制自我**這兩個說法是同義語，它們的含義和效用是完全一樣的，正如理論知識學已經論述的那樣。

現在，在我們的前提中，自我應該**絕對地**和不要任何根據地設定一個非我，也就是說，自我應該絕對地不要任何根據地限制自己本身，部分地不設定自己本身。這樣一來，它不設定自身的理由就不得不存在於它自己本身中。它自身中就不得不既有設定自己的原則又有不設定自己的原則。於是自我在它自己的本質中就將是自相矛盾和互相對立的了。在它本身中的原則就將是一個雙重對立的原則了。而承認這種情況卻是自相矛盾的，因為如果承認了這種情況，則在它本身中就將根本沒有原則了。自我將根本不存在，因為它已經揚棄了自己。

（我們現在達到了這樣一點，從這一點出發，我們能夠比我們過去任何時候都更加清晰地闡明我們的第二條公理的眞義：即**一個非我被設定與自我對立著**〔或面對著自我設定一個非我與自我對立〕，並透過這第二公理更明確地闡明我們整個知識學的眞正含義。

在第二公理中，只有某些東西是絕對的。但是，這些東西卻以一個事實為前提條件，而這個事實是**先驗地**根本不能予以指明的，毋寧只能由每一個人自己的經驗去體察它。

除了自我透過自己本身來進行的設定〔活動〕之外，應該還有一個設定〔活動〕。這個設定〔活動〕**先驗地**就是一種單純的假設。**假設**另有這樣一個設定〔活動〕，這一點是除了透過一個意識事實之外不能透過任何別的東西予以闡明，而且每一個人都必須透過這個事實使自己對它有所體察。沒有任何人能憑著理性根據對它進行論證，以使別人覺得它是得到證明

了（他當然完全可以透過理性根據把某一種已被確認了的事實追溯到那個最高的事實上去。但是，這樣一種證明僅僅做到了這麼一點，即他向別人證實他已透過對某一事實的確認也確認了那個最高事實，此外什麼也沒有證明）。但是，有一點是在自我的本質裡絕對無條件地有根據的：那就是，如果存在著這樣一種設定〔活動〕，則這個設定〔活動〕必定是一個設定對立面的〔活動〕，而且被設定的東西必定是一個非我。——自我怎麼能夠把某種東西和自己本身區別開來，這是從任何地方也不能推演出一條更高的可能根據來的，相反，這種區別本身卻是一切推演和一切論證的根據。任何設定〔活動〕，只要它不是一種自我的設定〔活動〕，就不會不是一種設定對立的〔活動〕。這一點是絕對確定無疑的，至於存在著這樣一個設定〔活動〕，則只能由每一個人透過他自己的經驗去證實。因此，知識學的論證是無條件地、**先驗地**有效的，它只不過提出了一些先驗地就已確定無疑的命題。但是，實在性則是它在經驗中才取得的。誰若是不能意識到這個作為假設而被設定起來的事實——大家都能確切地知道，沒有任何有限的理性動物會是這樣的——那麼，對他來說，整個知識學就該全無內容、空話連篇了。但是，無論如何，他還是不能不承認它有形式上的正確性。

這樣一來，知識學就**先驗地**是可能的了，雖然它還應該接觸到客體。客體不是**先驗地**存在著的。對於知識學來說，它毋寧是在經驗中才出現的。客觀有效性使每個人都意識到客體，

產生出關於客體的意識,而這種關於客體的意識只可以**先驗地**預先設定,但不可能由演繹推論出來。——下面說的只是一個例子——對於上帝而言,也就是說,對於這樣一種意識而言,在這種意識中,一切都應是透過單純的自我的設定而設定的(不過在我們看來,關於這樣一種意識的概念簡直是不可思議的),我們的知識學應該是空無內容的,因為在這種意識裡除了存在自我的設定活動之外再也沒有任何別的設定活動了。然而即使對於上帝而言,知識學也還應該有它形式上的正確性,因為知識學的形式恰恰就是純粹理性的形式。)

II

我們已經看到,自我不得不與非我保有的那種因果性,儘管是必要的,而且正是依靠它才消除了存在於作為絕對本質的自我的獨立性與作為認知能力的自我的依存性之間那個已揭示過的矛盾,可是它本身也包含一個矛盾。不過第一個矛盾是無論如何非予以消除不可的,而且第一個矛盾沒有別的辦法來消除,只能藉助於上述那個必要的因果性。因此,我們必須再設法解決這個必要的因果性中所包含的矛盾。現在,我們就開始解決這第二個課題。

為了進行這項工作,讓我們首先把這個矛盾的真正含義挖掘得更深入些。

自我應該對非我保有因果性,並應該當作關於它自身的可能表象才把非我產生出來,這是因為任何不是自我直接或間接設定到自己本身中的東西,都不能屬於自我,而且因為不

論自我是個什麼東西，它應該總是透過它自己本身才是這個東西。——因此，因果性這一要求是以自我的本質性作爲根據的。

自我不能對非我保有因果性，因爲假如自我對非我保有因果性，則非我就將不再是非我（不再是與自我對立的東西），而本身變成自我了。但是，自我是把非我置於與自己對立的地位的。並且這種對立性不可能被揚棄掉，除非自我所設定的某種東西被揚棄掉了，也就是說，除非自我不再是自我了。而自我不再是自我則是和自我的同一性相矛盾的。——因此，和因果性這一要求所發生的矛盾，是以下述情況爲根據的：有一個非我無條件地與自我相對立，而且不得不繼續對立下去。

因此，矛盾是發生在自我本身之間，發生在關於自我的上述兩種不同看法之間。這兩種看法是互相矛盾著的。在它們之間可以找出一個調和方法（〔假如〕就一種與虛無相對立的自我來說，就不可思議的神的理念來說，這樣一種矛盾就根本不會發生）。只要自我是絕對的，它就是**無限的**和**不受限制的**。一切存在著的東西，都是它設定的，它不設定的東西，都不存在（**對於**它來說，都不存在，而且在它之外，就是虛無）。然而，凡是它所設定的東西，它都設定爲自我，而且它設定的自我，是把自我設定爲它所設定的一切。因此，從這個角度來看，自我把一切包含於自身之中，也就是說，自我是一種無限的，沒有限制的實在性。

只要自我設定一個非我與自己對立，它就必然設定了〔兩個〕**有限範圍**，並將自己本身設定於這些**有限範圍**中去。它把

設定的存在的整體分配給自我和非我,從而必然把自己設定為**有限**的。

這兩種截然不同的行為,可以用下述兩個命題來表示。第一個命題是,自我無條件地設定自己為無限的和沒有限制的。第二個命題是,自我無條件地設定自己為**有限的**和受限制了的。因此,就自我的第一種行為和第二種行為所顯示的情況來看,自我的本質自身裡,〔似乎〕存在著一個更高級的矛盾,現有的矛盾是從它那裡衍生出來的。一旦那個更高的矛盾解決了,現有以它為根據的這個矛盾,也就跟著解決了。

一切矛盾都將透過對矛盾著的命題作更詳盡的規定而得到聯合。這個矛盾的情況也是這樣。在一種意義上,自我不得不被規定為**無限的**,在另一種意義上,又是**有限的**。假如它在同一個意義上被規定為既是無限的,又是有限的,則矛盾就不可消除,自我將不是一個而是兩個了。而這樣一來,我們就只有一條出路了,即像斯賓諾莎那樣,把無限置於我們之外。但是,置無限於我們之外,至少對無限這個理念如何跑到我們腦子裡的問題,將始終沒有回答(斯賓諾莎本人,由於他的獨斷主義的緣故,甚至連問題都根本沒有提出來)。

那麼,在什麼意義上自我是被設定為無限的,在什麼意義上自我是被設定為有限的呢?

無限也好,有限也好,完全是附加到自我身上來的。自我單純的設定行為,既是自我的無限性又是它的有限性的根據。

自我總是在設定某種東西,僅僅因為它總是在設定某種東西,所以,它在一種情況下把自己置於這一某種東西中,而在另一種情況下又把自己置於另一某種東西中,並且總是將〔這一或另一〕某種東西歸屬於自己本身。因此,只要讓我們在這種不同設定〔活動〕的單純行為中找出一個差別來,問題就解決了。

只要自我設定自己為無限的,自我的設定活動就只涉及到自我本身而與自我以外的任何別的無關。它的整個活動關聯著自我,而且這種活動就是一切存在的根據和範圍。因此,**只要自我的活動返回自己本身**,自我就是無限的,從而它的活動也是無限的,因為活動的產品、自我是無限的(無限的產品,無限的活動;無限的活動,無限的產品,這是一個循環、一個圓圈,但這個圓圈是完整無缺的,因為它是理性從中走不出來的一種圓圈,因為透過它,這圓圈表現出來的東西是完全透過自身並因其自身的原因而確定無疑的。產品、活動、活動者,在這裡是同一個東西〔§1〕,只是為了我們能夠表達它們,我們才把它們區別開來)。單單自我的**純粹活動**,以及單單純粹自我,都是無限的。但純粹活動是這樣一種活動,它根本沒有客體,而只返回自己本身。

只要自我設定一些有限範圍,並按照上面所說的那樣,把自身設定在這些有限範圍之中,則自我的設定活動就不是直接涉及自身,而是涉及一個正相反的非我(§2、§3)。這樣一來,這活動就不再是純粹活動,而是為自己設定一個對象的那種**客觀的**活動了(**對象**這個詞,把它要指明的那個東西指明得

非常明確。一個活動的對象，只要它眞是個對象，它就必然是某種與活動對立的東西，是與活動**對抗地**或**反對地**站立著的東西。如果沒有對抗，那麼也就根本沒有活動的對象，根本沒有客觀活動，而且即使有什麼活動的話，也只是純粹的、返回自身的活動。客觀活動的單純概念本身就已經意味著這種活動遭到了對抗和受到了限制）。於是，我們說，只要自我的活動是**客觀的**，自我就是有限的。

現在，這種在兩種關係中的活動，也就是說，既涉及活動者又涉及活動者以外的一個客體的這種活動，應該是同一個活動，同一個主體的活動，而這個主體是在兩種觀點上把自己設定爲同一個主體。因此，在兩種活動之間必定有一個結合的紐帶，以便意識靠它從一種活動被導向另一種活動，而這種結合紐帶恰恰應該是〔我們〕所要求的那個因果關係。這樣一來，自我向自身返回的活動與客觀的活動之間的關係就會像原因與結果的關係那樣。這樣，自我就會透過前一種活動規定自身成爲後一種活動。這樣一來，前一種活動就會**直接地**關係到自我本身，但是，憑藉著那個規定著非我的自我本身而產生規定的同時，**間接地**又關係到非我，而且因此必要的因果關係就會得到實現。

因此，這首先要求：自我所賴以設定它自身的那種行爲（這種行爲已在第一公理中提出來了）對自我所賴以設定非我的那種行爲（這種行爲已在第二公理中提出來了），它們彼此的關係就像原因對結果的關係那樣。可是，在一般情況下，這

種關係並未被揭示出來，反而總是被認為完全是自相矛盾的。這是因為，在那種〔因果〕關係中，自我一定會由於設定其自身而同時設定非我，從而並不設定自身，而這就等於揚棄自己本身。——我們曾明確地提出過這樣的主張：自我會無條件地和毫無任何根據地為自己本身設定某種東西作為對立物。而且只是由於這種行為的無條件性，表述這種行為的那個命題當初才會被稱為一條公理。但是，我們也曾立即作了這樣一個附加注釋：在這種行為中，至少有某種東西是受條件制約的，它是這種行為的產品，並且這個透過設定對立的行為而產生出來的東西是一個非我，而絕不會是別的什麼東西。現在，我們就來更深入地探討這個附加注釋的意義。

自我**無條件地**設定一個對象（一個對面站著的、被設定為對立的〔或被設定於對面的〕非我）。因而，在自我的**單純的設定**〔活動〕中，自我僅僅依存於自身而不依存在它以外的任何東西。如果僅僅一般地設定一個**對象**，如果憑著這個對象而僅僅一般地設定自我是有界限的，那麼，可以說〔我們〕所要求的都得到實現了。在這裡，要有一條**有規定的**界限，那是不可思議的。自我現在是無條件地受到限制了，是有界限的了，但它的界限在哪裡呢？是在 C 點以內還是在 C 點以外呢？這樣一個點究竟憑什麼可以規定下來呢？它始終是僅僅依存於自我的自發性的，而這個自發性則是透過自我**無條件地**設定起來的。自我把邊界點設定到無限中去，它設定到哪裡，邊界點就在哪裡。自我是有限的，因為它是應該有邊界的。但是，它在

這個有限中卻是無限的,因為邊界可以永無止境地向無限中設定。就它的有限性而言,它是無限的;就它的無限性而言,它是有限的。——因此,它並不像上面所說的那樣受一個客體的絕對設定〔活動〕的限制,它反而只是無條件地、毋需任何根據地自己限制自己。由於這樣一種絕對限制與自我的絕對無限的本質相矛盾,所以這種絕對限制本身是不可能的,而且非我的整個設定對立的〔活動〕也是不可能的。

但是,進一步說,不論它把對象設定到無限中的什麼地方去,它終究是在設定一個**對象**(一個**對立的**東西),因而它總是在設定一種在它之外的,不依存於它的設定活動的,而是與它的設定活動相反或對立的活動。這種相反或對立的活動,既然是在自我那裡設定了的,那麼,不用說在一定意義上(沒有討論這是什麼意義)必定存在於自我之中。但是,在另一種意義上(同樣也沒有討論這是什麼意義),它又必定**存在於對象之中**。就這種活動存在於對象之中而言,應該是與自我的某種活動($= X$)相對立。這當然不是說它與它所賴以在自我中被設定的那種活動相對立,因為它與那種活動是同一個東西。因而它應該是與**某種別的活動**相對立。因此,只要一個對象被設定起來,那就必定還有一個與設定活動不同的活動($= X$)作為**設定對象**的那個設定活動之所以可能的條件出現於自我之中。那麼,這種活動是個什麼東西呢?

首先,是這樣一種活動,它**不因**對象**而被揚棄**。因為它應該與對象的活動相對立,因而兩者既然被設定了,就應該同

時並存——也就是說，它是這樣一種活動，它的存在是不依存於對象而獨立的，正如反過來說對象是不依存於它（而獨立）的那樣。——其次，這樣一種活動必定無條件地奠基於自我之中，因為它是不依存於對象的設定〔活動〕（而獨立）的，而且，反過來說，對象是不依存於它（而獨立）的。因此它是透過自我賴以設定自己的那種絕對行為而被設定的。——最後，如上所述，客體應該能被設定到無限那裡去，因而這種與對象相對抗的自我活動本身必定超越一切可能的客體而向無限奔去，而且其本身必定是無限的。——但是，必須有一個客體被設定起來，只要第二公理有效，這一點就確定無疑。——因此，X 就是被自我設定於自身之中的那個無限的活動。而且這個無限的活動對於自我的客觀活動的關係，正如可能性的根據與以其為根據的東西的關係那樣。對象之所以被設定起來，只是由於自我的一種活動受到了對抗。沒有這種自我的活動，就沒有對象。——它們之間的關係，就是規定者對於被規定者那樣。**只有**上述活動受到了對抗的**情況下**，才能有一個對象被設定起來。而只要上述活動沒受到對抗，就沒有對象。

現在我們就這種活動與對象的活動之間的關係來考察這種活動。——就其自在地情況來說，兩者是完全互不依存的，完全互相對立的。它們之間根本不存在關係。但是，如果按照要求設定一個對象，那麼，它們就終究不能透過設定對象的那個自我而互相連繫起來。一個對象的設定，一般地說，同樣依存於這種關係。只要一個客體設定起來，它們就連繫起來。而

只要它們不連繫起來，也就沒有客體被設定起來。──此外，由於客體是絕對地、無條件地、不需任何根據地（單純作為這樣一種設定行動）被設定起來的，所以關係也是無條件地和毋需任何根據發生的。而且，關於在什麼情況下一個非我的設定是絕對的這一問題，現在已澈底弄清楚了，那就是，如果非我把自身建立在上述那種完全依附於自我的關係上，則非我的設定〔活動〕就是絕對的。它們無條件地被連繫起來了，也就是說，它們同樣無條件地被設定起來。但是，由於它們並不是一樣的，雖然對象肯定是要設定的，所以這只可以說，它們的一樣，它們的等同是個無條件的要求：它們應該是無條件的等同。──但由於它們實際上並不是一樣的，所以兩者之中究竟哪一方應該順應對方的問題，以及等同的根據究竟應該承認在哪一方的問題，依舊懸而未決。──〔可是〕，這樣的問題必須如何來解答，卻是一目了然的。正如自我是設定的，一切實在同樣都是設定的。一切都應該在自我中被設定。自我應該是絕對獨立的，而一切都應該是依存於它的。由此可見，客體與自我的一致性乃是一種需要。而提出這種需要的是絕對的自我，絕對自我直接為了自己的絕對存在需要客體與自我的一致性[2]。

---

[2] 康德的無上命令。康德曾默默地把恰恰知識學建立起來的那些前提當作他的批判方法的基礎；這一事實如果說在什麼地方可以一目了然的話，那麼這地方就是此處。假如康德不是預先預定了一個絕對的自我的存在（即是它不是實際**存在著**，至少是**應該**存在著）作為出發點，透過這個絕對存在來設定一切存在，那他當初如何可能提出了無上命令，作為與純粹自我一致的絕對假定的呢？──康德的絕大多數追

（活動 Y（在被設定為客體的那個東西裡），根據上面的說法是出現了（關於它是怎麼出現的，以及對**哪種**主體**能力**而言，它是出現的，這裡仍然沒有弄清楚）。和活動 Y 連繫的是自我的一種活動。因而這種活動就被設想為一種與自我的上述活動相同而又居於自我之外的活動（＝－Y）。那麼這個活動的關係根據在哪裡呢？顯然就在於**一切**活動都應與自我的活動相同這一要求裡。而這一要求的根據，則在自我的絕對存在裡。－Y 存在於這樣一個**領域**裡，在這個領域裡，一切活動實際上都會與自我的活動等同，因而－Y 是一種理想。──現在 Y 並不與－Y 一致，而是與－Y **相反**。因此，Y 就被歸屬於一個客體。假如沒有上述關係以及作為該關係的根據的絕對要求，那就不會有對於自我而言的客體，毋寧〔自我就會是一切，並且正如我們將在更後面看到的那樣，恰恰由於自我是一切，它又會是無〕。）

因此，絕對自我無條件地把自己本身與一個非我（上述的－Y）連繫起來。而這個－Y，就其形式而並非就其內容而言，也就是說，只要有某種東西存在於自我之外，它就應該是個非我。因為它應該與自我完全一致。但是，它並不能與自我

隨者，關於無上命令所談的東西，顯然只是跟在這位偉人後面舊話重提，至於一個絕對假定的權力根據何在，他們顯然還根本沒有涉及。──僅僅**因為**自我本身是絕對的，而且**唯其如此**，所以它才有權進行絕對的假定；並且，這一權利的適用範圍最大也只限於假定它的這個絕對存在。──一種哲學，在它不能再往前走的一切盡頭處，歸依於一個意識事實，它至少是比聲名狼藉的通俗哲學更有根據些。

一致，因為它僅僅按照形式才應該是一個非我。因此，自我那種與非我連繫的活動，根本不是一種促成實際等同的規定活動，而只是要去進行規定的一種傾向，一種**努力**。但是，這種規定活動畢竟是完全有合法權利的，因為它是由自我的絕對設定活動設定的。

因此，我們至今探討分析的結果可以歸結如下：自我返回自己本身的純粹活動，**就其與一個可能的客體的關係而言**，是一種**努力**。這種無限的努力向無限衝去，**是一切客體之所以可能的條件**，沒有努力，就沒有客體。

我們現在知道，我們前面承擔下來的那個任務是在什麼意義上由別的原理所證明的這些結論而得到完成的，以及前面揭示出的那個矛盾在是什麼意義上得到解決的。──一般被認為是認知能力的這個自我，儘管它是依存於一個非我的，儘管它只是作為一個非我才是一個認識能力，它畢竟應該單純地依存於自我。而且為了使這種情況成為可能，我們曾不得不再次引用自我規定非我這一因果性。當然這只是就非我是能認知的自我的客體這個意義而言的。最初看來，而且就名詞的整個外延來說，這種因果性曾把自己揚棄掉。〔因為〕在因果性的前提下，不是自我沒有被設定，就是非我沒有被設定，因而在自我與非我之間不能發生任何這樣的因果關係。為了設法調和這個矛盾，我們曾經做出區別，即把自我的兩種對立的活動區別為純粹的活動和客觀的活動。並且我們曾提出這樣的前提：即第一種活動對第二種活動也許會像原因對結果那樣直接發生

關係。第二種活動對客體也許會像原因對結果那樣直接發生關係，從而自我的純粹活動也許至少可以**間接地**（透過客觀活動這個中間環節）與客體發生關係。那麼現在要問，這個假定的前提在什麼情況下已經得到證明，又在什麼情況下沒有得到證明呢？

自我的純粹活動最初在什麼情況下證明了自己是〔自我的〕客觀活動的原因呢？首先，沒有一個與客體活動相對立的自我的活動預先存在著，就不可能有任何客體被設定起來，而且，這種必然先於一切客體的活動必定是絕對地和無條件地出於主體本身而就在主體之內，從而就是主體的純粹活動，那麼，只要是在這個意義上，自我的純粹活動作爲純粹活動，就是**一切設定客體的活動的條件**。但是，還有這樣的情況，即這種純粹活動原來是絕對不與客體發生關係的，是像客體不依存於它那樣完全不依存於客體的。那麼，只要是在這個意義上，這種純粹活動就必定透過自我的一種同樣絕對的行爲而與客體（在此情況下它還沒有作爲**客體**被設定起來）³的活動連繫起

---

³ 有一種主張，說純粹活動**自在地在本質上**，本就連繫著一個客體，其連繫並不特別需要一個絕對的連繫行動；這一主張可以說就是**可理解的或理智的宿命論**的先驗原理，就是我們知識學建立以前可能有的、論述自由問題的最嚴密體系的先驗原理。從這條原理出發，人們在有限本質的問題上才能言之成理地得出以下的結論：純粹活動只要是沒表現於外，它就不能算是被設定了，而且有限本質是直截了當地被設定為有限的，儘管實際上它不是靠它自己本身而是靠它以外的某物才能得到說明的東西。可理解的宿命論的體系，如果說這樣一個概念還不那麼使我們覺得浮誇的話，它也許適用於神、上帝，也就是說，它

來，進行比較。現在，作為行為的這種行為，根據它的形式來說（它實際上是出現了），雖然是**絕對的**（在理論知識學裡，反思的絕對自發性就是建立在它的絕對存在上的，而且在實踐知識學裡，意志的絕對自發性也是建立在它的絕對存在上的，關於後一方面我們屆時就會看到），可是，按照它的內容來說（它是一種**連繫**活動，而且它要求以後被設定為客體的那個東西具有等同性和附屬性），卻是由於自我的絕對被設定，亦即由於一切實在包括於其中的那個整體而產生的〔因而不是絕對的，卻是有條件的〕：那麼，從這個角度來看，純粹的活動則是**進行連繫的條件**，而這種連繫活動反而是自在的客體的設定活動所絕不可能缺少的東西。——純粹的活動，只要它被剛才所說的那種行為連到一個（可能的）客體上去，那麼，如我們已經說過的那樣，它就是一種努力。一般說來，為什麼連繫著一個客體的純粹活動要被設定起來，其根據並不存在於純粹活動本身。但是，**如果**這種純粹活動已被設定了，那麼，它為什麼要被設定為一種**努力**，其根據則存在於純粹活動之中。

（上面曾要求一切都與自我一致，要求一切實在都應該是由自我無條件地設定起來的。這種要求乃是人們通常稱之為並且應該稱之為實踐理性的那種東西。理性的這樣一種實踐能力至今一直是作為公設被假定下來，然而是沒有證明的。因此，哲學家們過去經常碰到的一種請求，即懇請他們把理性之是實

的主張所針對的也許是這樣一種本質，這種本質由於它有純粹活動，它的客觀活動也就直接被設定了。

踐性的**這一點**證明出來，這實在是非常正當的。——可是，這樣一種證明，在進行的時候，必須使理論理性本身感到滿意，而絕不可單憑一句命令就把理論理性一腳踢開。這是不可能以別的方式辦到的，除非指出：如果理性不是實踐性的，它就根本不能是理論性的，也就是說，如果人沒有一種實踐能力，他就不可能有認知能力。而任何表象能力都是建立在實踐能力上的，以實踐能力為基礎的。而這一點則是剛才已經做到了的，因為我們已經證實：沒有努力就根本不可能有客體。）

但是，我們還有一個必須解決的難題，如果不解決，我們的整個理論就有垮臺的危險。這就是：如果在進行連繫的自我面前不是已經以不論哪種方式出現了客體的活動，則純粹活動的趨勢對於事後出現的客體的努力就不可能有前面所要求的那種關係（這種關係的發生，或者是直接的，或者是以一個按照上述純粹活動的觀念所擬定的理想為媒介的）。現在，如果我們以同樣的方式利用客體的活動對自我的純粹活動的趨勢之間的關係，讓自我面前先有一個客體活動，那麼，我們的說明就是在轉圓圈，我們就陷於循環論證，我們就絕對得不到關係的一般的最初根據。這樣一種最初根據必須指明出來，僅僅從觀念上來說，就是不言而喻的，因為應該有這樣一種最初的根據。

絕對自我是絕對自身等同的，也就是說，在它那裡的一切都是同一個自我，屬於同一個自我（如果可以這樣不恰當地表述的話）。在那裡，沒有什麼可加以區別的，那裡只有一，沒有多，它不是複多性的東西。自我是一切，又是無，因為它

對它自己而言什麼也不是，它自身不能區別出設定者和被設定者。——由於它的本質的緣故，它努力於（這同樣只是爲了將來的關係而採取的不恰當的說法）把自己保持在這種狀態中。——它在它自身中爲自己製造出一個不等同性，從而製造出某種異己的外來物（我們說發生了這種情況，**這一點**是**先驗地**絕對不容證明的，而是每個人只能在他自己的經驗裡去證實的。此外，我們至今對於這種異己的外來物還是絕對不能另外再說什麼，我們僅僅能夠說，這外來物不能從自我的內在本質中推演出來的，因爲，假如它能從自我的內在本質裡推演出來，那麼，它就根本不會是什麼可以加以區別的東西了）。

這個外來物必然與自我的無條件地要求自身同一的那種努力發生衝突，並且，如果我們設想在自我之外有某種具備知力的本質在上述兩種不同的狀態下對自我進行觀察，那麼，**在那個有知力的本質看來，自我**顯然就受了限制，它的力量就受了抑制，就像我們認爲它在物體世界通常受限制的那樣。

但是，設置上述限制的那個知力不應該是自我之外的本質，而應該是自我本身。因此，我們必須繼續前進以解決上述那個難題。——如果自我是自身等同的，如果它必然地努力爭取完全與自身等同，那它就必定已把這個**並非由它**中**斷**的努力重建起來。如果出現這種情況，則在自我的受限制狀態與被抑制的努力的重建狀態之間，只要能夠指出兩種狀態之間的關係根據的話，要進行比較，就會成爲可能的了，也就是說，自我無須客體的任何干預，只要求自己對自己發生單純的關

係，就會成為可能的了。

假設自我的努力活動毫無阻礙地由 A 向 C 前進，那麼，一直到 B 為止，就沒有什麼東西可以進行區別。因為自我與非我是不能區別的。因此在到達 C 之前，根本就不會發生什麼自我所能意識的東西。在 C 點上，這個雖然包含著一切意識的最初根據，但從來沒有真正進入意識的〔自我〕活動，受到了阻礙。但是，由於其固有的內在本質的緣故，這個活動不可能被阻而停滯，而會越過 C 點繼續前進。但是，它是作為這樣一種活動而繼續前進的：即它已被外在力量抑制了，僅僅由於它固有的內在力量才堅持前進的，而且前進不已，直到再也沒有阻力的地方，比如說，直到 D 點（(a) 由於同樣的理由，這個活動在越過 D 以外的進程上也像在由 A 到 C 的進程上那樣，不能是意識的對象。(b) 這裡完全不是說自我本身設定它的活動為一種受了抑制而僅僅由於自身的緣故才堅持前進的活動，而只是說，某種在自我之外的知力將能把它設定為上述那樣一種活動）。

為了清楚起見，我們堅持不超出剛才提出的那個前提的範圍。——那個前提曾表示：有一種知力，它正確地和如實地設定了所要求的那種東西，並且處於我們當前這個科學反思中的我們自身正就是這種知力。而按照前提來說，它必定是這樣一種知力，它設定的上述活動必然地是一個自我的活動，也就是說，必然地是這樣一個本質的活動，這個本質是自己設定自己，本身只包含自己為自己所設定的東西，因而必定是自我本

身。它既把它的活動的阻礙又把它的活動的重建設定到自己本身中去，因此，被阻礙和被重建的那個活動確定無疑地應該是一個自我的活動。但是，**這個活動只在它被設定為受阻時才被設定為被重建了的；而且只在它被設定為被重建了時才被設定為受阻的**。因為如上所述，雙方是處於互相規定之中的。這樣一來，要加以聯合的兩種狀態〔受阻和被重建〕自在自為地就綜合地聯合在一起了。因為除了被設定為聯合在一起的以外，它們根本不能被設定為別的什麼。但是，一般說來，它們之所以被設定起來，**這種情況**的根據則存在於自我的單純概念之中，而且是與自我的單純概念同時被作為公設而設定起來的。而這樣一來，那就只有被阻礙了的活動（它雖然被阻礙，但畢竟是被設定了的，而且必然是重新建立起來的），才會在自我中並透過自我而被設定起來。

於是，自我的一切設定〔活動〕，〔當初〕都是從一個單純的主觀狀態出發的。一切綜合都是從單純的主體中的對立物的一種自身必然的綜合〔活動〕出發的。這個單純的主觀狀態，在下面更遠的地方將表明就是感情。

現在，作為這種感情的根據〔亦即可能條件〕的客體的活動被進一步設定了。這種活動正如上面曾經要求的那樣，當然會透過感情而被提送到從事連繫活動的那個主體面前，於是，前面所要求的那個和純粹自我的活動發生連繫的關係就是可能的了。

這就是前面指出的那個難題的解答。現在讓我們再返回到

我們當初的出發點。我們探討研究的結果曾是：沒有自我的無限努力，就沒有自我之中的有限客體，因此，現在看來，作為知力的那個有限的有條件的自我與無限的無條件的自我之間的矛盾，顯然已經消除了。但是，如果我們對問題進行更精確地考察，那麼，我們發現，這個矛盾雖然離開了我們當初遇到的那個介於有知力的自我與無知力的自我之間的難題，但它僅僅是被推到了更遠的地方，而且它使更高一級的原理又陷入了矛盾。

也就是說，我們曾經不得不去解決同一個自我的無限活動與有限活動之間的矛盾。矛盾我們解決了，其結果是：**無限的**活動絕對不是客觀的，而是僅僅返回自身的。只有有限的活動才是**客觀的**。可是，作為一種努力的無限活動現在既然與客體發生了連繫，因而就這個意義來說，它本身就是一種客觀的活動。而且由於它雖然是客觀的，卻應該繼續是無限的，而前一種有限的客觀活動又應該與它同時並存，那麼，我們現在就有了同一個自我的一種無限的客觀的活動和一種有限的客觀的活動。而承認這種情況，就再次陷入了自相矛盾。這個矛盾沒有別的辦法解決，除非能夠表明自我的無限活動是客觀的，與自我的有限活動是客觀的，其意義不同。

對於這個不同的意義，任何人第一眼看都會毫無疑問地產生這樣的猜想：自我的有限的客觀的活動大概是和一種**實際的**客體有關係，而自我的無限的客觀的努力所涉及的大概只是一種**想像中的**客體。這種猜想當然將證明是對的。但是，這樣一來，問題的解答就陷於循環論證，也就是說，一個要靠區別了

上述兩種活動之後才可能做出的區別預先就被設定起來了，所以，我們必須對這個難題設法進行更深一層的探討。

一切客體都必然是被規定的，如果它確實是個客體的話。因為只要它是客體，它本身就規定自我，而且它對自我的規定〔活動〕本身就是被規定的（有界限的）。這樣一來，一切客觀的活動，如果它確實是客觀的活動，那麼，它就既是進行規定的，又因此是被規定的，從而又是有限的。因此，即使是上述那種無限的努力，也只能在某種意義上是無限的，至於在另外某種意義上，則必定是有限的。

現在，在這種無限的努力對面有一種客觀有限的活動被設定起來。因此，客觀有限的活動必定在這樣一種意義上，即在無限努力因此是無限的那種意義上，才是有限的。而且只有這種客觀活動是有限的，無限努力才是無限的。努力誠然也有一個終點，但它所有的終點恰恰不是客觀活動所有的那個終點。現在的問題只是這個終點到底是什麼終點。

有限的客觀的活動，為了它能起規定作用，預先就為後來被規定為客體的那種東西設定了一種與自我的有限活動相對立的活動以之為前提條件。這種活動是依存性的，是受限制的和有限的，而其所以是依存性的，受限制的和有限的，則並不是由於它有行動。因為如果就它有行動來說，按照上面的討論，它是絕對的，〔之所以如此〕毋寧是由於它給客體設定了固定的界限（客體恰恰在這個意義上，既不多也不少地與自我相對抗）。這種〔有限的客觀〕活動的規定作用，以及它的被規

定，其根據全在這種活動之外。──一個由這樣被限制了的活動所規定的客體乃是一種**現實**的客體。

就這一方面來說，努力並不是有限的。它超越由客體所預先標示出來的那個界限，而且如上所述，如果有這樣一種界限規定的話，那它必定要超越界限規定。它所規定的並不是那現實的依存於非我的活動的世界（非我活動與自我活動起交互作用）。它所規定的乃是一種如果一切實在都是無條件地由自我所設定的世界，因此，也就是說，它所規定的乃是一種理想的單純由自我設定的，卻絕不是由非我所設定的世界。

那麼努力究竟在什麼情況下又是有限的呢？努力在下述的情況下是有限的：在努力涉及到一個客體，而又必須給這個客體設定界限時，它是有限的，如果確實有這樣一種客體的話。就現實的客體來說，並不是起規定作用的行為曾經依存於非我，而是規定的界限曾依存於非我；但就理想的客體來說，則無論是起規定作用的行為還是規定的界限，都完全依存於自我。自我不受任何其他條件的限制，它只要這樣一個條件：一般地說，它一定要設定界限，它可以把這些界限繼續無限地推移出去，因為這種向外推移完全依存於自我。

理想是絕對的自我產品。它可以被無限地推移出去。但是，它在每個特定時刻都有它的界限，而在下一個特定的時刻的界限又必定與上一個時刻的界限不同。無規定的努力，一般說來，由於它沒有對象，所以實在不應該叫做努力，可是我們對它沒有也不可能有適當的名稱，因為它居於一切可確定性之

外──是無限的。但是，它作為這種無限的東西，並不進入意識，也不可能進入意識，因為只有透過反思才可能有意識，而且只有透過規定才可能有反思。可是一旦對它進行反思，它就必然變成有限的了。精神只要一意識到它是有限的，精神就已再次使它升級，而進一步來說，只要精神一提出「它現在是無限的嗎」這一問題，它又直接透過這個問題而變成有限的了，如此繼續推論，以至無窮。

由此可見，把**無限的**與**客觀的**結合在一起，這本身就是一個矛盾。凡涉及一個客體的東西，就是有限的。凡是有限的東西，就涉及一個客體。這個矛盾也許無法消除，除非客體根本被消除。但客體除非在一個完成了的無限裡是消除不掉的。自我能把它〔自己〕努力的客體延伸到無限，那麼，假如客體在某個特定時刻被延伸到了無限，那它就完全不會再是一個客體了，無限性這一觀念也就會實現了。但這種情況本身就是一個矛盾。

不過，我們的心目中卻浮現出一個這樣有待於完成的無限性的觀念，而且這個觀念是蘊藏在我們最內在的本質之中的。根據我們最內在的本質對我們提出的要求，我們應當解除這個矛盾。雖然我們承認我們不能設想這個矛盾的解除是可能的，雖然我們預見到我們不能設想在我們向永恆延伸出去的具體存在的任何時刻中，這個矛盾的解除是可能的。但是，這種情況正是我們對永恆所作規定的特徵。

那麼，這樣一來，從今以後自我的本質就已被規定了，

如果它是可以被規定的話。而且自我本質中的種種矛盾也就被解除了，如果它們是可以解除的話。自我是無限的，但這只是就它的努力來說的。它努力要成為無限的。但努力這一概念本身卻已經包含了有限性，因為凡是遇不到反努力的東西，就不是個努力。假如自我不僅是在努力著，假如它具有無限的因果性，那麼，它就不是自我，它就不會自己設定自己，因而它就會什麼也不是。假如它不具有這種無限的努力，那它就同樣不能自己設定自己，因為它就不能為自己設定什麼對立的東西。因而它就不是自我，從而什麼也不是。

為了努力把這個對知識學的實踐部分最重要的概念充分說清楚，讓我們再用另外一個辦法將至今推演出來的結論加以陳述。

按照上面的討論，自我有一種努力。這種努力只有受到對抗，只有不能具有因果性，它才是一種努力。因此，只要這種努力真是這個樣子，那它也就同時是以一個非我為條件的，由一個非我所產生的。

只有它不能具有因果性（這是我說過的），因此，才要求這樣一種因果性。說自我中本來就一定現成存在著這種對絕對因果性的要求，這是從作為理智的自我與作為絕對本質的自我之間的矛盾中分析出來的。因為這些矛盾如果沒有這一要求就不能消除。因此，這是一種間接證明方法。它已經指出，假如人們不願承認對絕對因果性的要求，那他就不能不揚棄自我的同一性。

這種要求一定也能從它的起源上直接地加以證明。它必須不僅藉助較高的原理（這些原理如果沒有它，就會陷入矛盾）表明自己是可信的，而且必須使自己能從這些較高的原理本身中真正**推演出來**，以便人們可以看出這種要求如何出身於人類的精神。──我們必須不僅表明一種追求某個（由某一特定的非我所規定的）特定的因果性的努力，而且必須表明一種追求一般因果性的努力。──一種超越客體而繼續前進的活動之所以變成一種努力，正是因為它超越客體而繼續前進，從而只是因為它以本來就有一個客體存在為條件。我們必須指明自我所賴以從自身超脫出來的一種根據，而正是由於自我的這種自身超脫，客體才成為可能的。這種超脫，即先行於反向活動而又將反向活動的可能性建立在自我身上的這種超脫，必須是單純地和完全地扎根於自我之中。而且透過這種超脫，我們才找到絕對的、實踐的自我與理智的自我之間的真正結合點。

　　我們還要把真正的問題癥結說得更明白些。──已經非常清楚的是：自我只要它無條件地自己設定自己，只要它是它所設定的那個樣子，並且它按它所是的樣子設定自己，那麼，它就一定是絕對自身等同的，從而它身上就根本不會出現什麼不同的東西。而且由此直接可以得到這樣的推論：**如果**它身上出現了某種不同的東西，則這不同的東西一定是由一個非我設定起來的。但是，如果非我真能在自我中設定某種東西，**則這樣一種外來影響之所以可能的條件**，**必定**在任何現實的外來影響之前先就扎根**於自我本身之中**，扎根**於絕對自我之中了**。自我

必定一開始就絕對地把某種會影響它自己的東西的可能性設定在自身之中了。它必定在無損於它的絕對由自己進行設定這一情況下為另一種設定敞開著大門。這樣一來，只要真有一種不同的東西進入自我，則這不同的東西一定原來就已經在自我本身之中。而且這個不同的東西是生根於絕對自我之中的。——這個前提表面上的矛盾到時候就將自動解除，而這個前提的不可思議性，也將自動消失。

自我會在其本身中遇到某種異質的、別樣的、不同於它自己的東西，這是一個非常方便的出發點，我們可以從這裡開始進一步的探討。

但是，這種外來的異己的東西，畢竟應該**在自我中**被遇到，而且必然在自我之中被遇到。假如它是**在自我之外**，那它對於自我來說，就什麼也不是，而且對於自我來說就不會產生什麼後果。因此，它在某種意義上必定也是與自我同類的，它必定可以歸屬於自我。

自我的本質表現在它的活動中。如果說上述那種別樣的東西也能歸屬給自我，那麼，它就一定是自我的一種活動，而這樣的活動本身不能是什麼異樣的東西，而毋寧是說，它異樣的不同的單純〔活動〕方向也許不是扎根於自我之內，而是扎根於自我之外。——既然自我的活動像多次使用過的前提所表示的那樣，是向無限前進的，只在某一點上受到阻擋，卻又並沒有被摧毀，而只被迫返回自己本身，那麼，自我的活動，只要它本來就是自我的活動，它就永遠保持其為自我的活動。唯

一對自我來說有所異樣並且有所牴觸的一點就是它受阻而返回了。我們討論到這裡，懸而未決的難題，也就是我們可憑藉其解決而深入自我的最內在本質的那些難題，就只剩下下面這些了：自我怎麼會使它的活動採取這個趨於無限向外的方向的呢？一個向外的方向跟一個向內的方向怎麼可以由〔自我〕加以區別呢？為什麼被迫返回而向內的方向被視為異己的，並非扎根於自我中的呢？

自我無條件地自己設定自己，而且它的活動因此而是向自己本身返回的。自我活動的方向——如果允許我們把某種尚未推演出來的東西預先設定為前提以便使我們可以理解的話，如果允許我們從自然科學中借用一個將來會表明恰恰從當前這個先驗論的論點出發才會使該自然科學的名詞確立的話——那麼，我說，自我活動的方向完全只是**向心的**（一個點並不規定一條線，要有規定一條線的可能性，就必須具備這條線的兩個點，即使第二個點位於無限之中並指示單純的方向也行。同樣，出於同一個理由，如果沒有兩個方向，特別是兩個相反的方向，〔實際上〕也就沒有一個方向。方向的概念是一個單純的交互概念。一個方向就根本不是方向，是絕對不可思議的。因此，我們要指出一個方向給自我的絕對活動，而一個向心的方向，只在一個默許的前提下才可能。這個前提是：我們將會發現這個活動也有另外一個離心的方向。按最嚴格的意義來說，在目前這個表象方式下的自我的形象，乃是一個數學的點，一個由自己構成自己而在其中不僅不能區別出方向，甚至

根本什麼也區別不出來的點。這個點不論在**什麼地方**，它總是**整個**的點。它的內容和界限即實質和形式，是同一個東西）。如果自我的本質中除了這種構成本質的活動之外再也沒有別的什麼東西，那麼，它的情況也就是我們所見到的每個物體的情況。我們也規定物體有一種**內在的**、（按照 A = A 的命題）由物體的單純存在而設定下來的力。但是，如果我們只進行先驗的哲學思維，而不進行超驗的哲學思維，如果我們認為力由物體的單純存在所設定**這一點**是**由我們**設定的，而不承認力被設定**這一點**是**由物體本身**並為了物體本身而設定的，那麼，因此物體對我們來說就是無生命的和無靈魂的，就不是自我。自我不僅應該為它自己以外的任何一個理智而自己設定自己，而且它應該**為它自己本身**而設定自己。它應該把自己設定為由自己本身所設定的，因此，自我只要它的確是一個自我，就應該完全在它自己本身中有生命和意識的原則。因此，自我只要它的確是一個自我，它就必定無條件地和無需任何根據地在自己本身中存在著對自己進行反思的原則。而且這樣一來，我們從一開始就有了兩種觀點上的自我：一方面，既然自我是進行反思的，則從這個觀點來看，它的活動方向就是向心的；另一方面，既然它是被反思的那個東西，則從這個觀點看，它的活動方向就是離心的，而且是離開中心向無限前進的。自我作為實在被設定，而且由於它受到反思，反思它是否具有實在性，所以它就必然被設定為**某種東西**，被設定為一個量。但是，它是作為一切實在而被設定的，因而它必然被設定為一個無限的量，一個使無限性得以充實的量。

因此，向心的和離心的這兩個活動方向都同樣扎根於自我的本質之中。它們兩者是同一個東西，僅僅因為它們被作為不同的東西加以反思，才彼此不同——（到一定時候我們就會看到物質世界裡的一切向心力都僅僅是自我按照一種理性規律使雜多呈現統一的那種想像力的產品）。

但是，如果這兩個方向之間沒有一個第三者可以連繫它們，或者被它們所連繫，那麼，這兩個方向所賴以被區別為不同方向的那個反思〔活動〕就是不可能的。——在我們的前提下，上述要求（我們僅僅為了表述也總是不得不預先設定某種還未證明的東西。因為嚴格說來，直到現在，作為**實際事件**的反面要求，還是完全不可能的），即一切實在都應在自我之中這個要求，已經得到了滿足。自我活動的兩個方向，向心的和離心的兩個方向，已經彼此重疊起來，已經只是同一個方向了（如果說，為透澈闡述起見，我們應該對上帝的自我意識進行說明，那麼要想辦到這一點，就只可能憑藉「**上帝**反思它自己的存在」這個前提。但是，在**上帝**那裡，既然**被反思的東西**是一切即一和一即一切，**從事反思的東西**也同樣是一切即一和一即一切，那麼，在上帝之中被上帝所反思的東西和從事反思的東西，意識本身和意識的對象，就應該是不可區別的了，而且因此上帝的自我意識就得不到說明了，正如在有限意識看來，即在一切與被反思的東西的**規定**規律結合著的理論看來，這也將是永遠不可說明的、不可理解的那樣）。因此，從上面預先設定的前提中，根本推論不出意識來：因為上面假定的那兩個

方向彼此不能區別。

可是，現在自我的向著無限而去的〔那個〕活動應該在某一點上受阻而被迫返回自己本身。而且自我應該並不充滿無限因而使無限充實起來。雖然這一要求最終將表現爲事實，〔但〕正像屢次提到的那樣，它並不能從自我中絕對地推論出來。但是，它卻具體表明了這樣一點：如果一個現實的意識可能出現的話，那麼，上述的要求就是不得不出現的。

在當前這個函數關係裡起反思作用的自我所提出的那個要求是：爲這個起反思作用的自我所折返的自我應該充滿於〔整個〕無限；而這一要求仍然存在，始終保持其爲一個要求，並且絲毫沒受 C 點上的阻力的限制。〔同時〕，被折返的自我是否會充滿無限這個問題，以及該自我實際上並沒有充滿無限，反而在 C 點上受到限制這個結論，也都依然存在——那麼，只有到了現在這個時候，我們要求對兩個方向進行區別才是可能的。

也就是說，按照絕對自我的要求，〔自我〕的離心活動應該向無限〔無阻礙地〕進展。但是，這個離心活動在 C 點上被折返，從而變成了向心活動，於是只要把這個向心活動的方向和原來要求的那個向著無限進展的離心活動的方向連繫起來，則進行區別就是可能的了，當然要加以區別的雙方必須與一個第三者發生連繫。因爲現在在反思中既有了一個符合前一要求的離心的方向，又有了一個與該離心活動相反的（第二個因受阻而折返的）向心的方向。

同時,透過上面的闡釋,為什麼這第二個方向被視為異己的東西,以及它為什麼是從一個與自我的原則相反的原則中推演出來的,也就得到了說明。

　　而且,這樣一來,前面提出的課題也就解決了。存在於自我中的那個追求一般因果性的原始努力,就其發生來說,是從自我的這樣一種規律中推演出來的:這種規律既是自我對自己本身進行反思的規律,它又要求自我在反思中被認為是一切實在。這兩者,只要自我的確是一個自我〔就都是自我的規律的函數〕,自我必然地對自己本身進行反思,乃是它從自己本身向外去〔這一行動〕的全部根據。自我應充滿無限,使無限完全充實起來。這一要求是追求一般因果性的那個努力的根據,而兩者都是完全扎根於自我的絕對存在之中的。

　　這樣一來,非我之所以可能對自我產生影響的根據,正如曾經被要求的那樣,也就同樣在自我本身中找到了。自我無條件地設定自己本身,它因而在自己本身中是完滿自足的,是排除一切外來影響的。但是,如果它的確是一個自我,它又必須把自己設定為被自己本身所設定的,而透過這個與原來的設定作用連繫著的新的設定作用(暫且讓我這麼說吧),它就向外來影響敞開了大門。可能也有某種不是它(自我)本身所設定的東西存在於它之中,這樣一種可能性,完全是它透過這種重複它的設定作用而設定起來的。兩種設定作用都是非我產生影響、發生效用的條件:沒有第一種設定,就不會有那種可能被限制的自我活動,沒有第二種設定,那個可能被限制的自我活

動，對自我來說，就不會是受了限制的，自我就不會把自己設定為受了限制的。因此，自我作為自我從一開始就與自己本身發生著交互影響關係，並且由於這個原因，自我才有可能接受外來影響。

這樣一來，我們終於也找到了絕對的、實踐的自我本質與理智的自我本質之間的那個尋找已久的連繫點了。──自我有這樣的要求：它在自己本身中包含著一切實在，充滿著〔全部〕無限。這個要求必然地以無條件設定的、無限的自我的觀念為根據，而這個無限的自我就是我們談到過的那個**絕對**自我（到了這裡，**自我無條件地設定自己本身**這個命題的意義才完全清楚。在這個命題裡根本沒有談到出現於現實意識中的自我，因為出現於現實意識中的自我絕不是無條件的，它的出現毋寧永遠是要麼直接要麼間接地以自我之外的某種東西為根據。在這個命題中所談的毋寧是這樣一種自我的觀念，這種自我的觀念必定成為自我實踐上的無限要求的必要根據，但是，它對我們的意識來說又是不可能達到的，因而永遠不能直接地〔然而當然可以透過哲學反思而間接地〕出現在我們的意識中）。

自我必定──這個「必定」也同樣包含於它的概念中──對自己進行反思，以考慮它是否實際上囊括一切實在於自身。它提供上述的那個觀念給這種反思以作為其根據，從而它就帶〔反思〕一起向無限前進。自我在這種情況下是**實踐的**：它不是絕對的，因為它正是透過反思的努力才從自己本身中超脫出

來的。它同樣不是理論性的，因為它的反思除了上述那個從自我本身衍生出來的觀念以外沒有別的根據，並且完全擺脫了任何可能的阻力，因此並不存在什麼現實的反思。──這樣一來，就發生一系列應該存在的東西，一系列因有單純的自我而已經出現了的東西，也就是說，發生了一系列**觀念性**的東西。

如果反思遇到了這種障礙，如果自我因而認為它的〔從自己本身〕向外的這種活動受了限制，那就要發生一系列完全不同的東西，一系列**現實的**東西，現實的東西除了受單純自我的規定之外，還受其他的東西的規定。──而自我在這種情況下則是**理論性**的，或者說是**理智**。

如果在自我中沒有實踐能力，那麼，理智就不可能存在。如果自我的活動只到障礙點為止，不越過一切可能的障礙而前進，那麼在自我中（並對自我而言）就沒有產生障礙的東西，沒有非我，這是已經多次證明過了的。再說，如果自我不是理智，那就不可能有對自我的實踐能力的意識，並且根本不可能有自我意識，因為只有透過異樣的因障礙而產生的那個方向，才有可能對不同的方向進行區別，這也是剛才已經指明了的（在這裡，有一點還是暫且撇開不談，那就是：實踐能力為了要進入意識，首先必須透過理智，首先必須採取表象的形式）。

那麼，這樣一來，有限的、理性的自然物[4] 其整個本質就已經包含和探討詳盡了。〔首先是〕我們的絕對存在的原始觀

---

[4] 有限的理性自然物，此處是指人而言的。

念；〔然後是〕按照這個觀念而竭力使我們本身進行反思的那種努力；〔然後是〕限制，這並非指對上述努力的限制，而是指對我們的**現實存在**[5]的限制，而我們的現實存在則正是由於這種限制，由於一種相反的原則、一種非我，或者一般說來由於我們的有限性，才被設定起來的；〔再來是〕，自我意識，特別是對於我們的實踐努力的意識；〔再來是〕，按照我們的實踐努力（不自由的和自由的）而對我們的種種表象所作的規定；〔再來是〕，透過表象的規定而對我們的種種行為、對我們的現實感性能力的方向所作的規定；〔最後是〕，我們的境界在不斷地和無限地擴展。

在這裡，我們還要補充一點重要的說明，只要有了這個說明，就完全可以把知識學置於它的真正觀點之上，使知識學的獨特學說得到充分地闡述。根據上面的討論，生命和意識的原則，生命和意識可能的根據，當然都是包含在自我之中的，然而只表明其存在於自我之中，還產生不出在時間中的現實生

---

[5] 在澈底的斯多噶主義那裡，無限自我的觀念被當成現實的自我，絕對存在與現實存在被混為一談。因此，斯多噶派的智者是完滿自足的，無限制的，自在自為的。他取得了只屬於純粹自我甚至只屬於上帝的一切受詞（或屬性）。按照斯多噶主義的道德來說，我們不應該與上帝一樣，毋寧我們本身就是上帝。知識學對絕對存在與現實存在進行了嚴格的區分，只把絕對存在當作根據，以便能夠說明現實存在。斯多噶主義之所以受到駁斥，是因為它的結論已經指明，它不能說明意識是為什麼才成為可能的。因此，知識學並不像斯多噶主義那樣是無神論的。至於斯多噶主義，只要它貫徹始終，嚴格推論，就必然是無神論的。

活、經驗生活。而不在時間之中的、不現實的、非經驗的生活，是我們絕對不能思維的。要說這樣一種現實生活是可能的，自我就還需要一種特殊的阻力，一種來自非我的阻力。

在知識學看來，一切現實的最終根據，對自我而言，乃是自我和它之外的某種東西之間的一種原始交互作用。至於這種東西，當然除了說它必定與自我完全相反之外，再也無話可說了。在這種交互作用中，沒有什麼東西被帶進自我，沒有任何異己的東西被輸送進去。直至達到無限為止，凡是在它那裡發展出來的東西都僅僅是按照它自己的規律從它自己本身發展起來的。自我僅僅是被這種相反的東西推入運動，以便有所作為，而如果沒有在它之外的這樣一種最初的推動者，它將永遠不會有所行動。而且由於它的現實存在完全寄託於它的行為，所以它也將永遠不會有所存在。然而對於這個推動者，除了說它是一個推動者，一種本身也只是感覺到對立的力量之外，再也沒有其他什麼可說了。

於是，自我按照它的現實存在來說是依存性的，然而按照它這個現實存在的種種規定來說卻是獨立自主的。由於它的絕對存在的緣故，它乃是它本身對無限性的有效性進行上述規定的一種規律，乃是它本身中的一種按照上述規律規定它的經驗存在的中心能力。我們最初運用上述中心能力時所處的那個立足點，完全不依存於我們。我們從這個出發點出發將永遠要加以敘述的那個系列，就其整個範圍來說，則是完全依存於我們的。

因此，知識學是屬於**實在論**的。知識學指出，如果人們不

承認有一種並不依存於有限自然物反而有限自然物本身就其經驗存在來說卻依存於它的，完全與有限物對立的力量的話，則有限自然物的意識就是不可理解的。然而知識學也只不過主張有這樣一種只能為有限本質所感覺卻不能為有限本質所認識的對立力量而已。知識學從自我規定的能力中把這種對立力量或非我的所有可能在向無限的前進過程中出現在我們意識裡的規定統統推演出來，而且既然實際上它的確是一門知識學，它也就一定能夠把這些規定統統推演出來。

但是，這門科學，如果撇開它的實在論方面不談，從它最內在的深處來看，則它不是超驗的，而是**先驗的**。它借用一種不依存於任何意識而現成存在的東西來說明一切意識，但它並未忘記：即使在這樣進行說明的時候，它也是以它自己固有的規律為依據的，而且當它反思這些規律時，上述的那個獨立自主的東西就重新變成了它自己固有的思維能力的一種產物。因而如果那個獨立的東西對自我而言（在該物的概念中）確實在那裡存在著，則那個獨立的東西就變成某種依存於自我的東西了。然而為了有可能對前一個說明進行這種新的說明，現實的意識可以說再次被拿出來當作前提，而且為了有可能出現現實的意識，上述依存於自我的那個某物可以說又被拿出來當作前提。因此，雖然當初曾經被設定為獨立的那個東西現在已變成依存於自我的思維的東西了，那個獨立不依的東西畢竟並沒因此而被揚棄，毋寧只是被挪到更遠的地位去，暫時不管了而已。而且即使人們可以無休止地窮究下去，獨立不依的東西也

永遠不會被揚棄。——就其觀念性來說，任何東西都是依存於自我的，然而就其實在性來說，自我本身卻是依存〔於別的東西的〕。但是，沒有什麼東西對自我來說是實在的而不是觀念的。因而在自我那裡，觀念根據和實在根據乃是同一個東西。上述自我與非我之間的交互作用同時也就是自我與其自己本身之間的相互關係。只要自我不反思、不想到那個起限制作用的非我畢竟是由它自己所設定的，則它就能把自己設定為受非我所限制的；只要它進行反思，想到上述這種情況，則它就能把自己設定為對非我進行限制的。

有限精神必須將某種絕對的東西設定在它之外（自在之物），以及必須同時承認這種絕對的東西僅僅是對它而言的存在（是一種必不可少的本體），這種情況是一個循環，一個圓圈。有限精神可以把這個圓圈無限擴大，卻永遠不能從中擺脫出來。一個哲學體系，如果根本不注意這種循環的反覆，它就是一種屬於獨斷論的觀念論。因為歸根結柢它只不過是我們提到過的受限制從而成為有限本質的那個圓圈。一個哲學體系，如果自以為已從這個圓圈裡跳出來了，它就是一種超驗的、實在主義的獨斷論。

知識學在這兩種哲學體系之間，立於正中央的地位，是一種批判的觀念論。如果人們願意的話，也可以把它叫做實在觀念論或觀念實在論。——我們現在還要再補充幾句話，以便如果可能的話使每一個人都能理解。我們說過，如果人們不承認有一種不依存於有限自然物而現成存在著的力量，則有限自

然物的意識就無法加以說明。—— 那麼，這有限自然物的意識對於誰是不可說明的呢？它對於誰是應該可以說明的呢？是誰要去說明它的呢？是有限的自然物本身。只要我們一說「說明」，我們就已經站在有限性這個領域裡了。因為**說明**什麼並不是指一下子就掌握點什麼，而是指從一點向另一點過渡進展，所以說明〔活動〕乃是一種有限的東西。至於限定或規定〔活動〕，則是自我據為己有的，以之作為過渡的那個橋樑。—— 按其存在或規定來說，反對力量是不依存於自我而獨立存在的。當然，自我的實踐能力或者說自我追求實在性的衝動畢竟在力圖改變這種力量。但是，反對力量是依存於自我的觀念性活動的，依存於自我的理論能力的。只當反對力量**是由自我**所設定時，反對力量才是**為自我的**，〔換句話說，反對力量**對自我說來**才是存在的〕，否則它就不是為自我的。只當某種東西被連繫到自我的實踐能力時，該東西才有獨立的實在性。當著某種東西被連繫到自我的理論能力時，該東西就被吸收到自我裡去，成為自我領域內的東西，受自我的表象規律的支配。然而我們進一步要問，究竟某種東西除了透過理論能力之外，怎麼能被連繫到實踐能力上去的呢？究竟它除了透過實踐能力以外怎麼能成為理論能力的一個對象的呢？於是，這裡再一次證實了，或者毋寧說，這裡非常清楚地顯示了這樣一個命題：沒有觀念性，就沒有實在性，而反過來，沒有實在性，就沒有觀念性。因此，人們也可以說，一切意識的最終根據乃是透過一個可以從不同方面看待的非我而發生的自我與其自己本身之間的交互作用。這是一個圓圈，有限精神既不能跳出它，

而如不棄絕理性，如不願意毀棄自身，就也不能盼望跳出它。

　　有趣的也許是下面這種責難：如果按照上述規律，自我憑著理想性活動把一個非我設定為自我自己之所以受到限制的說明根據，從而把這個非我吸收到自身中去，那麼，自我豈不是把這個非我本身設定為一種（在某一有限概念中）受到限制的東西了嗎？假定這個客體〔亦即非我〕＝A，那麼，自我的活動本身必然是在設定這個 A 的過程中受到了限制，因為自我的活動碰上了一個受到限制的客體。但是，自我永遠不能，因而在當前這個事例中也不能自己限制自己。因此，當自我限制那個無疑已被吸收到自我中去的 A 時，自我本身一定已被一個未被吸收到自我中去的，因而還完全不依存於自我的 B 所限制了。——我們承認所有這些情況，但是，我們說：就連這個 B 也是可以重新被吸收到自我中去的。責難者承認我們指出的這一點，但從他那一方面又提醒道：為了有可能去吸收 B，自我就必定是更進一步被一個獨立的 C 所限制了。這樣你來我去，輾轉推演，以至無窮。爭論的結果也許是：這樣永遠推演下去，我們固然不能向我們的對方指出任何一個時刻，說在這個時刻裡，自我的努力不會遇到一個在自我之外現存著的獨立的實在。而我們的對方也同樣不能向我們指出任何一個時刻，說在這個時刻裡，這個獨立的非我能夠不為自我所表象，從而能夠成為不依存於自我的。那麼，我們的反對者想透過上述論證加以證明的那個獨立自存的非我，或者說他的那個自在之物，究竟在哪裡呢？顯然不在任何地方而又在一切地方。

隨便在什麼地方，只要人們占有它，那裡就有它，而人們一想去抓住它，它就逃走了。自在之物這個東西是為自我的，是對自我而言的，因而它是在自我之中的，但它又應該**不**在自我之中，於是就成了矛盾。然而這個矛盾作為一個必然觀念的對象，必須被當作我們進行一切哲學思辨的根據，並且一直充當有限精神的一切思辨和一切行為的根據，只不過人們不曾清楚地意識到它以及它所包含的矛盾罷了。人類和一切有限精神的整個機制就是建立在自在之物對自我的這種關係上的。要想改變這個情況就意味著要取消一切意識並隨之取消一切現實存在。

知識學之所以使思維不很深刻的人產生思想混亂從而受到種種膚淺虛假的責難，都僅僅是因為人們沒有掌握前面提出的那個觀念，沒有堅持那個觀念。人們可以用兩種〔反思〕方式對它得出不正確的理解。一種方式是，人們只想到它既然是一種觀念，那它就必定是在自我之內的。有這樣想法的人，如果還是個堅定的思想家的話，他就成為觀念論者，他就獨斷地否認在我們之外有任何實在。或者人們堅決相信自己的感覺，因而他就否認明擺著的事實，用人類常識的權威反駁知識學的論證（其實，正確理解的知識學是和常識最一致的），並譴責知識學本身是觀念論，因為人們不理解它的含義。另一種方式是，人們只想到這個觀念的對象是一種獨立的非我，因而這些人就成了超驗的實在論者，或者說，假如他知道一些康德的思想而又掌握整個康德哲學的精神，他就從他自己的超驗論出發（這是人們還從來沒提出過的東西），譴責知識學是超驗論，

他竟沒想到他自己的武器所打擊的只是他自己。——這兩種方式的反思都不應該做，大家既不應單獨反思這一方式，也不應單獨反思另一方式，而應該對兩個方式同時加以反思，應該翱翔於這個觀念的兩個相反的規定之間。這就是**創造性的想像力的**工作。而創造性的想像力毫無疑問是任何人都具備的，因為假如誰不具備它，誰就任何一個表象也不會有。但是，並不是所有的人都使他的想像力得到了自由的發揮，以便能靠它來進行合乎目的的創造性活動。甚至那求之不得的想像在幸運的一瞬間像一道電光閃現在人們的心靈之前，人們也未去抓住它，分析它，牢牢記住它，以便隨時運用。一個人在進行哲學思維時是才智縱橫，還是興味索然，全取決於這種能力的有無和大小。知識學屬於只可意會不可言傳的科學。它是絕不能單憑字面，而只有透過精神才能得其真諦的。因為它的基本觀念必須依靠創造性的想像力本身從研究它的人身上誘發出來。其實任何一門追溯人類知識最終根據的科學從來都不能不是這樣，因為人類精神的全部工作都從想像力出發，而想像力則只能由想像力掌握。因此誰的這一天賦如果已經被弄得無可挽救或被扼殺了，那他當然就永遠不可能深入理解這門科學。但是，其所以不可能，他絕不該從這門科學本身裡尋找這個根源（這門科學只要真正去理解是很容易理解的），他只可歸咎於他自己沒有能力 [6]。

---

[6] 知識學是需要人花費他的全部精力的東西。不靠人的完整的全部能力是無法理解它的。只要有一天在大多數人那裡文化教育為了其他種心

從內部來說，我們提出的觀念是整個建築物的基礎，同樣，從外部來說，建築物的安全可靠也是奠立在這個觀念之上的。不立足於這個觀念，不隨著這個觀念而立足於知識學固有的基地上，要想對任何一個對象進行哲學思維都是不可能的。知識學的任何反對者，都或許是蒙著眼睛站在知識學的場地上，使用知識學的武器對知識學進行論戰。扯下他眼睛上的布，讓他看見他所站立的場地，總會是一件輕而易舉的事。所以，知識學根據事情的本性有充分的權利預先聲明，儘管它會被許多人誤解，為更多的人所根本不理解，儘管它不僅就現在這個非常不完備的表述形式來說，而且就單獨一個人所可能完成的最完備的表述形式來說，也是每一個細節都將需要大大加以修改訂正的，然而就其基本特徵來說，它是任何人在任何時代都不會駁倒的。

靈力量的利益還在扼殺某一種心靈的力量，比如為了理解力而扼殺想像力，為了想像力而扼殺理解力，或者為了記憶力而扼殺想像力和理解力，那麼知識學就將一天也不能成為普遍有效的哲學。它就將不得不長此以往地侷限於一個窄狹的小圈子裡，——這是一個真理，說起來和聽起來都好像令人不快，但它畢竟是個真理。

§6. 第三定理

在自我的努力裡，同時就有非我的一個反努力被設定起來，以與自我的努力相平衡。

首先就方法問題說幾句話！——在知識學的理論部分，我們只與**知性**打交道，在這裡，我們打交道的是被認識者。在那裡，我們的問題是：某種東西是怎麼被設定、被直觀、被思維的等等，在這裡，問題是：**什麼東西**被設定了？因此，如果說知識學終歸需要一門關於自在之物的科學的形上學，而這樣一門科學應該由知識學的要求而成立的話，那麼，知識學就不能不〔將這個任務〕交託給它自己的實踐部分來承擔。正如事情越來越清楚表明的那樣，〔知識學的〕實踐部分談論的唯一問題乃是一個原始實在的問題。而且，如果有人問知識學「自在之物是怎樣的一些東西」的話，那麼，它沒有別的話可說，只能回答：「它們就是像我們應該使之成為的東西那樣。」透過這樣的回答，知識學絕不會變成超驗的。因為我們在這裡將要揭示出來的所有東西，也都是我們自身中現在就有的東西，我們只是發現了它們，把它們從我們自身端出來。這是因為**在我們之內有著某種東西**，非經**我們之外**的某種東西就無法予以充分說明。我們知道，我們在思維它，在按照我們的精神規律思維它；我們知道，我們因此而絕不能從我們自身中超脫出來，絕不能說存在著什麼無主體的客體。

自我的努力應該是無限的，應該沒有因果性。〔可是〕，

人們思維努力的時候，只能以一個反努力為條件。這個反努力和努力保持平衡，也就是說，它與努力具有等量的內在力量，彼此勢均力敵。關於這樣一個反努力的，以及關於上述那種平衡對等的概念，都是本來就已經包含在努力這個概念裡的，是可以透過分析從努力概念中引申出來的。沒有這兩個概念，則努力概念就自相矛盾。

1. 努力概念是關於一個不是原因的原因的概念。但是，每一個原因都預設**活動**，都以活動為前提。一切努力的東西都有力量。假如它沒有力量，它就不會是原因，而說它不是原因就與上面的說法矛盾了。

2. 努力既然是努力，就必然具有它特定的活動量。它所以活動，是為了成為原因。現在，它變不成原因，達不到它的目的，它就是**被限制**了。假如它沒受限制，那它就會變成原因，不會是努力，而這是與上述論證相矛盾的。

3. 有努力者並不**受自己本身**限制，因為努力概念裡就包含有它追求因果性的意思。假如它限制自己本身，那它就不會是有努力者。因此，每一努力都必定受一個與努力者的力量相反的力量所限制。

4. 同樣，這種對立的力量必定也是有努力的，也就是說，首先，它必定是為了實現因果性。假如它不是旨在實現因果性，那它與對立者之間就沒有接觸點。因而它必定不具有因果性。而假如它沒有因果性，那它就完全毀掉了對立者的努

力，從而完全毀掉了它自己的力量。

5. 兩個互相對立的努力者，其中沒有一個能有因果性。假如它們兩者中的任何一個有因果性，則其對方的力量就會被毀掉，就會不再是具有相反的努力的東西。由此可知，雙方的力量必定是保持平衡的，勢均力敵的。

§7. 第四定理

自我的努力，非我的反努力，以及兩者的力量平衡，都必須被設定起來。

A. 自我的努力已被設定為這樣

1. 根據反思的普遍規律，它一般被設定為**某物**。因此，它不是被設定為**活動**，不是被設定為活動著的某種東西，而是被設定為某種固定不動的東西。

2. 它被設定為一種**努力**。努力在於實現因果性。因此，按照它的性質，它必須被設定為因果性。現在，這種因果性不能被設定為和非我有關。因為假如那樣的話，則被設定的就會是一種實在的起作用的活動，而不是努力。假如是活動的話，則活動只能返回於其自己本身，只能產生自己本身。但是，一個產生著自己本身的努力，既然它是固定的、規定的、某種確定無移的東西，那它就叫**衝動**。

（衝動這個概念包含著這樣的含義：(1) 它是在它所屬於

的那個東西的內在本質裡有其根據的，因而是透過那個東西與其自身的因果性產生出來的，也就是說，它是由於它被自己本身所設定而產生出來的。(2) 它又因此而是某種固定不移的、持續長存的東西。(3) 它爭取自身以外的因果性，但是它既然只是衝動，只由於自己本身〔而產生〕，它就沒有因果性。──因此，衝動只存在於主體裡，並且按照它的本性來說，它不超出主體的範圍以外。）

所以，**如果**努力應該被設定，那它就必定被設定。而且，如果它應該在自我之內，如果按照上述〔原則〕而以努力的表現爲根據的意識應該是可能的，那麼，它就必定直接或者有意識或者無意識地被設定。

B. 不設定非我的一個反努力，自我的努力就設定不起來。因爲自我的努力是要實現因果性，本身卻沒有因果性。它之所以沒有因果性的理由或根據並不在它本身之內，否則自我的努力就不會是努力，而是虛無了。於是，如果自我的努力被設定，則它必定被設定於自我之外，並且僅僅是被設定爲一種努力，否則，自我的努力或者說衝動（我們現在認爲它就是衝動）就會受到壓抑而不能被設定起來。

C. 兩者之間的平衡必須被設定起來

這裡不是說兩者之間必須是平衡的，因爲這一點我們在前一節裡已經說過了。這裡只不過是問：在自我之中並透過自我而設定的究竟是**什麼**東西，如果確有某種東西被設定起來的話。

自我要努力充實無限性，同時它具有對其自身進行反思的規律和傾向。自我不能對其自身進行反思，假如它沒有被限制的話，而且就**衝動**來看，它確是被**它與衝動的關係**限制了。如果我們假設衝動在 C 點上受了限制，那麼，在 C 點上**要去反思的傾向**就得到**滿足**，而**要去實際活動的衝動**就受到**限制**。這樣，自我就限制自己本身並被設定為與自己本身處於互動之中，〔所謂與自身互動，意思是說：〕它被衝動推動著繼續前進，它又被反思阻止，並且自己這樣堅持下去。

推動前進與阻止前進，這兩者結合起來就表示一種強制〔作用〕，一種「不能」。屬於「不能」的有三個因素：(a) 繼續努力。假如沒有繼續努力，則自我所不能做的**對自我來說**就會根本是不存在的東西，它就會根本不在自我的範圍之內。(b) 實際活動的受限制。從而還有實際活動本身，因為不存在的東西是不能受限制的。(c) 不在**自我之內**而在**自我之外**的限制者。除此之外，不會有努力存在於那裡。即使有努力存在於那裡，〔那也〕就不會是一個「不能」而毋寧是一個「不願」。──因此，上述那種「不能」的表現乃是平衡的表現。

在自我之內的「不能」的表現叫**感覺**。在這種感覺裡，**活動**與**限制**是內在地結合著的，就活動說，我感覺，那麼，我就是能感覺者，而這個感覺乃是反思的**活動**；就限制說，我感覺，那麼，我〔就有所感受〕，就是被動的，就是不能活動的；這裡就出現了一個強制。可是這種強制或限制，必然以一個要繼續前進的衝動為前提。凡是不再希望什麼，不再需要什

麼，不再爭取什麼的東西，**就它自己本身來說**，就是沒受到限制的東西，這是不言而喻的。

感覺完全是**主觀的**。我們為了**說明**感覺（但感覺是一種理論性的行為），固然需要一個**限制者**，但我們為了要**演繹**感覺（因為它應已在自我中出現）卻不需要對自我中的這種感覺進行**表象**和**設定**。

現在，問題已昭然若揭：那麼多自稱為批判主義者而尚未擺脫超驗獨斷論的哲學家，他們根本不能理解自我**怎麼**竟然無需突破它的圓圈而跳出自身之外就能單憑自己本身把它自身中有過的一切東西發揮出來。〔他們根本不能理解〕只要自我是一個自我，這種東西就必然地不能存在。──自我中已現成地有了一種感覺，這種感覺就是衝動的一種限制。而且，如果這種感覺可以被設定為一種特定的與其他感覺有區別的感覺〔當然我們現在還看不出一個特定的與其他衝動有區別的衝動受限制的可能性〕，〔那麼〕，自我就必須為這個限制設定一個理由根據，而且必須把這個根據設定在自己以外。而自我要設定衝動是受限制的，它只能設定這個衝動是受一個完全對立的東西的限制，而這樣一來，那被設定為客體的**某種東西**就顯然存在於衝動之中。比如說，如果衝動被規定為 $=Y$，則作為客體的非 Y 必然被設定起來。──但是，由於所有這些心理機能都是必然地發生的，所以人們就意識不到他的行為，從而必然以為自己靠自己的力量按照自己的規律產生出來的東西是從外面獲得的。──這種情況卻具有客觀有效性，因為這是一切有限

理性同樣都有的情況,而且除了我們指出的這種情況之外,根本就沒有客觀有效性〔的東西〕,根本不能有其他的客觀有效性。要求另外的有效性,其根據在於人們有一種確鑿有據的膚淺而粗疏的錯覺。

看起來好像我們已經打破了我們分析考察的這個圓圈。因為我們在說明努力時一般已經假定了一個與自我完全獨立無關並與自我正相對立的非我。這種辦法之所以可能,所以合法,是因為每一個和我們一起從事當前這項探討的人,本身都是一個自我。而這個自我早已把這裡所推演的這些行為統統做過了,從而早就設定了一個非我(當前的這項探討正是要使人確信這個非我是他自己的產物)。每個人都已必然地完成了理性的全部工作,而現在又自由地規定自己去重算舊帳,對他自己當初走過的行程,就他現在任意設定起來,安置在他自己當初的出發點上,據以從事其實驗活動的那另一個自我身上,進行一次旁觀。要去加以考察的自我,有朝一日本身將會站到現在充當旁觀者的自我所站的地位上。被考察者和旁觀者雙方將在這個位置上結合起來,而且透過這一結合,已被打破了的圓圈,就將是封閉的。

§8. 第五定理

感覺本身必須被設定和被規定起來。

為了給現在要提出的極端重要的研究作準備,首先作幾點

一般的說明。

1. 在自我裡原來就有一個要去充實無限的努力。這個努力與一切客體相對抗。

2. 自我在其自身中有反思其自身的規律，將其自身反思為充實於無限的東西。但是，現在自我不能對其自身反思，甚至根本不能對任何東西反思，如果它不是有了限界的話。因此，要實現這個規律，或者換個說法也一樣，反思衝動的滿足，乃是**有條件的**，而且是取決於**客體**的。沒有客體，反思衝動就不能滿足，——因而這種反思衝動也可以說是一種**指向客體**的衝動。

3. 這種衝動，由於受一種感情的限制，既得到了滿足，同時又沒得到滿足。

(a)〔按行為的**形式**來說，〕是得到滿足了。因為，自我據說無條件地反思自身，也就是說，它是絕對自發地進行反思，因此，按照行為的**形式**來說，它是得到了滿足的。因此，在感覺裡就有這麼一種東西，這種東西可以連結著自我，可以隸屬於自我。

(b) 按行為的**內容**來說，是沒有**得到滿足**的。自我據說是被設定為充實著無限性的，但它〔實際上〕被設定為受了限制的。——而這種情況同樣必然地出現於感覺中。

(c) 但「沒得到滿足」這一設定，是**有條件的**，它是自我超越感覺為它設定的界限而發生的〔現象〕。〔所以〕，在自

我所設定的範圍之外有某種東西必然被設定，這東西也隸屬於無限性，從而是自我的衝動趨向的目標。這東西必須被設定為沒有受到自我的規定的。

讓我們來分析，這種超越，也就是說，這種沒得到的滿足，或者換言之，感覺的設定，是如何可能的。

I

只要自我確實對自己進行反思，那它**就是**受了限制的，也就是說，它就沒有實現無限性，卻努力以求實現無限性。我們說，它**是**受了限制的，意思是說，對於一個可能的旁觀者來說，它是受了限制的，但並非對它自己來說是受了限制的。讓我們自己來充當這些旁觀者，或者換言之，讓我們不設定自我而設定某種只被觀察的東西，某種無生命的東西。但另一方面，那按照我們的前提來說隸屬於自我的那種東西又應隸屬於這無生命的、被觀察的東西。那麼，讓我們假設一個彈性球體＝A，並假設這個球體被另外一個物體壓凹，那麼：

1. 就在球體裡設定了一股力量，一旦反對方面的力量鬆弛下來，這股力量就無需任何外在作用自己就表現出來。因此，它之所以發生作用的根據，完全就在它自己身上。——力量是具體存在著的，它在自己本身中向自己本身努力以求表現，這是因為它是一種在自己本身中趨向自己本身的力量，也就是說，一種內在力量。因為像這樣的東西，人們總是稱之為內在力量。這就是向自己本身追求因果性的一種直接努力，但由於外界反抗的緣故，它並不具有因果性。這是物體本身中的

努力與間接反壓力的平衡,因而就是我們前面曾稱之為**衝動**的那種東西。因此,在假設的彈性球體中就有一種衝動被設定起來了。

2. 在對抗著的物體 B 中,就設定了同樣的東西,即,設定了對抗 A 的反作用和抵抗力的一種內在力量,而這種力量〔因而〕就受 A 的抵抗力所限制,但它的根據卻只在自己本身中。——在 B 裡就像在 A 裡一樣,力量和衝動被設定起來了。

3. 假如兩個力量中有一個增強了,則相反的那個力量就被削弱;假如一方削弱了,則相反的力量就增強;假如較強的一方完全表現出來了,則較弱的一方就被完全排出於較強者的作用範圍之外。但是,現在雙方完全平衡,它們的交接點就是這個平衡點。如果這個平衡點有絲毫的移動,則整個關係就被揚棄。

II

於是,這裡就涉及到一種並無反思而努力〔伸張〕的對象(我們說這種對象是**有彈性的**)。我們現在要加以研究的東西是一種**自我**,而且我們將看到從這裡會推論出什麼結果來。

衝動是一種內在的把自己本身規定為因果性的力量。無生命的物體根本沒有因果性,因為它的因果性在它自己**之外**。因果性應該因抵抗而被制止,因此,在這種情況下,不會由於無生命物體的自身規定而產生出什麼東西來。只要自我企圖達到一種自己以外的因果性,自我的情況就恰恰是這個樣子〔像上

述那種無生命物體的情況一樣〕。而只要它只向自身以外要求因果性，它的情況就根本不會不是這樣。

但是，自我，正因為它是一種自我，也具有一種對自己本身的因果性，即設定自己的因果性，或者說能反思的因果性。衝動應該規定**努力者的力量**本身，而這種力量既然應該像反思那樣在**努力者本身之中**表現**自己**，那麼，從衝動的規定作用中就**必然推論出一種**〔向外的〕**表現**。如果不是這樣的話，那就不存在什麼衝動了。假如沒有衝動，那就與〔我們的〕假設相矛盾了。因此，從衝動中就必然推論出自我對自己本身的反思行為來。

（〔這是〕一個重要命題，它為我們的分析探討帶來了最大的光明。(1) 努力和反思，這一對本來存在於自我中的並由我們在前面提出來的**雙生子**，因此就被最緊密地聯合起來了。一切反思都是建立在努力這個基礎上的，沒有努力，就不可能有反思。──另一方面，沒有反思，就不可能有**對自我而言**的努力，因而也就沒**自我的**努力，並且根本就沒有自我。有了一方就必然推論出另一方，雙方處於互動之中。(2) 自我不會不是有限的，不會不是受了限制的，現在人們對此看得更明確了。沒有限制，就沒有〔超驗意義的〕衝動；沒有衝動，就沒有〔向先驗過渡的〕反思；沒有反思就沒有〔先驗意義的〕衝動、限制，也沒有限制者等等。自我的功能就是這樣在圓圈上旋轉，自我就這樣與自己本身發生內在連鎖的互動。(3) 現在也看得相當清楚的一點是：什麼叫做**理念的**活動，什麼叫做**實**

在的活動，它們是怎麼區別開來的，它們的界限在哪裡。自我的原始努力，如果作為衝動，作為單純建立於自我本身中的衝動來看，就既是**理念的**，又是**實在的**。它的方向是針對自己本身的，自我透過自己固有的力量進行努力；而且也針對自我以外某種東西的，但在這裡沒有什麼東西可以區別出來。限制既然只使**向外的**方向受到揚棄，並不能使**向內的**方向受到揚棄，那麼透過限制，上述的原始力量就好像被一分為二：保留下來的向自我本身返回的那一部分力量，乃是**理念的**力量，至於**實在的**力量，則將在適當的時候同樣被設定起來。──而這樣一來，我們在這裡就又再次充分理解了這一命題：「沒有理念性，就沒有實在性，反之，沒有實在性，就沒有理念性。」

(4) **理念性**的活動將馬上表明自己是從事於表象活動的。衝動與理念性的活動的關係，因而可以叫做**表象衝動**。這種衝動因而就是衝動最初的和最高的表現，而且自我透過這種衝動才成為理智。而且，只要還有另外一種衝動會**進入意識**，會在自我中出現為自我，則自我就必然有這樣的情況。(5) 從這裡也就最確定地推論出來了理論對實踐的從屬關係。結果是：一切**理論性的**規律都以**實踐性的**規律為根據，而且由於只能有一個實踐性規律，所以一切理論性規律都以同一個實踐規律為根據。因此，最完滿的具有全部本質的體系〔也是建立在實踐規律上的〕。結果是：如果衝動可以讓自己本身提高起來，則認識也可以提高，反之亦然。其結果是：在理論方面，也就產生反思和抽象的絕對自由，並產生衝動**按照義務**來注意某種東西而不注意其他某種東西的可能性，而沒有這種可能性，就根本不可

能有道德。宿命論從根本上被摧毀了，因為宿命論的根據是：我們的行為和願望依存於我們的表象體系。而這裡所表明的卻是：我們的表象體系是依存於我們的衝動和意志的。〔其實〕這也是澈底駁斥宿命論的唯一方式。——總而言之，透過這個體系，在整個人類裡就出現了**統一**和**連繫**，而在許多體系裡是沒有這種統一和連繫的。）

III

在這種對自己本身的反思裡，自我並不能作為自我而進入意識，因為它並不直接意識到它的行為。但是，它從現在起，作為自我畢竟已經存在在那裡了。這對於任何一位可能的旁觀者來說都是不言而喻的。而這裡正就是自我區別自己這個活生生的物體與無生命物體的界限，當然無生命物體也能有一種衝動。——存在著這樣的東西，對它來說，某物可能是存在在那裡的，雖然**對其自己本身來說**該物還沒有具體存在在那裡〔或者說，雖然某物還沒有**自己意識**到自己存在在那裡，卻可以**有別**的存在在那裡的東西**意識到**它已存在在那裡〕。但是，對於這個某物來說，必然有一種內在的驅動力量存在，不過由於根本沒有自我意識，從而也不可能與自我意識發生關係。這種內在驅動力量只能**被感覺到**。這樣一種狀態雖然是不可描繪的，卻是完全可以感覺的，而且在它這種狀態中，每一個人都必須依靠自己的自我感覺（哲學家只可以在「這種狀態是個什麼東西」的問題上讓每一個人去依靠自己的自我感覺，而不可以在「有沒有這種狀態」的問題上讓每一個人去依靠自己的自我

感覺。因為「有沒有這種狀態」這一問題是必須以自我為前提條件予以嚴格證明的。〔我們〕假設有現成存在著的某一種感覺，這就意味著〔問題〕並沒有得到澈底的處理。這種感覺當然將來也會成為可知的東西，但它之成為可知的，不是靠它自身，而是靠它種種的推論的後果）。

我們前面曾說過，有生命的東西就是在這個地方和無生命的東西區別開來的。力的感覺是一切生命的原則，是由死到生的過渡。如果只有力的感覺，當然生命還是極不完滿的，但它雖不完滿，畢竟已經從死的物質中分離出來了。

IV

1. 這種力量被感覺為某種**有驅動作用的**東西：自我感覺到自己被驅動，這是已經說過了的，特別是它感覺到自己被驅動**到自己本身以外去**（這個**到自身以外去**，我們現在還看不出是從哪裡來的，但不久就會看清楚）。

2. 這種衝動必定如上所述起**它能起的那種作用**。它並不規定**實在性**的活動，也就是說，並不發生與非我的因果性。但它卻**能夠**規定**觀念性**的，完全依存於自我本身的活動，並且只要它是一個衝動，它就必須規定觀念性的活動。——因此，觀念性的活動超越並設定某種東西作為衝動的客體的。所謂衝動的客體，乃是衝動在有了因果性時就會產生製造出來的那種東西。——關於這種東西必定由於觀念性的活動而**產生出來**，這是證明了的。至於它是**怎麼**可能由於觀念性的活動而產生出來的，在這裡還一點也看不出來，〔因為〕這要以許多別的分析

研究為前提。

3. 這種產生〔過程〕，以及產生過程中的行為者，現在還絲毫沒有進入意識。因此，無論是對衝動的對象（客體）的感覺（這種感覺是根本不可能的），還是對衝動對象的直觀，都還沒有出現。在這裡，什麼東西都還沒有出現。這裡只不過藉此說明自我怎麼能夠對自己有所感覺，怎麼感覺到自己**是被驅使著向某種未知的東西衝動**，並且敞開了向下一步過渡的大門。

V

衝動應該**被感覺**為衝動，也就是說，被感覺為某種不具備因果性的東西。但是，至少，只要它力求透過觀念性活動以產生它的對象（客體），那它就當然具有因果性，並且因此而不被感覺為衝動。

只要衝動企圖進行實在的活動，它就不是可認識的東西，可感覺的東西，因為它不具有因果性。因此它也就不被感覺為一個衝動。

〔如果〕我們把上述兩者結合起來，那就出現這種情況：如果觀念性活動不涉及衝動的對象，則衝動就不能被感覺；而如果實在性活動沒有受限制，則觀念性活動就不會涉及衝動的對象。

兩者結合起來〔以後〕，就產生出自我對自己的反思，就使自我成為一種**有限制的**自我。但是，由於自我在這種反思中並沒有意識到它自己，所以反思只是一種單純的**感覺**。

這樣一來，感覺就完全被演繹出來了。它屬於力的一種至今沒有表現出來的感覺，是本身同樣沒有表現的東西的一種對象，是一種強迫感、**不能**感。而這就是演繹出來的感覺表現。

§9. 第六定理

感覺必須進一步被規定和被限制。

I

1. 自我現在感覺到自己受了限制，也就是說，**對於它自己來說**，它是受了限制的。它本身受限制，並不像它從前那樣，也不像無生命的彈性物體那樣，它受限制僅僅是對於在它之外的一個旁觀者來說的。它的活動，**對它自己來說**，已被揚棄了。而我們所以說**對它自己來說**，乃是因為我們從我們更高的觀點當然看得出這一點而言。它已透過絕對活動產生出一個在它之外的衝動對象，但是，它已經不是那個作為我們研究對象的自我。

這樣把活動完全取消掉，是與自我的性質相矛盾的。因此，只要它確實是一個自我，它就必須把活動重新建立起來，而且是**自為地**使之重新建立起來，也就是說，至少它必須使自己處於這樣的狀態：它能夠設定自己是自由的和不受限制的，即使要等到下一個反思才能這樣〔也必須如此〕。

按照我們的演繹來看，自我的活動之所以能夠這樣重新

建立起來，並不是依靠任何特殊的推動力，而僅僅是由於自我的本質，透過絕對自發性而重新建立起來的。當前這種行動立即表明自己是對於反思著的自我所進行的一種反思，是為了代之以另一種行動而對這種行動所進行的一種中斷（既然自我像上面所說的那樣有感覺，它就也有行動，不過還沒有意識而已。代替這種行動出現的至少是會使意識成為可能的另一種行動）。這種對反思者的反思，這種對行動的中斷，完全出於絕對的自發性。自我在這種絕對自發性中無條件地行動著，因為它在行動著。

（這裡劃定的是單純生命與理智之間的界限，正如上文劃定的是無生命與生命之間的界限那樣。自我的意識僅僅是由這種絕對自發性產生出來的。——我們把我們提高到理性的高度，並不是透過自然規律，也不是透過由自然規律引申出來的推論，而是透過絕對自由；並不是透過**過渡**，而是透過一種**飛躍**。——因此，在哲學裡，人們必須從自我出發，因為自我是不能加以演繹的。並且正因為這樣，唯物主義者企圖以自然規律來說明理性的現象，是永遠辦不到的。）

2. 顯而易見，單純由絕對自發性產生的行動，不可能是其他的什麼，只是一種透過觀念性活動的行動。但是，任何行動，只要它確實是一種行動，它就有一個客體。目前這個行動，既然完全以自我為根據，既然就其一切條件來說是依存於自我的，它就只能以某種現實存在於自我之中的東西為客體。可是在自我之中除了感覺之外不存在任何東西，所以它現在這

種行動必然地和感覺發生關係。

行動發生於絕對自發性，因而對於可能的旁觀者來說，它就是自我的行動。它關係到**感覺**，這首先是說，它關係到那在先前產生感覺的反思中**進行著反思的東西**。——活動關係到活動，因此，那在上述反思中進行反思的東西，或者說，**進行著感覺的東西**，就**被設定為自我**。在目前的反思作用中進行反思的東西，其本身根本達不到意識，而是被轉移到意識上去。

根據剛才的論證，自我乃是自己規定自己的那個東西。因此，進行著感覺的東西之所以被設定為自我，只是因為它是由於**衝動**，從而由於自我，從而由於自己本身，而被規定去進行感覺的，也就是說，只是因為它感覺到**自己本身**，它感覺到**在其自己本身中的它自己固有的力量**。——只有進行著感覺的東西才是自我，並且只有衝動才屬於自我，如果是衝動引出感覺或反思的話。超出這個界限和居於這個界限之外的東西（也就是說，如果有某種東西存在於這個界限之外，而且我們當然知道有某種東西存在於這個界限之外，這種東西實際上就是**向外的衝動**），就被排除於〔自我〕之外。而這一點是應該認真注意的，因為被排除出去的東西，到一定時候將被重新接收進來。

因此，**被感覺的東西**，在現在的反思中，並且對於這個反思來說，也變成為自我。因為**進行著感覺的東西**，只當它是被自己本身所規定的時候，亦即感覺著自己本身時，才是自我。

II

在目前的反思中,自我所以被設定為自我,只是由於它同時既是**感覺者**又是**被感覺者**。由於它自己與自己發生相互關係,它應該被規定為自我,因此它必須按照已經說過的方式被設定。

1. 進行感覺的**感覺者**被設定為在感覺中**活動著的**,因為它是進行反思的東西。而且因此被感覺者在這同一個感覺中是被動著的,它是反思的客體。——同時,**感覺者**被設定為在感覺中**被動著的**,因為它感覺到自己是**被驅動的**,而且因此被感覺者或衝動是活動著的,它是**驅動者**。

2. 這是一個矛盾,它必須被結合起來,而且只能以下述方式結合起來。——感覺者就其與**被感覺者**的關係而言是**活動的**,而且在這個意義上,它僅僅是活動的(它被驅動去進行反思,是它在反思時沒有意識到的。對於反思衝動,在我們的哲學探討中根本沒有加以考慮,但這並不是說在原始的意識中沒有考慮。反思衝動陷入於成為感覺者的對象的那種東西之中,它在對感覺所作的反思中,〔混為一體〕,沒有區別)。但是,現在感覺者就其與一個衝動的關係而言又應該是**被動的**。這種衝動是向外的衝動,感覺者受這向外的衝動所驅使,透過觀念性的活動產生一個非我(可是,感覺者在這種作用中,當然是活動的,不過正像以前它對於它的被動那樣,現在對於它的這種活動並沒有反思。當它反思其自身時,對於〔它〕自己本身來說〔即就它的自覺的情況來說〕,它是被迫而行動的。

雖然這一點看來好像是一個矛盾，但這個矛盾到了一定時候就會消除。因此，被感覺的強迫〔或者說，強迫感〕，就是感到被迫要把某種東西設定為現實地現成存在著的）。

3. **被感覺者**由於對反思者進行反思的衝動而是**活動的**，它又由於對反思者的這同一關係而是**被動的**，因為它是反思的客體。但是，對於反思者並不進行反思，因為自我是被設定為同一個東西，是被設定為**感覺著自己的**，而且對於反思本身不再進行反思。因此，在另一種關係中，自我則被設定為被動的，也就是說，只要自我是**受了限制的**，那麼，限制者就是一個非我（反思的任何對象，都必然是受了限制的，任何反思對象都有一定的量。但是，在反思者身上，這種限制卻絕對不是從反思本身推論出來的，因為在這個情況下，對於反思是不反思的）。

4. 兩種自我應該是同一個自我，並且應該被設定為同一個自我。不過，其中之一被認為在其與非我的關係中是活動的，另一個則被認為在其與非我的這同一個關係中是被動的。在前一情況下，自我透過觀念性活動產生出一個非我；在後一種情況下，自我則被非我所限制。

5. 矛盾是容易結合起來的。能生產的自我本身曾經被設定為**被動的**，同樣，被感覺的自我在反思中也是這樣被設定為被動的。因此，自我在其與非我的關係上總是意識到自己是**被動的**，一點也意識不到它自己的活動，更不對它自己的活動進行反思。——因此，自我所感覺的好像是事物的實在，殊不知

感覺的其實只是自我本身。

（這種情況就是一切實在的根據。僅僅由於我們現在所論證的這種感覺對自我的關係，自我才有可能意識到實在，無論是自我的實在，還是非我的實在。——既然自我之所以可能意識到某種東西，完全是由於**一種感覺關係**，而自我既沒有意識到，也不可能意識到**它自己對這種感覺的直觀，從而只是好像感覺到了這種東西**，那麼，自我只是相信有這個東西而已。

無論自我的實在，還是非我的實在，總而言之，實在性實際上只不過是一種相信，或者說只不過是一種**信仰**。）

§10. 第七定理

衝動本身必須被設定和被規定。

正如我們上面對感覺加以規定和說明的那樣，我們也必須對衝動進行規定。因為衝動是與感覺連繫在一起的。透過這種說明，我們將更加進一步在實踐能力的範圍內贏得地盤。

1. 眾所周知，衝動被設定，意味著自我對它進行反思。可是，自我只能對自己本身進行反思，自我只能反思這樣的東西：這種東西是為自我的，並在自我之內的，這種東西是自我所能達到的。因此，衝動必定已經表明有某種東西在自我之內，並且**只要這種東西透過我們剛才提到的反思而已被設定為自我**，已作為自我起作用，則衝動必定已經表明它自己就在這

種東西之內。

2. 感覺者被設定為自我。自我曾經被感覺到的原始衝動規定為從自己本身出發的，至少被規定為透過觀念性活動而產生某種東西的東西。但是，原始衝動絕對不關係到單純的觀念性活動，而只關係到實在。因而，透過衝動，自我就被規定為**能製造一種在自己之外的實在**的東西。——可是自我並不能滿足這個規定，因為〔自我的〕努力應該不具有因果性，而應該與非我的反努力保持著平衡。因此，只要自我是由衝動規定的，它就受非我的限制。

3. 只要反思的條件亦即限制一旦出現了，在自我裡就有了永遠不斷地對自己本身進行反思的傾向。現在，這種條件在這裡出現了，因而自我就必然地要對自己的這種狀態進行反思。——可是，在這種反思中，反思者像往常一樣忘記了自己本身，因而意識不到〔它的〕反思。另外，反思的發生是出於單純的驅動力。因此，在反思中，絲毫也不表現自由，自由就像上面所說的那樣，只是一種感覺。於是問題僅僅在於：自由是一種什麼樣的感覺呢？

4. 這種反思者就是自我，乃是被驅動的，從而是**在觀念性上**活動於自身之內的自我：也就是說，自我是被一種存在於它本身內的驅動力所驅動的，因而是沒有任何任意性和自發性的。——但是，自我的這種活動所涉及的客體乃是自我憑藉其觀念性活動既不能使之**實現**為事物，也不能當作事物加以**表現**的實體。因此，〔自我的觀念性活動〕乃是一種**根本沒有客體**

卻又**不可抗拒地被迫去追求一個客體**的活動，乃是單純**被感覺的**活動。但這樣一種在自我中的規定，被人們稱為**渴望**，叫做對完全不知道的東西的衝動。這種完全不知其為何物的東西，只能透過一種**需求**，透過一種**不安**，透過一種爭取自我充實卻又並不指明為何予以充實的**空虛**而顯示出來。——自我感覺到在自己身上有一種渴望，它感覺到自己缺少點什麼。

5. 現在引申出來的**渴望**和前面揭示的**限制**及**強迫**，這兩種感覺必定互有區別又彼此連繫。——因為衝動應該加以規定，可是衝動又透過一定的**感覺**以顯示自己，因此，這種感覺應該加以規定。但這種感覺只能透過另外一種感覺來予以規定。

6. 假如在第一種感覺中自我沒有受限制，那麼在第二種感覺中就不會出現**單純的渴望**，而只會出現**因果性**。因為假如是那樣的話，自我就能在自己以外製造出某種東西來，自我的衝動也就不會侷限於單純內在地去規定自我本身。反過來說，假如自我沒有感覺到自己是**有所渴望的**，那它就不會感覺到自己是**受了限制**的，因為自我純粹是由於渴望的感覺才從它自己本身中衝脫出來；而純粹是由於這種既是在自我之中又是為自我的〔為自我所意識到的〕感覺，某種應在自我之外的東西才被設定起來。

（這種渴望不僅對實踐知識學很重要，而且對全部知識學也很重要。自我之所以能**在其自己本身中**被驅逐到自己以外去，完全是由於渴望。一個**外在世界**之所以能表現自身，也完全是由於渴望。）

7. 雙方於是綜合地連繫起來了。任何一方沒有另一方就不可能存在。沒有限制，就沒有渴望，沒有渴望，就沒有限制。——雙方又彼此完全對立。在有點限制的感覺中，自我只被感覺為**被動的**，在有點渴望的感覺中，自我又被感覺為**活動的**。

8. 兩者以衝動為根據，而且都是建立在自我之中的同一個衝動之上的。由於自我是被非我所限制的，因而只能具有一種衝動，而這個自我的衝動規定著反思能力，所以這就出現了有關強迫的感覺。這同一個衝動規定著自我，使自我透過觀念性活動而脫離開自己，在自己以外製造出某種東西來。由於自我在這個意義上受到了限制，所以就出現了**渴望**，並且透過那被設定為必然要進行反思的反思能力，就出現一種**關於渴望的感覺**。——問題是，怎麼同一個衝動竟能產生出互相對立的東西呢？這完全是因為衝動所依靠的力量有所不同。在第一種作用中，它所依據的僅僅是單純的反思能力，單純的反思能力只把握它面前現已存在的東西；在第二種作用中，它所依據的則是絕對自由基於自我本身的努力，而這種努力力求有所創造，並且透過觀念性活動而實際上有所創造。只是直到現在，我們還沒有認識，也沒有能力去認識它所創造的成果而已。

9. 於是，可以說渴望乃是自我努力的、**原始的完全獨立表現**。說它是**獨立的**，是因為它不顧慮任何限制，更不為任何限制所阻止（這個注釋很重要，因為以後將會表明，這個渴望乃是一切實踐規律的負荷者，實踐規律是否是實踐規律，全看其是否是由渴望引導出來的）。

10. 同時，由於限制的緣故，還有一種必然以非我為根據的強制感覺出現於渴望之中。渴望的一種客體，即，為衝動所規定的自我假如具有因果性，就會使之成為現實的那種客體（我們暫時可以稱之為**理想**），是與自我的努力完全符合一致的。但渴望的另一種客體，即由於限制感與自我的關係而可能被設定起來，而且實際真正被設定起來的那種客體則是與自我的努力互相牴觸的。於是，渴望的兩種客體是彼此對立的。

11. 就一方面說，沒有強制的感覺，自我中就不能有渴望，毋寧是，自我是綜合地連繫著渴望與強制這兩種感覺的，是同一個自我。可是，在兩種規定中，自我卻又顯然陷於自相矛盾，既是**受限制的**又是**不受限制的**，既是**有限的**又是無限的。這個矛盾，我們必須予以揚棄。現在就讓我們更詳盡地分析它，以便得到滿意的解決。

12. 我們已經說過，渴望企圖使某種在自我以外的東西成為現實，這是它辦不到的。正如我們所了解的那樣，這是自我在它的任何規定中根本辦不到的。——可是，這個向外發展的衝動，一定能起它所能起的作用。它能夠對自我的觀念性活動發生影響，能規定觀念性活動，使之從自我本身中產生出某種東西。——這種生產能力，在這裡無須追問，那是隨後將按發生順序逐步演繹出來的。但是，下面的問題，那是每一個跟隨我們一起思維的人都必然會碰到的，卻必須予以解答。〔這個問題是：〕雖然我們原來是從一種向外的衝動出發的，為什麼我們不早點進行這種推論呢？答案是這樣的：**在自我自己看**

來（因為這裡談的只是在自我自己看來的情況,至於說在一個可能的旁觀者看來,這種推論我們前面已經做過了）,除非自我事先已經限制了自己,否則它就不能有向外發展的方向。因為直到現在為止,對自我而言是無所謂內外之分的。〔當初〕自我本身作這樣的劃分,那是由於演繹出了**自我的感覺**才這樣劃分的。在這種情況下,只要沒有一個外在世界以某種方式**在自我本身**之內向自我顯現出來,自我就不能使自己面向外面。但是,只有透過渴望,才能在自我本身之內有一個外在世界向自我顯現。

13. 問題是,自我的那個由渴望規定了的理想性活動將怎樣進行生產,生產些什麼？── 在自我裡面有某一限制感覺＝X。── 在自我裡還有一個指向實在的渴望。但是,實在只透過感覺而呈現自己於自我之前,也就是說,渴望指向一種感覺。現在,感覺 X 不是那個被渴望的感覺。因為假如是那樣的話,則自我就不會感覺自己是**受到限制的**,不會感覺到自己是有所渴望的,並且就根本不會感覺到自己。── 而相反的感覺－X,是那被渴望的感覺。假如在自我中出現了感覺－X,那就一定會現成存在著一個我們願意稱之為理性的那樣的客體。這種客體是必須被生產出來的。這應該說是理想的事情。── 現在,要麼是這樣:客體 X 本身（X 限制感覺的根據）假如能夠被感覺到,那麼客體－X 就應該透過單純的對立很容易地設定起來的。但是,這是不可能的,因為自我絕對感覺不到一個客體,它毋寧只感覺它自己本身。至於客體,它只能

透過理想性活動來生產。——要麼是這樣：自我假如自己能在自身中激起感覺－X，那麼它就有能力直接將兩種感覺加以比較，指出它們的差異，並在作為它們根據的客體中描述它們的差異。但是，自我並不能在自身中激起任何感覺。因為假如它能激起感覺，那就等於說它具有因果性，而它是不應該有因果性的（這就涉及了理論知識學的這個命題：自我不能自己限制自己）。——因此，這個任務比起直接從限制的感覺推論出與之完全相反的渴望，比起自我憑藉理想性活動單純從限制的感覺那裡生產出渴望來，並不容易。

14. 限制的感覺客體是某種實在的東西，渴望的客體沒有任何實在性。但是，由於渴望的緣故，渴望的客體應該具有實在性，因為渴望是指向實在性的。雙方互相對立，因為自我由於它們之中的一方而感覺自己受了限制，從而向另一方努力，以便從限制中超脫出來。一方是什麼，另一方就不是什麼。到現在為止，我們對雙方能說的就是這些，再多就沒有可說的了。

15. 讓我們進行更深入地分析。——按照上面所說，自我已經透過對感覺的自由反思把自己設定為自我，這是合乎「自己設定自己的東西，同時既規定又被規定的東西，就是自我」這條原理的。——因此，自我已在這個反思（這個反思表現為自我感覺）中規定了自己，充分地表述和規定了自己。它在這個反思中是**絕對規定**。

16. 向外的衝動是指向這種活動的，因而從這一點來說，它就成了一種**從事規定**的，**從事改變的**衝動，而它所規定和

改變的是某種在自我之外的東西，是已由感覺呈現了的實在。——自我既是被規定者又是規定者，它被衝動驅使著向外〔活動〕，這等於說，它應該是**規定者**，但是，一切規定〔活動〕都以一個可規定的質料為前提。——必須保持平衡。於是，實在繼續是它原來所是的那樣的**實在**，繼續是某種可以與感覺發生關係的東西。對於實在本身，對於作為單純質料的實在，任何改變都是不可思議的。因為改變等於消除，等於完全揚棄。但是，改變卻是生命的條件；沒有生命的東西其中就不能有衝動，而且有生命的東西其衝動的目的不能是消除生命。因此，在自我裡表現出來的衝動，根本與質料一般無關，毋寧只涉及某種**質料規定**（我們不能說什麼**不同的質料**。質料、物質，都是絕對單一的，但**質料有不同的規定**）。

17. 出於衝動的**這種**規定，就是被感覺為渴望的那種東西。因而渴望絕對不是去產生質料，而是去改變質料。

18. 渴望的感覺當初之所以不可能，是因為上述衝動沒有對自我的規定進行反思，這是不言而喻的。這種反思當初之所以不可能，是因為衝動沒有受限制，具體地說，是因為那只顯現於渴望之中的，指向著規定的衝動，沒有受到限制。但是，自我的一切限制，都只是被感覺到的限制。這裡要問：**從事規定活動的衝動**，既然是透過某種感覺才被感覺到是受了限制的，那麼，這種感覺是一種什麼樣的感覺呢？

19. 一切規定作用都來自於理想性活動。那麼，假如所需要的感覺可能有的話，那就不會沒有一個客體因這種理想性活

動而被規定起來，而且這種從事規定的行動就不會不與感覺發生關係。——於是，出現了這樣的問題：(1) 理想性活動怎麼會成為這種規定作用的可能性和現實性的？(2) 這種規定作用如何與感覺發生關係的？

對於第一個問題，我們的回答是：早在前面我們就已經透過那只要能起作用就一定經常起作用的衝動規定了理想性活動。按照這個規定，首先**限制的根據**必定是透過理想性活動**被設定**為完全由其自己規定了的客體。但正因為這樣，這個客體並不進入意識，也不可能進入意識。這樣一來，一種在自我之中的衝動，根據對它的單純規定，就被描述出來了。由於衝動的緣故，理想性活動必定至少首先做出努力以爭取對立定起來的客體**進行規定**。——我們不能說自我是**怎麼**因衝動而去規定客體的，但我們至少知道，按照這個根植於自我的最內在本質中的衝動，自我是**規定者**，是規定的**單純的和無條件的活動者**。那麼，這種規定衝動——我們撇開已經知道的**渴望**感覺不談，因為僅僅渴望感覺的存在就對我們的問題有決定性影響——我再說一遍，這種規定衝動能不能按照其純粹**先驗的**根據而具有因果性，而得到滿足呢？根據規定衝動的限制，才有渴望的可能性，根據渴望的可能性，才有感覺的可能性，根據感覺，才有生命、意識，以及一般精神存在。因此，只要自我的確是自我，規定衝動就不具有因果性。但是，其所以不具有因果性的根據，正如前面討論一般衝動時所指明的那樣，卻不能存在於規定的衝動自身之中，因為假如這個根據就在其自身

之中，則規定的衝動就不是衝動了。因此，其根據是存在於非我的一種**規定自己本身**的反衝動中，存在於非我的一種與自我及其衝動完全無關的作用或衝動中。而這種作用走的是自己的道路，遵循的是**它自己**的規律，正如自我的衝動遵循它自己的規律那樣。

因此，如果一個客體及其種種規定是自在的，也就是說，是由本性的固有的內在作用產生出來的（對於一個客體來說，這是我們假設的，但**對於自我來說**，我們將馬上證明這是現實的）。如果自我的理想性（從事直觀的）活動是像我們證明了的那樣被衝動驅逐出去的話，那麼，自我就將要並且必定規定著客體。自我在這種規定中受衝動的引導，力圖按照衝動來規定客體。但是，它同時又處於非我的干預之下，被事物的實際性質所限制，以致在或高或低的程度上**不能**〔完全〕按照衝動來規定客體。

由於衝動具有這樣的侷限性，自我就受到限制。於是正如任何努力受到限制的那樣，就出現了一種感覺。在這裡，這是一種自我受限制的感覺。自我不是感覺受了**質料**的限制，而**是受了質料的性質**的限制。這樣一來，第二個問題也就同時解答了。這個問題是：規定的侷限性怎麼會與感覺發生關係。

20. 讓我們現在對剛才說的進行更深入的討論，提出更確切的證明。

(a) 像上面指出的那樣，自我是透過絕對自發性規定著自

己本身的。這種規定活動就是我們當前正討論的衝動所涉及的那種活動。它是被衝動驅使著向外面去的。如果我們想澈底認識由衝動所驅使的活動的規定〔作用〕，那麼，我們就必須首先澈底認識**活動自身**。

(b) 在行動裡，活動只不過是**反思作用**。它是按照自我的本來面目規定自我的，並不改變自我的什麼東西。所以人們完全可以說，當初它是一種單純的**造型作用**。它那裡沒有的東西，衝動既不能也不該給它添加進去。因此，衝動僅只驅使它將現成存在的東西加工製造出形象來，如果確有某種東西現成存在在那裡的話。它只被衝動驅使去直觀事物，但絕不透過實際作用去改變事物。一種規定只應該在自我中被產生出來，就像它是在非我中的那樣。

(c) 但是，就一種意義來說，那對自己本身進行反思的自我必定曾在自身中具有反思的尺度。也就是說，自我所涉及的曾是這樣的東西，這東西**既是被規定者又是規定者**，自我曾設定這東西為自我。只要我們僅僅把這種東西視為能反思的，那麼這種東西之所以曾經現成存在在那裡，就不取決於自我。然而自我為什麼不曾對較少的東西反思呢？為什麼單單反思被規定者或規定者呢？它又為什麼不曾對更多的東西進行反思呢？為什麼不曾擴展它的反思對象的範圍呢？其之所以如此的根據，曾經必定在自我之內。這是因為，當初發生反思完全是出於絕對的自發性。這樣一來，那隸屬於每一反思的東西就不能不只在自己本身中有它自己的界限。——當初情況之所以這

樣，也可以透過另外一種考察顯示出來。自我應該已被規定，那既是被規定者又是規定者的東西，曾經被設定為自我。反思者曾在其自己本身中有這種尺度，並把這尺度帶到反思中去。因為，**既然它是透過絕對自發性進行反思的**，它本身就是那同時既是被規定者又是規定者的東西。

是否反思者也有為非我的規定所適用的這樣一種內在的規律呢？如果有的話，那它是一種什麼樣的規律呢？

這個問題是很容易根據前面已經列舉的理由來解答的。衝動所涉及的是進行反思的自我，如果進行反思的自我存在的話。衝動既不給自我增添什麼也不從自我那裡取走什麼，衝動的內在規定的規律始終是同一個東西。凡是應該成為自我反思作用的對象和凡是應該成為自我（理想性）規定作用的對象的一切東西，都必定（實際上）「同時既是規定者又是被規定者」。那要加以規定的非我，也是這樣。因此，主觀的規定規律就是**某種這樣的東西，它同時既是被規定者又是規定者，或者說，它是透過自己本身被規定的**。而且，規定的衝動所追求的就是發現這樣的東西，規定的衝動只能在這個條件下得到滿足。——規定的衝動所要求的規定性，所要求的充分完整性，僅僅以此為標誌。某種東西，**只要它是被規定者**而不同時也是**規定者**，那它就是一個**結果**。而這種被引起來的結果，作為某種**外來的東西**，被排除於事物之外，為反思引進的界限所隔離，並由**某種其他的東西**加以說明。某種東西，**只要它是規定者而同時又是被規定者**，那它就是一個**原因**，而規定作用被連

繫到**某種別的東西**上,並由此而被排除於反思給事物所設定的領域之外。只有事物與自己本身發生互動的時候,事物才是一個事物,才是那同一個事物。這個標誌原是自我的標誌,規定的衝動把它從自我那裡取來轉嫁到事物身上。而這一點非常重要,值得注意。

(我們用最普通的事例就可以說明。為什麼甜或苦,紅和黃如此等等,都是一種不能再進一步分解的**單一的感覺**呢?——或者說,為什麼它們一般說來都是一種自身獨立的感覺,而不僅僅是別的感覺的一個組成部分呢?其之所以如此的理由根據,顯然必定存在於那意識到它們各是一個單一感覺的自我之中。因此,在自我裡必定**先驗地**就有一個劃分界限的一般規律。)

(d) 規定的規律雖然一樣,自我與非我的差別卻始終存在。如果被反思的是自我,則反思者與被反思者也是同一個東西,既是被規定的又是能規定的。如果被反思的是非我,則反思者與被反思者就是相對立的,因為不言而喻,反思者永遠是自我。

(e) 現在同時就提出了很嚴格的證明。證明規定的衝動並不涉及對實在的改變作用,而只涉及對理想的規定作用,即對自我的規定作用,造型的作用。凡是可以是規定的衝動客體的東西,必定實際上完全是由自己本身所規定的,而且在這裡根本就沒有自我的實在活動的存在餘地,毋寧自我的實在活動會與衝動的規定發生明顯的矛盾。因為如果自我實際上有所改

變，那麼，應該出現的東西還沒有出現。

21. 現在還有這樣一個問題：可規定的東西是如何並以什麼方式被給予自我的。透過對這個問題的解答，我們就將更進一步深入到這裡要去剖析的這種行動體系的連繫中去。

自我反思它自身，把自身反思為既是被規定者又是規定者，並且恰恰由於自己既是被規定者又是規定者，它為自己劃定了界限，作了限制。但是，沒有一個限制者，就沒有**限制**可言。這個限制者，即自我的對立者，不能像它在理論上被假設的那樣由理想活動產生出來，而必須是給予自我的，必須就在自我之中。可是，在自我之中的東西，當然只能是前面提過的在這種反思中被排除了的那種東西。──只有自我既是**被規定者又是規定者**，自我才設定自己為自我。但自我只在理想的意義上才既是被規定者又是規定者。至於自我趨向實在活動的那種努力，則是受限制的，正因為是受限制的，它才得到設定，才被設定為一種內在的、封閉的，規定自己本身的力量（即它同時是被規定的和規定的），或者，因為這種力量沒有外表，就被設定為積極的質料。這種質料得到反思，因此，它透過設定對立的作用被移往外部。而自在的、原始的**主觀的東西**就被轉變為一種**客觀的東西**。

(a) 這裡，「如果沒有非我相反地設定自己，則自我就不能設定自己為被規定的」這個命題從什麼地方產生出來的問題就完全清楚了。──也就是說，我們根據現在已經熟知的這個命題本來應該從一開始就能做出「如果自我要規定自己，它就

必然地要設定對立的某種東西以與自己相對立」這一推論。但是，由於我們是在知識學的實踐部分裡，從而我們必須隨時隨地照顧到衝動和感覺，所以我們曾經不得不從一種衝動推論出這個命題來。——從本源上說，衝動是向外的，它發揮著它所能發揮的作用。而且，由於它不能對實在活動發揮作用，所以它至少對那按本性說根本不能受限制的理想活動發揮作用，並驅使其朝向外面。這樣一來，設定對立就出現了。從而一切意識規定，特別還有自我和非我的意識，就都透過衝動並在衝動之中連繫在一起了。

(b) 主觀的東西變成了一種客觀的東西，反之，一切客觀的東西本來就是一種主觀的東西。——我們舉不出一個完全恰當的例子來，因為這裡說的是一般的**被規定者**。而一般的被規定者，除了是一個被規定者之外就再也不是什麼了。這樣一種東西之所以根本不能出現在意識之中，其理由我們馬上就會看到。任何一個被規定者，如果它確實出現在意識中，那麼，它就必然是一個**特殊的**東西。但是，我們前面提出的那個見解，可以透過特殊東西的這個事例，在意識裡得到完全明確的證明。

例如：特殊的東西是某種甜的、酸的、紅的、黃的，或者類似的東西。這樣一種規定顯然只是**主觀的東西**。而這種主觀的東西我們希望不會有什麼人去否認，只要他理解這個詞的意思就可以了。什麼是甜或酸，什麼是紅或黃，這是絕對不能描述而只能感覺的，是〔絕對〕不能透過描述告訴別人的，而必須由別人親自用感覺與對象發生接觸，才能使我們的感性經驗

成為他的知識。人們只能說：**在我這裡，我有苦的感覺，我有甜的感覺**等等，此外什麼也不能說。──可是，既然是這樣，那麼，即使別人也使對象與他的感覺發生接觸，你們怎麼知道你們的感受會因他接觸了對象就也成為他的知識呢？你們怎麼知道他會和你們產生同樣的感覺呢？比如說，你們怎麼知道糖在他的味覺上造成的印象恰恰就是糖在你們的味覺上造成的那種印象呢？不錯，你們把你們吃糖時在你們那裡產生的印象叫做**甜的**，而且他和所有同胞也都和你們一樣把吃糖的印象叫做甜的。但這種彼此同意僅僅是口頭上的。試問你們怎麼知道你們雙方都稱之為甜的那種感覺在他那裡恰恰就和在你們那裡的是同一個感覺呢？在這個問題上，是永遠搞不出什麼名堂來的。事情屬於單純主觀的領域，絕對不是客觀的。只有透過綜合作用，把糖與一個特定的**就其自在地而言是主觀的**，只不過**由於它的一般規定性**才成為客觀的味覺綜合起來，事情才過渡到客觀性領域。──我們的一切知識，都是從這些與感覺發生的單純關係中產生出來的。沒有感覺，就不可能有對我們之外的任何事物的表象。

現在，你們把**你們自身的**這種規定直接地轉嫁到**你們以外的**東西上。你們把你們的自我所固有的偶性當成存在於你們之外的一種偶然的事物（這是為了需要而在知識學裡建立起來的那些規律所要求的），使之成為**應擴展於空間並充實於空間之中的質料**的一種偶性。這種質料也許只是某種存在於你們之內的單純主觀的東西。應該說，你們至少早就對此發生懷疑

了，因為你們並不需要對這種質料另外有任何新的感覺，就能把某種按你們自己的理解來說的單純主觀的東西轉移到它身上去。而且因為這樣一種質料，如果沒有可以轉嫁於其自身的主觀東西的話，對你們而言，它就根本不存在，從而對你們而言它就什麼也不是，只不過是你們所需要的那種從你們自身中遷移轉嫁出來的主觀東西的負荷者而已。──既然主觀的東西是你們轉移到它身上的，它就毫無疑問是存在於你們之內並且是為你們而存在在那裡的。那麼，假如它現在本來是存在於你們之外，僅僅為了使你們有可能去進行綜合才從外面進入你們之內，那麼，它就必定是透過感官進入你們之內的。但是，感官只能輸送前面所說的那種主觀的東西給我們，而質料，作為質料，絕不能進入感官，毋寧只能由創造性的想像力規劃或設想出來。質料確實是看不見的，聽也聽不到，嘗也嘗不到，聞也聞不到的，但是，它卻接觸產生感覺的感官（**觸覺**），〔透過觸覺〕它也許能扔進某種沒有抽象化的東西。但是，觸覺這個感官只以抵抗的感覺為其徵兆。它的特徵是感到一種反抗，一種「不能」，而「不能」則是主觀的。抵抗者畢竟不是**被感覺到的**，而只是**被推論出來的**。觸覺只涉及到表面，表面永遠只透過某種主觀的東西顯示出來。比如說，表面是粗糙的或者光滑的，冷的或者熱的，硬的或者軟的等等。但觸覺並不進入物體的內部。那麼，你們為什麼首先把你們所感覺的這種冷或暖（連同你們用來感覺冷或暖的手）擴展到整個表面而不限制在〔你們所感覺的〕一個個別點上呢？然後你們怎麼竟會承認在表面之間有一個你們根本沒有感覺到的物體內部呢？物體內部

顯然是由創造性的想像力創造出來的。——可是，你們卻把這種質料當成某種客觀的東西，而且你們這麼做也有理由，因為你們所有的人都一致同意質料是現成存在的。因為這種東西的產生是以一切理性的一條普遍規律為根據。

22. 衝動是指向那個對自己本身進行反思，把自己本身規定**為自我**的自我活動**本身**的。因此，自我作為對事物進行規定的東西，自我在這種規定作用中反思自己本身，這乃是明確地由衝動規定了的。自我必定進行反思，也就是說，它必定把自己設定為規定者。——（我們以後將再回到這個反思上來。現在讓我們只把這個反思當成推動我們的探討繼續前進的一個輔助手段。）

23. 自我的活動是一個單一的活動，它不能同時對著許多客體。它應該規定我們可以稱之為 X 的那個非我。現在，自我則應該在**這個規定作用中**，透過同一個活動，對自己本身進行反思。假如**規定** X 的行動不被中**斷**，則自我對自己本身進行反思就是不可能的。自我的自身反思是絕對自發地出現的，〔自我對 X 的〕規定行動的中斷，同樣也是絕對自發地出現的。自我是以絕對自發性把自己的規定行動中斷的。

24. 因此，自我在其規定作用中是受到限制的。由於自我是受到限制的，這就出現了一種感覺。自我之所以是**受了限制的**，乃是因為**規定作用**這一衝動是不受任何規定地向外衝去以至於無限。——它本身具有反思的規定，以對那實實在在自己被自己規定了的同一個東西進行反思。但是，並不具有規律

性，以限定它只應前進到 B 點或 C 點等等為止。現在，這種規定作用已在某一點上，例如：我們可以稱之為 C 點上，被中斷了（這個界限是一種什麼樣的界限，我們可以不去管它，在適當的地方自會說明清楚。但我們切不可設想它是一種空間裡的界限。這裡說的是一種強度上的界限，例如：一種使甜的和酸的等等區別開來的界限）。於是，這裡就出現了關於規定的衝動的**一種限制**，以作為某種感覺的條件；另外，這裡還出現了對這種限制的**一種反思**，以作為這種感覺的另一個條件。因為，當自我的自由活動中斷了客體的規定作用時，這個自由活動就進行規定和劃定界限，為客體劃定整個範圍（客體的範圍正是由於這樣才成為一個範圍）。但是，自我並沒有意識到它的行動的這種自由性。因此，劃定界限這一作用就被推到客體身上。──於是，這種感覺是由於事物的**規定性**而引起的一種自我有界限的感覺，或者說，是一個被規定者、一個**簡單事物**的一種感覺。

25. 現在，我們來描述這樣一種反思：這種反思是接替被中斷了的，卻因為有一種感覺才表現出自己是被中斷了的那個規定作用而出現的。──在這個反思中，自我應該設定自己為自我，也就是說，自我應該設定自己是在行動中自己規定自己的那種東西。顯而易見，那作為自我的產品被設定起來的東西，不會是任何別的東西，只能是關於 X 的一種直觀形象，至於 X 本身絕不會像根據原理那樣，或者甚至像根據上文所論述的那樣，得到闡明。它被設定為自我的自由產物，也就是

說，它被設定為**偶然的**東西，被設定為一種並非必然成為現在這個樣子，而也可能是別的樣子的東西。——假如自我（透過它對當前的這個反思再次反思）意識到了它在造型中的自由，那麼，形象就會被設定為**與自我具有偶然關係的**了。這樣一種再反思，在這裡還沒有出現，所以形象必須被設定為**與一個其他的非我有偶然關係的**。這另一個非我，我們至今對它還完全一無所知。下面我們就已經說過的一般論點對它進行較為完全的探討。

為了符合規定的規律，X 不得不是被自己本身規定了的東西（既是被規定的，又是進行規定的）。現在，按照我們的假設，X 正是這樣的東西。另外，由於已經出現了的感覺的緣故，X 應該前進到 C 點而不再走得更遠。但是，對它的這一規定，也就只規定這麼多（這個話的含義，隨後就會顯示出來）。這種規定，在**理想地**進行規定或進行直觀的自我中，並沒有任何規定。自我沒有這方面的規律（自己規定自己的那個東西，僅僅就到此為止嗎？從一方面說，只就其自身來說，這個東西固然很明顯應該走得更遠，也就是說，它應該趨於無限；但從另一方面說，即使在事物中存在著差別，那麼，這種差別怎麼竟會進入了理想性的自我的作用範圍中的呢？自我與非我根本沒有接觸點，而且正因為沒有這種接觸點，正因為自我不受非我的限制，所以自我才是**理想地**活動著的。那麼，〔非我中的〕差別怎麼會接觸到自我呢？——用通俗的話來說，為什麼甜的是不同於酸的，是與酸的相對立的東西呢？一

般說來，無論甜的，還是酸的，都是某種**被規定了的**東西。但是，除了這個一般性質之外，它們兩者的區別根據在哪裡呢？區別根據不能只存在於理想性活動裡面，因為關於兩者的概念是不可能的。可是，根據至少必定部分地存在於自我之中。因為這個差別是一種**對自我而言的**差別）。

於是，理想性自我就憑其絕對自由在界限之上與界限之內漂浮擺盪。它的界限是完全不確定的。它能始終保持這種狀態嗎？絕對不能。因為，現在按照假設，它應該對於作這種直觀的它自己本身進行反思，從而應該在這種直觀中對自己本身進行反思，把自己設定為**受規定的**，因為一切反思都以規定為前提。

規定的規則一般是我們所熟知的。這個規則是：一個東西只有被它自己本身所規定，它才是被規定了的。因此，自我在對 X 進行上述的直觀時就必定是由自己本身設定它的直觀界限的。它必定是因自己規定自己而設定 C 點以作為界限的點的，因而，X 是透過自我的絕對自發性而受到規定的。

26. 但是——這個論證非常重要——X 是這樣一種東西，它按照一般的規定的規律，由自己本身來規定自己，而且僅僅因為它自己規定自己，它才是上面所說的那種直觀的對象。——到此為止，我們可以說只不過談到了**內在的**本質規定。但外在的界限規定可以直接從中推論出來。只要 X 同時既是被規定的又是進行規定的，則 X = X，而且**它是多麼遠**，比如說，直到 C 點，**它就前進多麼遠**。如果自我根據情況恰當地為 X 劃定界限，那麼，它就必定是把 X 限定在 C 點上。

而這樣一來，人們就不能說界限是由絕對自發性劃定的了。兩者互相矛盾，必須從中做出區別。

27. 但是 —— X 被限制在 C 點上，只是**被感覺到的**，而不是被直觀到的。被自由設定的東西只是**被直觀到的**，而不是**被感覺到的**。直觀與感覺這兩者之間沒有任何關聯。直觀**在看**，卻是**空的**；感覺**在連繫實在**，卻是**瞎的**。——但根據眞理來說，既然 X 是被限制了的東西，X 就應該受到限制。因此，這就要求在感覺與直觀之間有一種聯合，有一種綜合性的關聯。我們現在對直觀作進一步的研究。透過這項研究，我們會不知不覺地達到我們所尋求的那個〔聯合〕點。

28. 當初的要求是：直觀者透過絕對自發性爲 X 劃定界限，而且在被劃定界限時，X 還要顯得好像只是由自己本身劃定了界限的。這個要求將得到滿足，只要理想性活動憑藉自己的絕對生產能力越過 X 而在 B、C、D 等點上（因爲這種確定的界限之點，既不能由理想性活動自己去設定，也不能被直接地提供給理想性活動）設定一個 Y 就行了。—— 這個 Y，作爲內在規定了的東西，作爲與一個某物相對立的東西，必須 (1) 本身是個某物，也就是說，它必須按照規定性一般的規律既是被規定的同時又是進行規定的；(2) 它應該與 X 對立，也就是說，它與 X 的關係是：當 X 是規定者時，Y 對 X 不是像一個被規定者那樣，當 X 是被規定者時，Y 對 X 不是像一個規定者那樣，反之亦然。〔因此，〕要把兩者結合起來，要把兩者作爲一個東西進行反思，那應該是不可能的（應該充分注意的

是：我們這裡所說的並不是相對的規定或限制，它們兩者當然是在相對規定或限制之中了。我們所說的乃是內在的規定或限制，它們兩者並不存在於內在規定或限制之中。每一個 X 的可能點都與每一個 X 的可能點發生互動；同樣每一個 Y 的可能點也與每一個 Y 的可能點發生互動。但是，並非 Y 的每一個點都與 X 的每一個點發生互動，反過來說，也不是 X 的每一點都與 Y 的每一點發生互動。它們兩者都是某種東西，但每一方各是某種另外的東西。而正因為這樣，我們才提出並解答「它們是**什麼**？」的問題。沒有對立，整個非我也是個某物，但它不是有規定的某物，而僅僅是**某物**；沒有對立，「這個是什麼或那個是什麼？」的問題就根本沒有意義，因為這個問題只有透過對立才能解答）。

這就是為什麼衝動要對理想性活動進行規定的理由。按照這個規則，我們所要求的那種行動的規律，現在就可以很容易地推演出來了，即：X 和 Y 應該互相排斥。這種衝動，就其在這裡所表明的那樣是單純指向理想性活動而言，我們可以稱之為**要去互相規定的衝動**。

29. 作為界限的 C 點，是單純由感覺設定的。因此，存在於 C 點以外的 Y，既然恰恰從 C 點開始，也應該只是由於其與感覺的關係而被給出。感覺是把兩者在界限上聯合起來的唯一的東西。──這樣，相互規定的衝動就同時結合為一個感覺。在這個衝動裡，**理想性活動與感覺**兩者是內在地結合著的；在這個衝動裡，整個的自我是一個東西。──就這種情況

而言，我們可以把這種衝動叫做**趨於一般相互〔作用〕的衝動**。——它靠渴望來表現自己，渴望的客體乃是某種**其他的東西**，與現實存在著的東西**相對立的東西**。

在渴望裡，理想性和**趨**於實在性的衝動是內在地結合著的。渴望所追求的是**某種其他的東西**，而渴望追求某種其他的東西，則只在理想性活動事先進行了規定這個前提之下，才有可能。此外，追求實在性的（作爲被限制了的）衝動，也出現於渴望之中，因爲渴望是**被感覺到**而不是被思維到或被表現出來的。這裡已經表明，在一種感覺裡，如何會出現一種**向外的**衝動，而且如何會出現一種對於外在世界的預感。這是因爲渴望受那不受任何限制的自由的理想性活動所左右。這裡還進一步表明，一種理論性的心理機能如何會回過頭來與實踐能力發生連繫。只要有理性的本質曾經成爲一個完全的整體，這種情況就一定曾經是可能的。

30. 感覺並不依存於我們，因爲它依存於一種限制，而自我卻不能自己限制自己。現在應該有一種相反的感覺出現，那麼問題就是：這種感覺所賴以可能的外在條件會出現嗎？這種外在條件必定出現。如果它不出現，自我就會感覺不到**有規定的東西**。從而就會感覺不到**任何東西**。因此，自我不是活著的，就不是自我，而這種情況是與知識學的前提相矛盾。

31. 感覺到一個**對立物**的那種感覺，乃是衝動得以滿足的條件。一般來說，要求**感覺互相交替的那種活動**，就是**渴望**。那麼，現在，被渴望的東西是有了規定了，然而只是由受詞規

定了的。對於感覺來說，它應該是**某種交替著的不同的東西**。

32. 可是，自我不能同時感覺到兩種情況，因為它不能既在 C 點上被限制，又在 C 點上沒有被限制。因此，改變了的狀態就不能作為改變了的狀態**被感覺到**。因此，另一感覺就一定僅僅是被理想性活動直觀為某種與當前的感覺不同而且對立的東西。——那就必然會在自我之中永遠同時存在著直觀與感覺，並且兩者會在同一個點上綜合地連結起來。

另外，理想性活動不能取代任何感覺，或者能夠產生一種感覺。因此，理想性活動也許只能以這樣的辦法來規定它自己的客體，亦即是說它的客體**不是**被感覺者，說它的客體可以具有一切可能的規定而唯獨不會具有感覺中現實存在著的那些規定。這樣一來，對理想性活動而言，事物就將始終只是被消極地規定了。而被感覺者因此就好像是沒有被規定了。在這裡，我們想不出其他的規定方式來，唯一能想出來的就是那種向無限繼續前進的，消極的規定作用。

（情況當然就是這樣。比如說，什麼叫甜的呢？首先，甜的就是某種不與視覺、聽覺等等發生關係，而與**味覺**發生關係的東西。至於說什麼是味覺呢？那是你們透過感覺一定已經知道了的東西，而且你們也可以透過想像力把它想像出來，也就是說，透過**一切不是味覺的**東西把它想像出來，但是，當然只是模糊消極地想像出來的。其次，甜的就是那與味覺有關的東西中不是酸的，不是苦的，也不是你們所列舉的不論多少其他味覺的特殊規定的東西。即使你們把你們所知道的味覺方面

的感覺統統列舉一遍，你們當然永遠還能發現你們至今不知道的新的感覺，而對於這些新的感覺你們仍然會判斷說，它們不是甜的。由此可見，甜的與你們已知的一切味的感覺之間的界限，始終還是無限的。）

唯一還有待於解答的問題應該是：理想性活動怎樣認出感覺者的狀態已經改變了呢？——我們暫時答覆道：這種狀態的改變會透過渴望的滿足，透過一種感覺表現出來。——從渴望得到滿足的情況中將會推論出許多重要的東西。

§11. 第八定理

諸感覺自身都必能對立起來。

1. 自我應該透過理想性活動設定一個客體 Y 與客體 X 相對立。它應該設定自己是已經改變了的。但是，它之所以設定 Y，僅僅是因為受一種感覺，確切說一種**其他的**感覺所激發。——理想性活動僅僅依存於其自身，並不依存於感覺。在自我裡，現實存在著一個感覺 X。在這種情況下，正如已經指明的那樣，理想性活動不能限定客體 X，不能指明客體 X 是**什麼東西**。可是，如果按照我們的假設，在自我裡出現了另外一種感覺＝Y，那麼，現在理想性活動就應該能夠規定客體 X，也就是說，應該能夠設定一個規定了的客體 Y 與客體 X 相對立。因此，感覺裡的變化和交替就應該能對理想性活動產生影響。問題是，怎麼會是這樣的呢？

2. 感覺本身，對於除了自我以外的任何旁觀者來說，都是**各不相同的**。但是，它們應該對於自我本身而言是各不相同的，也就是說，它們應該被設定為互相對立的感覺。要設定為對立的感覺，只有依靠理想性活動。這樣一來，感覺就被設定起來，而且為了使兩者能夠被設定起來，兩者被綜合地連結起來，卻又對立起來了。於是，我們必須解答下列三個問題：(a) 一個感覺是怎麼被設定起來的？(b) 兩個感覺怎麼透過設定而被綜合地連結起來的？(c) 兩者是怎麼被對立起來的？

3. 一個感覺透過理想性活動被設定起來，我們只能設想這是由於自我在完全不自覺地對它的衝動的一種限制進行反思。這樣，首先就出現了一種自身感覺。然後它又對這個反思進行反思，或者說，它又在第一個反思中把自己設定為既是被設定者又是設定者。那麼這樣一來，感覺本身就變成了一種理想性的活動，因為理想性活動被擴展到感覺上來了。自我感覺到，或者更確切地說，**感受到某種東西**，感受到質料。——這種反思是我們前面已經談到過的一種反思，透過它，X 才變成客體。透過對**感覺**的反思，X 才變成**感受**。

4. **透過理想性設定**，感覺被綜合地連結起來了。它們連結的根據，不可能是別的，只能是對這兩種感覺進行反思的根據。這種反思的根據之所以曾經是它們的根據，是因為除非這樣，否則要求交替規定的衝動就不會得到滿足，就不可能作為滿足了的而得到設定，並且因為如果上述衝動沒有得到滿足和設定的話，那麼，就沒有感覺，從而就根本沒有自我。——也

就是說，對兩者進行反思的綜合性連結的根據之所以是兩種感覺的連結根據，〔乃是因為〕沒有對**兩者**的反思，就不能有**對兩者之一**，即對一種感覺的反思。

在什麼條件下將不會發生對單獨一種感覺的反思，這是馬上就可以看清楚的。——每一種感覺都必然是自我的一種界限。因此，如果自我沒有受到限制，那麼，它就不會感覺。而如果它不是**被設定**為受了限制的，那麼它就不能被設定為能感覺的。因此，假如**兩種感覺**之間的關係是**一種感覺被另一種感覺**所限制和規定，那麼，除非〔同時〕對兩種感覺進行反思，否則既不會有對此一感覺的反思，也不會有對彼一感覺的反思，——因為如果不就它的界限進行反思，那麼，任何東西都不能被反思，而在這裡，總是一種感覺構成另一種感覺的界限。

5. 如果感覺之間的關係就是這樣一種關係，那麼，在每一種感覺中都必定有某種暗示著另一感覺的東西。——實際上我們也確實找出過這種關係。我們曾經舉出過一種感覺，這種感覺是與一種渴望結合著的，因而與一種追求**變化**的衝動結合著。那麼，如果這種渴望被充分地規定了，則其另一方，被渴望者，也就被指明了。現在，這種感覺實際上也已經被作為假設而假定下來了。被渴望者本是可以按照自己的意圖來規定自我的，只要它是一個被渴望者，只要它是個有規定的被渴望者，它就必定與渴望者發生關係，並且它既然與渴望者發生關係，它就必定本身伴有一種**滿足**的感覺。如果沒有渴望所追求的那種滿足，渴望的感覺是不能被設定起來的。如果沒有一個

要去滿足的渴望為前提，滿足也是設定不起來的。渴望在哪裡停止，滿足就在哪裡開始，哪裡就是界限所在之處。

6. 現在僅僅還有一個問題要問，那就是，滿足是怎麼在感覺裡顯示出來的？——渴望起初是由於不可能進行規定而出現的，因為它缺乏界限。因此，理想性活動與追求實在性的衝動在它那裡曾經是結合在一起的。可是，一旦出現了另一種感覺，那麼，(1) 給 X 以必要的規定，給 X 劃定完全的界限，就成為可能的了。而且由於與它有關的衝動和力量都已具備，就不僅可能而且實際上實現了；(2) 恰恰由於實際上 X 有了規定和界限，這就推論出有另一種感覺存在在那裡。在自在的感覺裡，差別作為界限本來是根本沒有並且不可能有的東西。但是，由於如果感覺不變化，則本來不可能的某種東西現在成為可能的了，這就推論出感覺者的狀態已經發生了變化；(3) **衝動**與**行動**現在是一個東西。衝動所要求的規定，不僅是可能的，而且已經實現了。自我反思了**這種感覺**，並在感覺中反思了**自己本身**，把自己反思為既是被規定者又是規定者，把自己反思為與自己本身完全統一的東西。而感覺的這種規定，人們可以稱之為**讚賞**。感覺是伴隨著讚賞的。

7. 自我如果不區別衝動與行動，它就不能設定兩者的這種一致性，但它如果不設定某種它們從中得以表現對立的東西，它又不能區別兩者。那麼，這種東西就是先前出現的那種感覺，因而它必定是伴隨著一種**厭惡**（厭惡是讚賞的反面，是衝動與行動之間不和諧的表現）。——並不是每種渴望都必

然伴隨厭惡，但是，每當一個渴望得到滿足時，它就會引起厭惡。這樣它就變得庸俗乏味。

8. 理想性活動所設定的客體 X 與 Y，現在不再僅僅是由對立所規定的，而且也由**厭惡**和**快樂**這兩個受詞規定了。並且它們將被繼續規定下去，以至於無限。至於事物的種種內在規定（都與感覺連繫著），就不再是什麼別的，而只不過是各種程度的厭惡和快樂。

9. 到此為止，上述的和諧或不和諧，讚賞或厭惡（作為兩種不同東西的配合或不配合，並不作為感覺），都是只為一個可能的旁觀者，不是為自我本身而存在在那裡的。但是，兩者也應該為自我本身而存在在那裡，並為自我所設定——究竟是單純理想地由直觀所設定，還是由一種對感覺的關係所設定的，我們現在還不知道。

10. 為了使某種東西是按照理想被設定起來的，或是被感覺出來的，都必須先有一種衝動出現。沒有自我中的衝動，就沒有存在於自我中的任何東西。由此可見，必須出現一種追求上述和諧的衝動。

11. 說是和諧的，意思也就是說可以認為是互為規定者和被規定者。——可是，和諧的東西不應該是單一的東西，而應該是一種彼此和諧的雙重物。假如兩者是彼此和諧的，那麼，其間的關係就會是下面這樣的：A 在其自身中就必定既是被規定者又是規定者，B 也是這樣。但是，現在在兩者之中必須還

另外有一種特殊的規定（關於何種程度的規定），按照這種特殊規定，當B被設定為被規定者時，A才是規定者，反之亦然。

12. 這樣一種衝動就在**交互規定**的衝動之中。──自我透過 Y 規定 X，反之，又透過 X 規定 Y。〔我希望〕人們注意自我在這兩種規定中的行動。每個這樣的行動，顯然都是由另一行動所規定的，因為每種行動的客體都是由另一行動的客體所規定的。──人們可以把這種衝動叫做**要求**自我由自己本身來進行**交替規定的衝動**，或要求自我在自己本身中達到絕對**統一**和完滿的衝動。──（現在，整個的範圍都經歷過了：首先是自我的規定的衝動，然後是透過自我而來的非我的規定的衝動。──由於非我是一種雜多的東西，從而它沒有特殊的東西可以在自身中由自己本身加以規定。──〔然後〕是透過交替以規定非我的衝動；〔之後〕是透過自己本身憑藉上述交替作用交替規定自我的衝動。這樣一來，這就是一種自我與非我的交替規定，而自我與非我的交替規定，由於主體的統一性，又必定變成一種自我透過其自己本身而進行的交替規定。這樣一來，以前提出的那個方案所列舉的種種自我的行動方式，就統統經歷了，全部窮盡了。而且方案保證了我們對自我的主要衝動所進行的演繹是完整無缺的，因為它已經把衝動的體系圓滿結束了。）

13. 彼此和諧的，由自己本身互相規定了的東西，應該是衝動和行動。(a) 兩者應該可以被認為自在地同時既是規定的又是進行規定的東西。這種衝動是一種絕對自己產生自己的衝

動,一種絕對的衝動,一種為衝動而衝動的衝動(如果我們把它當成規律來說,就像它恰恰為了這種規定而必須就某一個反思來說的那樣,那麼,它就是一個為規律而規律的規律,一個絕對的規律,或者是這樣的絕對命令:「**你無條件地應該**」)。在這種衝動中,**無規定者**究竟在什麼地方,那就很容易看出來了,也就是說,衝動把我們毫無目的地驅趕到無規定者那裡去(絕對命令僅僅是形式的命令,沒有任何對象)。(b)一種行動既是被規定的,又是進行規定的,其含義是:行動的發生,是由於行動正在發生,因為它是為行動而行動的,或者說,因為它是以絕對自身規定和自由而行動的。行動的全部根據和一切條件都包含在行動本身之中。——那麼,在這裡,無規定者存在於什麼地方,也就同樣立即顯現出來。沒有客體,就沒有行動,因此,行動必須同時為它自己提出客體來,而這是不可能的。

14. 於是,**衝動**與**行動**之間的關係應該是:它們彼此互相規定。首先,這種關係要求行動**可以被視為**是由衝動**產生出來的**。行動應該是絕對自由的,從而不是由任何東西強制規定的,從而也不是由衝動所規定的。然而它卻能有這樣的性能,即,它可以被視為由衝動所規定的,或者也可以被視為不是由衝動所規定的。那麼,這種和諧和不和諧**怎麼**表現出來呢?這正是有待解答的問題,而問題自己馬上就會找到自己的答案。

然後,這種關係還要求**衝動**把自己設定為由行動所規定的。——在自我裡,不能有任何同時對立著的東西。但衝動與

行動在這裡卻是對立著的。因而當確實有行動出現時，衝動就被中斷了，或已被限制了。由於衝動被中斷，就有一種**感覺**產生出來。這種感覺的可能根據，行動要去探索，加以設定，予以實現。

可是，如果按照上述要求，**行動**是由**衝動**規定了的，那麼，客體也是由衝動規定了的。因為客體是適應著衝動的，是衝動所要求的東西。衝動現在（從理想上說）具有可規定性，是可以由行為加以規定的，不過應該給它補上一個受詞，從而它就是當初追求這種行動的那種衝動。

和諧有了，**讚賞**的感覺產生了。讚賞的感覺在這裡就是一種**滿意**、充實、完成的感覺（但是，這種感覺由於必然要再回來渴望，所以它僅僅持續一瞬間）。——如果行動不是由衝動所規定的，那麼，客體就與衝動**相牴觸**，就會出現一種**厭惡**的感覺，一種不滿意的主體與其自身分裂的感覺。——即使在這種情況下，衝動也是可以由行動予以規定的，不過只能被否定性地規定罷了，只能說它當初就不是追求這種行動的那種衝動。

15. 這裡所說的行動一如既往，乃是一種單純理想性的，透過表象而出現的行動。就連在我們所**信仰**的感官世界裡我們的感性作用，除了間接地透過表象之外，也沒有其他的辦法回到我們身上來。

術語對照

A

Abhängigkeit 依存性
Absolute 絕對
Analogie 類似；類推
Analysis 分析
Anschauung 直觀
Anstoβ 阻礙
Antinomie 二律背反
Antithese 反題
Apriori 先驗
Auffassen 理解；領會
Aufheben 揚棄
Aufmerksamkeit 注意力
Ausdehnen 擴展
Aussereinander 彼此之外的
Auβenwelt 外在世界

B

Bedürfnis 需要
Befriedigung 滿足
Begriff 概念
Beschränkung des Ich 自我的限制
Beschränkung des Nicht-Ich 非我的限制
Bestimmen 規定
Bestimmtheit 規定性
Bestimmtsein 被規定者
Bewuβtsein 意識
Beziehung 關係；連繫
Beziehungsgrund 關係根據

C

Cogito ergo sum 我思故我在

D

Deduktion 演繹
Deduzieren 推演
Definition 定義
Denkart 思維方式
Denken 思維
Deutlichkeit 清楚，明白
Ding-an-sich 物自身，自在物
Dogmatismus 獨斷論，教條主義

E

Eidetik 遺覺
Einbildungskraft 想像力

Eindruck 印象
Entgegensetzen 對立，設立對立面
Endzweck 最終目的
Erfahrung 經驗
Erkenntnis 認識
Erörterung 討論
Erscheinung 現象
Erweis 證明，證據
Evidenz 自明性
Existenz 實存，存在

F

Faktum 事實
Fata lismus 宿命論
Festsetzen 確定
Forderung 要求
Freiheit 自由
Für-sich-sein 自為存在

G

Gattungsbegriff 類概念
Gedächtnis 記憶力
Gedanke 思想
Gefühl 感情，感覺
Gegebene 給定的，現有的
Gegensatz 對立物
Gegenstand 對象
Geschmack 趣味，審美

Gewiβheit 確定性
Glauben 信仰
Gleichgewicht 平衡
Gleichheit 等同，同一
Grenze 限界
Grund 根據
Grundsatz 公里，原理，原則
Gültigkeit 有效性

H

Handeln 行動，行為
Handeln, absolutes 絕對行動
Handeln, geistiges 精神行動
Handeln, objektives 客觀行動
Hypothese 假設，假說

I

Ich 自我
Ich, absolutes 絕對自我
Ich bin 有我，我是
Ich bin Ich 我是我
Ichheit 我性
Ich, praktisches 實踐自我
Ich, reine 純粹自我
Ich, schlechthin endliches 絕對有限的自我
Ich, theoretisches 理論自我
Ich, unendliches 無限自我
Idealismus 唯心主義

Idealismus, dogmatischer 獨斷的唯心主義
Idealismus, kritischer 批判的唯心主義
Idealismus, kritischer quantitativer 批判的量的唯心主義
Idealismus, praktischer 實踐唯心主義
Idealismus, qualitativer 質的唯心主義
Idealismus, quantitativer 量的唯心主義
Idealismus, transzendentaler 先驗唯心主義
Idealismus, transzendenter 超驗唯心主義
Idee 理念
Identität 同一，同一性
Imperativ, kategorischer 無上命令
Intuition 直觀

K

Kanon 規範
Kantianismus 康德主義
Kausalität 因果性
Kopula, logische 邏輯繫詞
Kraftgefühl 力量感

Kritische philosophie 批判哲學

L

Leiden 受動
Limitation 界限

M

Machtspruch der Vernunft 理性命令
Mannigfaltjkeit 多，各式各樣
Maβstab 尺度
Materialität 物質性

N

Nachbilden 仿造
Natur 自然
Naturlehre 自然學說
Negation 否定
Nicht-Ich 非我
Nichts 無
Notwendigkeit 必然性
Noumenon 本體

O

Objekt 客體
Objektivität 客觀性
Organisation 組織

P

Pflicht 職責，義務
Phänomen 現象
Popularphilosophie 通俗哲學
Postulat 假設，假定
Produkt der Tätigkeit 活動之產物
Produktionsvermögen 創造能力

R

Realgrund 實在根據
Realismus 實在論
Realismus, dogmatischer 獨斷的實在論
Realismus, qualitativer 質的實在論
Realismus, quantitativer 量的實在論
Realität 實在性
Realität, unendliche 無限的實在性
Reflexion 反思，反射
Regel der Vernunft 理性的規則
Relation, bloße 單純的關係
Reproduktion 再生產
Ruhe 靜止

S

Satz der Identität 同一律
Schluß, hypothetischer 假言推論
Schranke 侷限
Sehnen 渴望
Sein 存在，有
Sein-an-sich 自在存在
Setzen 設定
Sprung des Ich 自我的飛躍
Staunen 驚異
Stoff 質料
Streben 努力
Substanz 實體
Substrat 基礎，根基
Synthese 合題
Synthesis 綜合

T

Tathandlung 事實行動，本源行動
Tätigkeit 活動，能動性
Tätigkeit des Nicht-Ich 非我的活動
Tätigkeit, entgegengesetzte 相反的活動
Tätigkeit, entgegensetzende 設定對立面的活動

Tätigkeit, reine 純粹活動
Teilbarkeit 可分性
These 正題
Trieb 衝動
Trieb, absoluter 絕對衝動

U

Ubereinstimmung von Freiheit und Natur 自由和自然的一致
Universum 宇宙
Ursache 原因
Ursache, die nicht Ursache ist 非原因的原因
Urteil 判斷
Urteil, apriori Synthetisches 先天綜合判斷
Urteilskraft 判斷力

V

Vereinigen 聯合
Vergleichen 比較
Vermehren 加多
Vermindern 減少
Vermittlung 中介
Verschwinden 消失
Verstand 知性
Verwechselung 交替，替換
Vernunft, theoretische 理論理性
Vernunft, praktische 實踐理性
Vorstellung 表象

W

Wechselbestimmung 交互規定
Wechselwirkung 互動
Werden 變
Widerspruch 矛盾
Widerstand 反抗
Wissenschaftslehre 知識學
Wissenschaftslehre, praktische 實踐知識學
Wissenschaftslehre, theoretische 理論知識學
Wirklichkeit 現實
Wirkung 效用

Z

Zustand des Ich 自我的狀態
Zwangsgefühl 強制感

譯者後記

《全部知識學的基礎》（*Grundlage der gesamten Wissenschaftslehre*）一書，在費希特生前共出過三個版本：1794/95 年萊比錫版，1802 年圖賓根和萊比錫版。費希特死後又先後出過三個版本：一是費希特的兒子 J. H. Fichte 編的全集本；二是梅迪庫斯（F. Medicus）編的選集本；三是勞特（R. Lauth）編的全集本。這三種版本，以勞特編的爲最好，費希特兒子編的全集錯誤最多。

這個中譯本是根據梅迪庫斯 1912 年編輯出版的《費希特著作六卷本選集》（*Johann Gottlieb Fichtes Werke, Auswahl in sechs Bänden*, herausgegeben und eingeleitet von Fritz Medicus, Verlag von Felix Meiner in Leipzig 1912）譯出的。這是我們 1966 年開始翻譯時所能找到的最佳版本。翻譯中，經常參考的是 1868 年的英譯本，在個別名詞術語的斟酌上有時也參看一下程始仁的舊中譯本。全書斷斷續續譯完之後很久，才收到勞特（R. Lauth）寄贈由他考校的 1968 年「研究版」的最新版本，因此，我們又以此爲依據將譯稿從頭至尾校改了一遍。

這個譯稿完成後，曾請賀麟先生、周禮全、王太慶和王樹人等人全部或部分地看過並提出了寶貴的意見。本書能夠成爲現在這個樣子，與他們的幫助是分不開的。譯者謹在此一併表示深切的感謝。

費希特也像其他德國古典哲學家一樣，為了表達他的某些獨特見解，往往自選新詞，或者使用舊詞卻賦予新義，這為本書的翻譯和閱讀都帶來不少困難。為了便於讀者對照德文原詞，更好地了解原意，特請程志民先生擇要編了一個術語對照，附於書後。

　　本書的翻譯，我們雖然作了很大努力，但由於種種條件的限制，譯文不免還有不確切、不妥當，甚至錯誤之處，敬請讀者不吝指正。

譯者

1985 年 6 月於北京

費希特　年表

（Johann Gottlieb Fichte, 1762-1814年）

年代	生平記事
1762	5月19日出生於薩克森拉美勞村。父親是編織製品的手工業者,家境貧寒,9歲時得到鄰人的資助開始上學。
1774	進波爾塔貴族學校。
1780	入耶拿大學。
1781	入萊比錫大學神學系,接觸過斯賓諾莎的哲學。
1788	因經濟困難,棄學赴蘇黎世當家庭教師。
1790	重返萊比錫,計畫創辦雜誌未成,再任家庭教師,並開始研究康德哲學。他結識了德國著名詩人克洛普施托克的姪女約翰娜(Johanna Rahn)並被她深深吸引,後來兩人結爲夫妻。他開始研讀康德的著作,這對他後來的哲學思想產生了深遠的影響。
1791	他前往科尼斯堡拜訪康德。爲了讓康德了解他,他寫了一篇《試論一切天啓》。康德讀後大加讚賞,不僅贊助出版該作品,還推薦費希特前往大學任教。此即爲1792年的《試論一切天啓之批判》(Versuch einer Kritik aller Offenbarung)一書。耐人尋味的是,該書的初版遺漏了作者名稱和前言,以致大眾在一開始的時候,誤以爲此書即爲大家期待已久的康德新作。而康德本人的公開澄清,則讓費希特相當戲劇化的瞬間躍升爲哲學界的一顆閃耀新星。
1793	再去蘇黎世,被任命爲耶拿大學的哲學教授,並結識了平民教育家 J. H. 貝斯泰洛齊等進步思想家。

年代	生平記事
1794	費希特成為耶拿大學教授，接任萊因荷德（Karl Leonhard Reinhold）的批判哲學教席，並完善他的哲學體系。此後他陸續發表了《關於知識學概念》（Über den Begriff der Wissenschaftslehre）、《全部知識學的基礎》（Grundlage der gesamten Wissenschaftslehre）、《就理論能力略論知識學特徵》（Grundriß des Eigentümlichen der Wissenschaftslehre in Rücksicht auf das theoretische Vermögen）、《自然法學基礎》（Grundlage des Naturrechts）等。
1798	在他擔任《德意志學者學會哲學期刊》編輯的時候，收到了一篇宗教懷疑論的來稿，雖然費希特不贊同作者觀點，但由於他堅持出版自由，還是將此文發表。這篇文章後來被別有用心的人利用來攻擊費希特是個無神論者，迫使他離開耶拿。
1800	費希特一家移居柏林。
1801	費希特出版了《向公眾清晰報告最新哲學之本質》（Sonnenklar Bericht an das Publikum über das eigentliche Wesen der neuesten Philosophie），試圖回應自耶拿時期始知識學所面臨的批評，他強調知識學起源於生命且不脫離經驗。
1805	費希特獲愛爾朗根（Erlangen）大學聘任，並開課再論上帝與宗教議題，且將講義結集成書名為《往至福生命之路》（Die Anweisung zum seligen Leben oder auch die Religionslehre）。

年代	生平記事
1806	普法戰爭爆發，費希特擔負起宣揚愛國主義的任務。
1807	在拿破崙打敗普俄聯軍並簽訂《提爾西特條約》後，他回到法軍占領的柏林，同時倡議建立柏林大學。
1810	柏林大學成立，費希特獲聘為哲學院教授與院長。
1811	擔任柏林大學第一任校長。
1813	柏林保衛戰爆發，城中擠滿傷患，瘟疫流行，費希特感染斑疹傷寒。
1814	1月去世。

經典名著文庫 212

全部知識學的基礎
Grundlage der gesamten Wissenschaftslehre

文 庫 策 劃	楊榮川
作　　　者	〔德〕約翰・戈特利布・費希特（Johann Gottlieb Fichte）
譯　　　者	王玖興
編 輯 主 編	蘇美嬌
封 面 設 計	姚孝慈
著 者 繪 像	莊河源
出 　版　 者	**五南圖書出版股份有限公司**
發 　行　 人	楊榮川
總 　經　 理	楊士清
總 　編　 輯	楊秀麗
地　　　址	106臺北市大安區和平東路二段339號4樓
電　　　話	02-27055066（代表號）
傳　　　眞	02-27066100
劃 撥 帳 號	01068953
戶　　　名	五南圖書出版股份有限公司
網　　　址	https://www.wunan.com.tw
電 子 郵 件	wunan@wunan.com.tw
法 律 顧 問	林勝安律師
出 版 日 期	2025 年 9 月初版一刷
定　　　價	480 元

本書的簡體字版專有出版權爲商務印書館有限公司所有，繁體字版經由商務印書館有限公司授權五南圖書出版股份有限公司出版發行。

本書保留所有權利，欲利用本書全部或部分內容者，須徵求著作財產權人同意或書面授權。

國家圖書館出版品預行編目資料

全部知識學的基礎 / 約翰・戈特利布・費希特(Johann
　Gottlieb Fichte) 著；王玖興譯 . ─ 1版 . ─ 臺北市：
　五南圖書出版股份有限公司, 2025.09
　　面；　公分 . ─（經典名著文庫；212)
　譯自：Grundlage der gesamten Wissenschaftslehre
　ISBN 978-626-423-343-9(平裝)

1.CST: 費希特(Fichte, Johann Gottlieb, 1762-1814)
2.CST: 學術思想　3.CST: 哲學
147.47　　　　　　　　　　　　　　　　114004245